教育社会学

SOCIOLOGY OF EDUCATION

王国勇　编著

社会科学文献出版社
SOCIAL SCIENCES ACADEMIC PRESS (CHINA)

前　言

　　每个人自出生起，就开始接触不同形式的教育。小时候聆听父母讲的道理，到一定年龄后接受系统化学校教育，进入社会后，各种环境的影响和历练等，这些教育的共同点，都在于帮助我们成长、成熟并成才。教育也一直为社会各界人士所看重，相关的研究从未间断，旨在通过各个领域的视角探索教育的不同作用和发展，以发现更多的教育深层内容和价值，为学子的学习扩充知识，为国民的整体素质以及国家长远发展做贡献。以教育社会学的理论视角对教育进行研究，便是其中的一种专业研究。

　　有人曾说，大学就是半个社会，因此大学教育在一定程度上也与社会教育相联系。其实不然，自儿童时期的教育开始，教育社会学就已能找到踪迹，如当每个孩子需要进入学校时，家长所面临的择校问题，就属于教育社会学的研究范围。具体来说，家长在择校时的动机、考察学校的标准、最后选定学校的原因等，都受社会多种因素的影响。于是，这就将教育和社会联系在一起，其中，教育社会学便是通过对家长受社会因素影响的一系列思想和行为进行分析，进而揭示教育的深层意义。

　　当然，教育社会学所要研究的不只是这一个方面，从更大的层面来说，身处社会，教育也可被看作社会结构的组成部分之一，它的发展受社会因素的影响，同时也影响着社会的个体与整体发展，其中影响最大的，还是年青一代的成长过程。从一个人的人生阶段来看，每个人都是在接受系统化的教育之后进入社会的，由此很多人认为，需要对社会各方面进行研究，而后将研究成果作为教育知识传授给年青一代，即教育的存在，便是促进年青一代通过系统化的学习走向社会化的过程。

　　无论是教育社会学的哪个方面，不同的学者从不同的领域和视角对其进行分析，也就使得其研究结果不尽相同。然而不管是哪个方面、存在多少差异，以社会学的原理和方法去分析教育所反映的问题和现象，都是有必要的，这也是本书写作的主要动机之一。

该书共分为八章，第一章是对教育社会学的基本认知。包括其定义和概念的界定，研究对象和方法，学科功能和范畴、意识、性质；第二章是教育社会学的理论流派，即教育功能论、教育冲突论和教育互动论；第三章是从社会学角度对教育的组成要素进行分析，包括班级组织、教师、学生以及课程体系；第四、五章是研究社会不同组成部分与教育的关系，进一步凸显教育在不同层次、领域的功能发挥；第六章是研究在社会学视阈下的媒体素质教育发展及理论、媒体素质教育的实践，以及媒体素质教育教学案例与思考；第七章是研究和分析教育变革与社会之间的相互影响，以及从社会学角度分析不同教育组成要素对教育变革的态度、行为和措施；第八章是将研究范围缩小，具体到高等教育中的社会学分析，主要涉及高等教育与社会和谐发展、教育效率与社会学考量，以及接受高等教育对社会个体的意义等。

整体看来，教育社会学对教育的研究起源于国外，理论发展和实践也是外国学者居多，然而此学科对教育的研究的重要性也是有目共睹的，因此需要国内学者给予足够的重视并加以深度研究，为教育事业做出更多贡献。

本书在写作过程中，由于时间和作者水平有限，书中难免有错误和疏漏，敬请指正。

目　录

第一章

教育社会学导论

第一节 教育社会学的定义

给事物下一个准确且恰当的定义不是一件容易的事，需要作者在对此事物有充分的认识，并形成自己的观点和看法之后，才能得出合理的结论，这是一个漫长的过程。尤其是教育社会学的概念，这样的学术型定义，更是需要以严谨的态度对待。教育社会学的定义是在作者对教育社会学的研究视角、研究对象以及学科性质提出自己的看法之后得出的，它在教育社会学学科中居于核心地位。

一 教育社会学的两种定义方式

从研究方法论和研究对象两个方面来界定教育社会学的定义，是基于我们已经掌握的文献资源，得出教育社会学专家学者给教育社会学下定义的两种渠道。

（一）从研究方法论方面定义

"它主要通过详细观察和分析来构建自己的原理和理论"[1]，其中的"它"就是指教育社会学。这是由美国社会学家苏则罗（Suzallo，H.）提出的最早的关于教育社会学的定义。在他看来，教育社会学是研究教育的特殊方法之一，即用科学来研究教育。这也就表明，此定义从方法论的角度，凸显教育社会学自身理论建设的重要性。

从整体上看，从研究方法论方面入手的还有美国学者彼得威尔和弗里德金（Bidwell，C. E. &Friedkin，N. E.），在于分析教育行动——它们的形

---

[1] 〔瑞典〕T. 胡森、〔德〕T. N. 波斯尔斯韦特总主编《教育大百科全书》（第 2 卷），张斌贤等译，西南师范大学出版社，2006，第 348 页。

式和内容，它们在更大社会结构中的表现，以及它们对个人和集体的影响。在他们看来，这是教育社会学最核心的定义，此定义界定了教育社会学研究的领域，含有折中的意味。

（二）从研究对象方面定义

《教育与社会学》《道德教育》《教育思想的演进》等著作，都对教育社会学进行了经典的研究，它们还有一个共同的作者，那就是埃米尔·杜尔凯姆（Durkheim, E.），他是法国社会学家、教育社会学的创始人，也是我们从研究对象方面定义教育社会学不得不提的一个人。在杜尔凯姆看来，"教育是年长的一代对做好准备的一代所施加的影响……是年青一代系统地社会化的过程"①。虽然对于教育社会学，杜尔凯姆没有给出一个具体、明确的定义，但是其提出的社会化研究影响深远，至今还适用，并且从他的诸多研究中，我们可以总结出：教育社会学就是研究个体社会化的学科。这一结论从教育功能方面、过程方面界定了教育社会学的研究对象。

还有从过程方面界定教育社会学的研究对象，从而给教育社会学下定义的，即通过对教育活动社会化过程，及其与其他社会过程之间功能关系的研究的学说体系，便是教育社会学。总结起来，也就是英国社会学家米切尔（Mitchell, G. D. A.）所说的，教育社会学通常研究教育与社会制度之间的功能关系。②

我国学者鲁洁、吴康宁从学科特点界定教育社会学的研究对象，"有社会学意味的教育现象与社会问题"或者"教育现象或教育问题的社会学层面"，从而将教育社会学定义为研究"作为一种特殊社会现象的教育的学科"③，"主要运用社会学的原理和方法对教育现象（或教育问题）的社会学层面进行'事实'研究的一门科学"④。

关于教育社会学的定义，如米尔斯、历以贤、林清江等人也都提出自己的看法，尽管存在差异，但是都认同教育社会学是研究教育和社会关系

---

① 〔法〕埃米尔·杜尔凯姆：《道德教育》，陈光金等译，上海人民出版社，2006，第235～236页。
② 〔英〕G. 邓肯·米切尔主编《新社会学词典》，蔡振扬等译，上海译文出版社，1987，第354页。
③ 鲁洁主编《教育社会学》，人民教育出版社，1990，第27页。
④ 吴康宁：《教育社会学》，人民教育出版社，1998，第20页。

的一门学科。

二　教育社会学的概念界定

前述两种对教育社会学定义的角度，虽然表明教育社会学对教育社会学研究对象和视角的观点不同，然而若只从这两种角度中的一种对教育社会学下定义，又太过具体或抽象。比如，单从研究方法论方面入手，教育社会学的研究内容就难以明确把握，而单从研究对象入手，又难以区分教育社会学与其他教育学科。因为教育社会学是将教育和社会放在一起研究的学科，这就凸显了其交叉学科的性质，说明其不能从任何一个单方面进行定义。

在笔者看来，教育社会学的研究领域是社会结构，研究对象是该领域的教育制度与过程中的社会行动。总结说来，教育社会学便是"研究教育活动之社会过程及其与其他社会过程影响关系的学说体系"[①]。

这个定义方式主要是采用了系统论的方法。系统论的教育社会学认为，社会是一个动态的整体，具体研究和探讨"社会结构中的教育制度与教育过程中的社会行动"问题，即教育活动的社会属性。以下三个相互联系的基本观点构成了系统论的教育社会学。

其一，社会是一个巨系统；

其二，教育是社会的一个子系统；

其三，教育自身是一个社会系统。

杜尔凯姆、孔德、帕森斯、韦伯（Weber，M.）等社会学大师都非常重视界定社会和社会行动的概念，因为在社会学理论领域，这两个概念占据着重要的基础性地位，它们是理解和建立教育社会学研究问题与教育社会学学科本质特点的关键。

马克斯·韦伯认为，通过两个条件可以判断社会行动：其一，关系他人（指向他人）。但这是指在意向上，他人的行动是自己行动的取向，这样的行动才能称为社会行动，而并非随便两个人接触就具有社会性质。其二，行动富有文化意义。社会的文化价值观念影响并决定人做事，对于不同的人，同一事物的意义不同；对于同一事物，不同的人的追求和目标以

---

① 刘慧珍：《教育社会学》，辽宁教育出版社，1988，第10页。

及处理方法也不尽相同。总的来说，马克斯·韦伯所定义的社会行动，是指向他人并赋予其文化意义的行动。

帕森斯（Parsons, T.）认为，以下四个基本因素是每一个社会行动都具有的。其一，社会行动者，也称为行动主体。在帕森斯看来，行动者便是个人，放在教育社会学中，即指学习、教学等社会行动和学生、教师同样重要，要给予同样的关心。换句话说，就是在教育社会学的研究视野中加入"人"。其二，行动的社会环境和情境条件（包括行为规则、价值等物质和精神条件）。在现实生活中，人的很多行为不仅仅受制于自身因素，他人和外界环境也起到很大的限制作用，从而造成行为的复杂性。其三，行动的工具和手段。由于所选择的手段对目标的实现具有制约性，因此行动的手段和工具对实现目标的程度具有决定性作用。其四，行动的目标。行动者制定的追求目标是行动过程和结果的影响因素。① 整体来说，这个社会行动的概念，是帕森斯在继承和丰富韦伯的社会行动理论的基础上，结合结构功能体系的观念提出的。

值得注意的是，社会构成的关键在于是否"有相互影响关系"，而不是看人数的多少或规模的大小，也就是说，哪怕一个群体只有寥寥几人，但若彼此之间存在相互影响的关系，这个群体也可以称为社会群体，因此我们这里所说的社会，是指有相互影响关系的人群。而社会行动是有互动意义的行动，即是将人际相互影响关系囊括在内的行动，其中的互动有单向和双向之分。教育社会学是对教育过程中的社会行动进行研究，也就是研究教育中与人和人相互影响有关的问题和现象。

明确并掌握社会和社会行动的概念具有以下两方面的好处：一方面，有利于我们掌握教育社会学研究的问题，也就是在教育过程中他人和其所从事的任何教育活动之间的相互影响；另一方面，有利于我们规划和理解自己、他人的行动，如学生的学习困难、迟到早退等现象，能从多方面对其进行评价。

总的来说，社会和社会行动的概念打破我们从个人角度去讨论的观点，强调个人在群体关系中的作用，因此它们是我们建立教育社会学研究

---

① 〔美〕乔纳森·特纳：《社会学理论的结构》（第6版·上册），邱泽奇等译，华夏出版社，2001，第31~32页。

视角的重要基础，正确运用它们去分析问题，对我们教育社会学想象力的充分发挥很有好处，进而能促进教育社会学的学术敏感性的形成。

第二节　教育社会学的研究对象和研究方法

一　教育社会学的研究对象

由以上大量的叙述我们知道，教育活动便是教育社会学的研究对象，将教育活动当作一种社会活动和现象进行研究是教育社会学的基本特点。假如教育活动是一个神秘的境地，那么社会学、经济学、心理学、哲学、管理学、法学、文化学、政治学等学科，就是研究这个神秘境地的探险方法。

也就是说，我们可以视教育为一个研究领域，将不同的学科视野和研究方法当作探索和研究教育活动的手段。以不同的学科视野看待教育活动，就像是用多棱镜去观察教育，得到的教育镜像也是千差万别的。如同每个人的人生各异，其在人生道路上领略的风景和收获也不尽相同。若单从与教育相关的学科上看，如教育社会学、教育哲学、教育心理学等，因其研究对象都是教育活动，因此彼此之间的区别很小。但是，若单从社会学、哲学、心理学方面来看，在其研究教育活动或现象时，研究的路径、方法和视角都不相同，对教育现象做出的解释也不相同，得到的研究结果也存在差异，因为他们各自的研究视角都很独特。所以说，并不是教育社会学的研究对象独特，才造成其与其他学科在研究结果方面的不同，真正的原因是研究视角存在差异。

教育现象和教育问题并没有被打上某学科"专用"的标识，只是在人们提出问题的方式上存在差异，也就是说，其可以被教育社会学研究，也可以被其他学科研究。另外，教育社会学的研究对象也不是自己独有的，其他学科也能涉及。

正是因为不同学科都可以对教育现象和教育问题进行研究，也就造成不同学科的研究结果都带有明显的、属于该学科的学科意味。不同学科针对不同教育现象提出的问题不同，也就使得不同学科的学科意识和学科性质也不相同。

因此，若教育社会学固定了自己独有的研究对象，并且坚守这些"研究领地"，那么其研究范围和眼界就很容易变得狭窄，不利于学科的长远发展，若一直无所改变，甚至会将教育社会学推入发展的恶化境地，丧失生存空间。因此我们需要将教育社会学的研究对象自由化，去掉"独特"的标识，当然也不必担心这样做会使教育社会学失去学科合法性，由上述我们可知，这是不会发生的。同样，以教育活动作为教育社会学的研究对象，也不会使教育社会学丧失学科的合法性。

二 教育社会学的研究方法

一个学科讨论问题时的着眼点便是该学科的研究视角。英国社会学家齐尔格特·鲍曼曾说，"把社会学与其他社会科学区分开来，并使它成为有其独一无二的特征的东西，是社会学将人类行为看作是广泛的整体结构的要素"①。如其所说，从人与人、人与整体、教育与社会结构的关系入手研究教育问题，也就是从社会行动入手研究教育中的社会现象和问题，便是教育社会学的研究视角。

我们能够从屡见不鲜、纷繁复杂的教育现象中发现新问题，得益于我们通过"社会学的想象力"（the Sociological Imagination）去思考和研究教育现象与问题，即通过教育社会学的视角看问题。总结起来便是，在整个社会运转过程和群体生活中，把握和理解教育制度以及个人的学习、发展，就是"教育社会学的想象力"，即教育社会学对教育问题进行研究的独特视角。现在，限制我国教育社会学研究发展的重要因素，便是教育社会学的研究视角问题，因为我国不够重视教育社会学的研究视角，导致我国教育社会学研究的发展陷入"瓶颈"。若想解决教育社会学研究遇到的必要性、合法性问题，就必须将教育社会学的研究视角确立并体现出来。教育社会学在研究视角上，与教育学、教育哲学、心理学等相关学科存在的实际差异都比较大，从而拥有了自己独特的研究风格。

---

① 〔英〕齐尔格特·鲍曼：《通过社会学去思考》，高华等译，社会科学文献出版社，2002，第 8 页。

（一）教育社会学与教育学原理

教育社会学研究的抽象层次和研究对象，在谢维和看来，是教育社会学与教育学原理存在的两方面主要差异。

1. 研究的抽象层次

自 20 世纪 50 年代以来，在社会学研究甚至是教育社会学研究中，"中层理论"都有相当不错的体现，它是由美国社会学家罗伯特·金·墨顿（Merton，R. K.）提出来的，在这个前提下，社会学逐渐开始关注具体的社会问题，从而放弃了将社会视为研究对象的高度思辨的、不具体的勃勃野心。在对教育活动的研究中，现代教育社会学也由此将中观性的特征表现得淋漓尽致。因此，整体来说，教育社会学是一门中观的学科，而教育心理学则是一门宏观的学科。

2. 研究对象

教育社会学研究的是一种特殊的、具体的社会现象，作为一种社会现象的教育活动是它的研究对象；反过来看教育学原理，其是教育现象及其过程的一种最一般的规律，一般的教育现象是其研究对象。所以从研究对象这个层面来说，教育社会学与教育学原理是存在差异的。

（二）教育社会学与教育哲学

笔者在这里，将以杜尔凯姆的观点作为论述点来讨论，因其在《教育与社会学》一书中，对教育社会学和教育哲学的研究视角做了比较，从而确立了教育社会学独一无二的研究视角。杜尔凯姆认为，必须具备以下三方面的特征才能被称为科学的研究。其一，必须将那些已经得到选择、观察和证实的事实进行处理；其二，这些事实根据同样的范畴能够归类，即必须具有同质性；其三，科学家只是事实的表达者，而不是评判者，只能是为了公允地了解和表达事实才去研究这些事实。因此，杜尔凯姆认为，教育社会学不是一门科学。

在杜尔凯姆看来，教育社会学为了方便寻找过去或现在的现象产生的原因，就要对这些现象展开描述，并将这些现象的功能和效果确立。总结来说就是，教育社会学以过去和现在为方向，以描述和解释"是"或"不是"为目的。反观教育哲学，其以未来为方向，以确立"应是"为目的。

这是杜尔凯姆认为的，教育社会学与教育哲学的研究视角在目的和方向两方面，比较有见地的区分。

杜尔凯姆在《教育思想的演进》一书中，将教育社会学与人文主义教育哲学对于教育问题的不同认识进行了比较和分析。他认为，没有时间和空间的限制，无论在何时何地，人性都是同一的；可能有的是最佳家园的构成要素，是古典作家，尤其是拉丁作家的卓越之处。这是建立人文主义教育理论的两个基本假设。以这两个假设为立足点，一个永恒主义的教育主张由人文主义者推演而出。而教育社会学不同，通过历史考察理解教育现象是其侧重点，目的是从中找到答案去解释人实际上是什么，以此为依据对人实施相应的教育。

在杜尔凯姆看来，教育社会学的研究思路与教育哲学是不一样的：其首先是要给研究的对象下定义，将研究对象严格界定；其次是对之前热议的、比较有代表性的各种相关解释进行批驳；最后是真正从社会学视角去解释所研究的现象。

教育哲学为了将理想形态的教育理论和实践演绎推论出来，总是以基本的人性和理想人格的假设为出发点，以对现有的教育理论和实践进行反思和批判为手段。因此，其具有显著的思辨性质，典型特征便是反思批评和演绎推理。值得注意的是，反思、批评以及以基本假设为基础的演绎推论，是一种很重要的态度和方法，教育哲学是否具有活力，甚至是否具有合法性，都是由其来决定的。因此，尽管在研究目的和方向上，教育社会学与教育哲学确实存在差异，但是在学科价值上，并不代表着两者有什么高低之分。

（三）教育社会学与心理学

在解释教育活动或是教育现象时，教育社会学与心理学的不同之处在于，教育社会学一般认为，是个体所处的社会环境导致了个体的教育行为。而心理学认为，是个人自身的心理因素导致了个体的教育行为。简洁点说，就是两者的研究点分别是环境和个体。

1. 以学生越轨行为研究为例

为考察两种研究视角的不同，这里可以学生越轨行为研究为参考案例来讨论。在社会学家看来，造成某学校中学生越轨率比其他学校高的重要原因是学生生活的社会环境，即学生越轨的最主要原因是越轨行为得以发生、承受，还有需要改造的社会环境。通过改善学生的生活环境能够有效地消除学生的越轨行为。

与社会学家不同，心理学家认为个人特性是导致学生越轨的主要原因，心理学上，一般将这种越轨行为看作学生的"问题行为"。也就是说，心理学家认为，心理有问题的人才会越轨。对个人进行临床心理干预是矫正越轨者个人行为的有效措施。

2. 以教师职业倦怠研究为例

本文也可以以教师职业倦怠研究为参考案例，来对两种研究视角进行区分。社会学家认为，在同等的工作压力面前，某校教师出现倦怠现象比其他学校多的根本原因是外在因素，如学校的组织环境等。所以，社会学家强烈建议，要防范和解决教师职业倦怠问题，从教师所处的社会环境方面入手至关重要。而心理学家认为，在同等的工作压力面前，在同一所学校里，只有部分教师出现职业倦怠现象的最直接、根本原因是教师的个性心理特征。所以，心理学家认为，预防和矫正教师职业倦怠的有效手段，是要提高教师的抗压、心理容忍以及应对压力的能力。

美国社会学家科恩（Cohen, A.）对此做出总结，认为社会学是"关于情景的理论"，而心理学是"关于人的理论"[①]。也就是说，教育社会学与心理学的研究视角是不同的。然而这只是针对目前来说的，各种研究仍在不断深入和发展，社会心理学也不例外，笔者相信，在教育问题，尤其是微观教育问题上，随着研究理论的成熟，社会学和心理学的研究边界终将模糊。

另外，杜尔凯姆认为，在确立教育目的方面，能够给予我们帮助的，只有社会学，而心理学只会在选择教育手段时有所影响，却仍然少不了社会学的合作。这是其对社会学与心理学在教育研究中的区别进行的阐述，体现在其著作《教育与社会学》一书中，一定程度上启发了我们对两种学科研究视角异同的认识。

在杜尔凯姆看来，"教育并不局限于依照单个有机体的本性所指示的

---

① 〔美〕戴维·波普诺：《社会学》（第10版），李强等译，中国人民大学出版社、Prentice Hall，2000，第214页。

方向促使其发展，也不局限于显露那些只需要加以呈现的各种潜能。教育在人的身上创造了一种新的存在"①。他认为，每个人都兼具个体和社会两种存在，教育的过程是青年一代系统的社会化，教育的目的就是以个体为基础，实现社会的存在。这是杜尔凯姆对心理学所认为的——人的智力和身体素质是人们自身发出的渴求，教育对其施加的影响应该以个体本性指示的方向为准，从而实现个体各种潜能的凸显和发展——这一观点的确认。

确立审慎态度和限度范围，从而实现用心理学的数据，甚至是确定的方法来研究学校，这个过程都需要社会学的辅佐。因为教育的目标是社会性的，也就决定了实现教育目标的方法也必须具有社会性。因此，在杜尔凯姆看来，心理学所扮演的角色，只有在确定教育方法时才能体现其作用，而教育目标的确立，就只有社会学才能给出具体的答案。

第三节　教育社会学的学科功能和范畴

教育社会学的学科功能和边界问题，涉及教育社会学的不同方面，其学科功能的侧重点是学习和研究教育社会学的意义等问题，与教育社会学的价值和功能相关联；而其学科边界的侧重点，是教育社会学的学科理想和学科发展程度之间的张力等问题。

一　教育社会学的学科功能

对教育社会学学科功能的探讨，说通俗点，就是为教育社会学的研究成果有什么功能提供答案，做到这一点的前提是，弄明白教育社会学研究的方法论问题。笔者认为，教育社会学要能够说出具体的含义、原因，并得出结论，结论是由含义和原因发展而来的，这毋庸置疑。整体来说，这是在具体研究中，教育社会学研究方法论"事实基础上的价值涉入原则"的要求和表现。因此，我们能够得出教育社会学研究的三个主要功能：描

---

① 〔法〕埃米尔·杜尔凯姆：《道德教育》，陈光金等译，上海人民出版社，2006，第236页。

述、解释和咨询功能。

（一）描述功能

在为"是什么"提供答案的过程中，教育社会学的描述功能得到实现。教育社会学研究，以及教育社会学其他功能的发挥，其共同的基础和前提，就是对教育活动进行客观全面的描述，将各种教育现象和场景真实地再现。在对教育活动发挥社会学的描述功能时，教育社会学一般会采用量的描述和质的描述两种方法。量的描述方法尤其注重拥有效度和信度的研究，以及随机性和代表性的取样，通常还要有一定的研究工具和技术方法作为辅助，以某种数量化形式代表研究结果出现。质的描述方法侧重于研究比较具有代表性的问题，不一定要得出结论，其研究教育活动的社会属性的方法主要有教育叙事、参与式观察、口述史、田野工作等。

（二）解释功能

在为"为什么"提供答案的过程中，教育社会学的解释功能得到实现。其是以对教育活动的客观全面描述为基础的，其是教育社会学的重要学科功能之一，因此其对教育活动的解释也具有社会属性。

通常来说，现代主义和后现代主义的解释方法，是教育社会学比较常用的两种解释方法。现代主义解释方法的代表人物之一是杜尔凯姆，在他看来，只有对教育活动或现象产生的历史原因和功能发挥情况认真考察之后，才能对其进行正确的解释。这也是杜尔凯姆的社会学方法准则。现代社会科学对教育活动进行客观解释的入手点，是教育活动的外部影响因素和内部客观功能，在终极意义上，其认为正确的解释是唯一的。

但在后现代主义的解释方法看来，并不存在这个终极意义上"唯一的正确解释"，而是可以无限地对一个教育活动的意义进行解释。它是一种个体化的解释方法，力求说明教育活动主体的主观动机、意向等与教育现象的意义之间的联系。

（三）咨询功能

在为"怎么样"提供答案的过程中，教育社会学的咨询功能得到实现。教育社会学的研究，并不局限于发现和说明问题，它也能积极地去解决问题。也就是说，教育社会学的研究成果，能够为解决教育问题提供参考价值和功用，就是教育社会学的咨询功能。

在《教育社会学手册》的主编哈里楠（Hallinan, M. T.）看来，不管是明显的还是不明显的，大多数的教育社会学研究对教育政策具有一定的启发，其中也不乏政策导向意图比较明确的研究。从整体上来说，理论基石越坚固，资料的搜集就越全面、真实、可靠，教育社会学的研究就越能影响教育政策和教育改革。这就说明，教育社会学咨询功能的一个重要表现，就是为教育制度的制定提供咨询和研究支持，以及参与对教育政策和教育改革进行分析和评价。同时它也表明，教育社会学的描述和解释功能为咨询功能提供基础，但其力度也制约和影响着咨询功能的发挥。

二　教育社会学的学科边界

找到教育社会学不研究或是不能研究的问题，便是教育社会学学科边界的主要任务。

人们将由社会学的"雄心壮志"（ambition）造成的模糊甚至是消除社会学学科边界的现象，称为"社会学帝国主义"。这个雄心壮志，是指社会学要对人类社会的发展规律进行探究，就像物理学等自然科学对自然界的发展规律进行探究一样，最终目的是将这些规律更好地用于人类社会的改造。这是社会学自创建伊始就有的伟大抱负，在此抱负影响下，不少社会学家几乎下意识地将人类社会发展的各种问题都归进自己的学科视野中，主动担负起探究人类社会发展规律的责任。

在《自杀论》一书的自序中，杜尔凯姆开诚布公地说明，社会学家不放弃每一种抱负是对的，但是应该选取具有界限的现象来进行研究，而不是形而上学地去思考社会现象。他认为，社会学的责任应该是说明社会领域的有限部分、研究特定的问题，而不应该是将任何问题、任何"引人入胜的一般性"研究都纳入考察的范围，这样只会加快社会学信誉扫地的速度。不仅是社会学的研究对象要有所限制，杜尔凯姆认为，社会学家还要重视统计学、历史、人种志等学科资料的辅助作用，单单只关注社会学是难以成功的。前者看似提高了教育社会学的学科地位，实际上却削弱了它的力量和功能，因为明确的边界意识恰恰是充分发挥教育社会学作用的前提条件，一个无所不包、无所不能的学科只能是一个一无是处、一事无成的学科。后者将教育社会学学科边界之外的研究冠以"教育社会学"的名头，同样会导致教育社会学学科边界的模糊和消失，最终将导致教育社会学学科合法性的丧失。

一个无所不研究的学科注定是一个一无所成的学科，因为充分发挥教育社会学作用的前提条件，就是要有明确的边界意识。因此，第一方面的现象，只是在表面上对教育社会学的学科地位有所提高，本质上是对其力量和功能的削弱。第二方面的现象，有名无实的做法，同样会模糊，甚至是消除教育社会学学科边界，这样的结果是教育社会学丧失学科合法性。

针对我国教育社会学学科发展的现状，19 世纪末杜尔凯姆对社会学研究的警语同样具有借鉴意义。虽然现在我国教育社会学的学科进展已取得重大进步，在一些领域也是硕果累累，但从整体上说，我国教育社会学学科仍然处于发育的初期。万事开头难，任何学科在发展初期都会遇到各种各样的问题，对于教育社会学来说，学科边界问题就是其中之一。矛盾的出现和解决，是推动事物发展的内在因素，因此我们应该将这些问题当作前进的动力，而不是退缩的理由。就像杜尔凯姆说的："一门诞生不久的科学有权犯错误和进行探索，只要它意识到自己的错误和探索以免重复。"[1]

第四节 教育社会学的学科意识和性质

一 教育社会学的学科意识

对教育社会学的研究对象和视角、学科归属、定位和性质等基本问题的意识与把握，是每个研究教育社会学的人所应该具有的，这便是教育社会学的学科意识，即关于教育社会学的总体意识。它主要为教育社会学的定义、研究内容等问题提供答案。其与教育社会学具有相互作用关系，教育社会学学科本身的发展和成熟是清晰的学科意识赖以生存的基础，而清晰的学科意识是教育社会学实现发展和成熟的必要前提条件。

---

[1] 〔法〕埃米尔·杜尔凯姆：《自杀论》，冯韵文译，商务印书馆，1996，第 2 页。

一个研究者只有具备清晰的学科意识，其所运用的学科视角、提出的问题、得出的研究结果才能带有教育社会学的学科意味。然而我国研究者正是缺乏清晰的学科意识，在研究最初和研究过程中，既没有从教育社会学的研究视角提出问题，也没有在分析和解决问题时运用教育社会学的视角与方法，毋庸置疑，其所得到的研究结果也不具备教育社会学的学科意识。因此，尽管"教育社会学研究……某某教育问题的社会学分析或研究"很多，但是大多数是缺乏教育社会学的学科意识的。整体来说，我国教育社会学在学科意识方面的自觉性还有待提高，原因是目前还处在学科的初创时期，学科发展水平的制约力仍然存在。

因此，促进学科意识自觉性的苏醒，确立明确的学科意识，是我国目前首先应该着手的问题，也是实现我国教育社会学学科发展和成熟的重要一步。只有解决这个问题，教育社会学的特点和价值才有意义，其存在的必要性与合法性才有保障，发展和成熟才有可能。

现有两种不同的教育社会学学科意识观，这是我们根据强调学科的不同程度区分出来的，谢维和分别用"常规性的学科意识"和"反思性的学科意识"来命名这两种学科意识。①

拥有常规性的学科意识的研究者，在分析和研究教育活动和现象时，必须严格以学科的角度为出发点，对包括选题、研究方法、研究视角和结构等在内的教育社会学的研究过程，要规范对待；拥有反思性的学科意识的研究者，其出发点大多是现实的教育问题，学科界限比较模糊，并以此为基础分析和研究教育社会学。他们突破某些具体的研究框架和标准限制，不断对旧有的社会学研究框架和标准进行反思、批判，甚至是重构。

一般情况下，拥有常规性学科意识的研究者基本上具备学科"规训"（discipline）特性，即为了将研究的教育社会学的学科意味体现出来，会用一个相对固定的研究模式和框架去研究教育社会学，并且希望甚至是要求其他研究者也按照这个研究模式和框架去进行研究。而拥有反思性学科意识的研究者，对于这些人为的学科之间的界限并不太关注，他们的侧重点是教育社会学综合特征的发挥，并且不断地从相关学科的学术资源那里

---

① 谢维和：《教育活动的社会学分析——一种教育社会学的研究》（修订版），教育科学出版社，2007，第6页。

吸收和借鉴，以便能够更好地对教育现象和问题进行研究，即"问题决定研究"。正如前文所说，反思性学科意识的持有者总是以反思、批判和重构的态度去面对教育社会学已经具有的研究模式和框架。整体来说，在现实中，这两种学科意识在教育社会学的研究中是有一定张力的。

每个事物的存在都有其合理性，就像在教育社会学的学科发展中，常规性学科意识和反思性学科意识的存在一样。现实中，在对教育社会学研究和学习时，这两种学科意识的发展也不是独立并行的，而是时常以交织的形式存在。所以，为了有效促进我国教育社会学的学科发展，我们应该对两种意识的优点和不足有一个充分认识，并始终保持一种动态的学科意识观。

如今在教育社会学的研究中都存在很多的问题和不好的现象，如学科意识不清晰，学科视角不明朗，在没有界定和说明基本概念的情况下进行理论研究，在研究设计、实施和解释方面不规范的前提下进行实证研究等，这些问题和现象都是造成教育社会学研究质量低下，限制学科向前发展的重要原因。因此，在教育社会学学科发展的初期阶段，加强常规性学科意识的强调是很有必要的，重点是从学科意识和研究视角两方面加强强调，这是为教育社会学必要性和合法性的存在提供的基础。尤其是对于处在教育社会学发展现阶段的我国来说，这种强调更具有现实性和必要性，有利于研究的严谨性和规范性的提高，以及学科的体系性和完整性的建设。

常规性的学科意识只是在教育社会学的研究初期适用，它对教育社会学学科特点的明晰，以及教育社会学学科边界的界定等，作用极大，意义非凡。然而在教育社会学发展到一定程度之后，常规性的学科意识的"学术规训"就体现出很明显的弊端，严重影响教育社会学的发展和深入研究。这时，就很有必要运用反思性学科意识的批判意识和取向。在面对具体的教育问题时，它能综合多种学科视野对教育问题进行分析和研究，而不是局限于具体的某一学科，并且，它强调"问题解决方法"，将教育问题的复杂性和整体性作为侧重点。由于其对教育模式和框架的反思、批判以及重构态度，其对教育社会学理论的创新发展具有极大的促进作用。

综上所述，在教育社会学的发展初期，起重要作用的是常规性学科意识，而随着教育社会学的发展和成熟，要在合适的时机采用反思性的学科意识，从而使教育社会学的发展一直延续，甚至是进入创新的阶段，更上一个层次。

二 教育社会学的学科性质

（一）关于教育社会学学科性质的异议

学术界对教育社会学学科性质的看法各有所长，比较有代表性的观点主要有以下几种。

1. 教育社会学是社会学的分支学科

说准确点，教育社会学就是社会学的应用学科。在持此观点的学者看来，任何一个知识体系，其所运用的研究对象、角度、方法、手段和原理与其他学科存在差异，是造成该知识体系与其他知识体系不同的原因。因此，确定一个知识体系的特点，不能只从研究对象入手。此观点认为，教育社会学研究教育的角度是社会学，因为其所采取的理论和研究方法是社会学的。所以，从本质上来说，教育社会学所得出的理论观点应属于社会学理论体系。此观点界定教育社会学的学科性质是从研究的视角和方法两方面进行的。

2. 教育社会学是社会学的理论分支学科

这种观点主要在新兴教育社会学（sociology of education）学者之间较为常见。[1] 在此观点看来，为了社会学理论更加完备，在社会学中将教育体系视为一个重要的研究领域，研究发展新的理论观念，即运用社会学对教育体系进行分析，这也是该观点所认为的教育社会学的主要目的。

3. 教育社会学是教育科学的一个分支

在此观点看来，教育社会学应该归属于教育科学的体系，因为其与教育哲学、教育法学等具有同等的性质，而这些学科都属于教育学科的理论体系，并且该观点还认为，教育社会学的研究对象属于教育领域。这种观点对于教育社会学学科性质的界定是从研究对象的角度入手的。

4. 教育社会学是介于教育学和社会学之间的边缘学科

此观点认为，从不同的角度去看教育社会学，其所属的学科不同，教

---

① 鲁洁主编《教育社会学》，人民教育出版社，1990，第23页。

育社会学应被划分进教育领域，原因是教育活动和教育现象是其研究对象；而其也应被划分进社会学范畴，原因是社会学是其研究视角、理论和方法。因此，教育社会学是介于教育学和社会学之间的边缘学科。

5. 教育社会学是教育学与社会学的中介学科

此观点承认教育社会学是在教育学与社会学之后产生的，但并不认为其是这两个学科的边缘学科或者交叉学科，也不认为是教育学的产物，而仅仅是社会学在教育领域的应用。因为这两门学科之间有指导和被指导或包含与被包含的关系，所以教育社会学应是起到中介的作用，属于教育学与社会学的中介学科。

根据以上所述的各种观点，本文大致可以概括出专家学者对教育社会学学科性质的三种观点。其一，认为教育社会学是社会学的一个分支，因此应被划分进社会学领域，其中，不同的专家学者之间也存在异议，大致是对教育社会学是属于社会学的应用学科（第一种观点），还是属于理论分支学科（第二和第五种观点）存在不同看法。其二，认为教育社会学是教育学的一个分支学科，因此应被划分进教育学领域。其三，认为教育社会学学科具有强烈的边缘性质。

（二）对教育社会学学科性质的界定

笔者认为，教育社会学应在理论方面勇于创新，其不是局限于社会学的应用学科，而是属于社会学的分支学科。

原因之一：由前述我们可知，教育社会学的创始人是杜尔凯姆，其是法国著名的社会学家，被冠以"教育社会学之父"的头衔。他是第一个从"社会实在"来看待教育活动，并系统地运用社会学的视角来研究教育现象的人。由此看来，教育社会学在出现之时，便与社会学有了千丝万缕的关系。原因之二：纵观教育社会学的漫长学科发展史，我们不难看到，教育社会学发展相对缓慢时期，正是将其划分进教育学时期，而其得到较好发展时期，正是将其划分进社会学时期。因此，为了教育社会学的良好快速发展，应将其归属于社会学门下。

笔者以美国教育社会学的发展为例来为此观点提供支持。班克斯（Banks，O.）说，1910~1926 年，美国大学和学院中教育社会学科的设置数量由 40 个快速增长至 194 个，1916~1936 年，在此 20 年间，美国出版教育社会学教科书 25 本。① 然而在 1940 年之后，课程数量却呈现下降的趋势。班克斯是美国著名的教育社会学家，其言论证明，在教育社会学进入美国之初，发展速度是喜人的，但后来却出现退步现象，其主要原因是将教育社会学划分进了教育学领域，并纯粹看作社会学的一个应用学科。它未对学科理论做出任何有价值的贡献，原因是其只是为了解决各种实际教育问题的社会学使用知识汇总。

另一个原因是，只在社会学系之外进行教育社会学的教学，社会学家也不提供任何关注和支持，导致教育社会学最终被搁置在社会学之外。直到 1963 年，这一现象才有所改观。将教育社会学划分进社会学领域最重要的一个标志，是社会学学会接管了于 1927 年创刊的《教育的社会学》（Educational Sociology），并将其更名为《教育社会学》（Sociology of Education）。在这一系列转变之外，美国的一些学者认为社会学家走不出学术研究的深潭，对教育领域中各种充满活力的事实和现象选择无视。因此，他们不得不担心教育社会学的未来发展，对社会学家侧重关注理论建设而轻视其教育应用和检验表示质疑。②

然而，20 世纪 60～70 年代，美国教育社会学出现的一次理论大发展证明了将教育社会学划分进社会学领域，以及大力强调教育社会学的社会学性质和调动社会学家积极参与的正确性。这一时期，也是有关教育社会学的各种主流理论出现的时期，如教育冲突论、教育互动论等，各学派之间的理论纷争，使得这一时期教育社会学呈现繁荣的景象。至 20 世纪 80 年代，美国社会学研究领域中，最受关注、影响最大的分支学科，已属教育社会学无疑。

---

① 〔瑞典〕T. 胡森、〔德〕T. N. 波斯尔斯韦特总主编《教育大百科全书》（第 2 卷），张斌贤等译，西南师范大学出版社，2006，第 249 页。
② Dosens，D. W.，Valedicory. *The Journal of Educational Sociology*，36（9），1963：407 - 409.

第一节 教育功能论

在社会学中，功能论是其第一个理论流派，同理，在教育社会学中，教育功能论是其第一个理论流派。再加上教育冲突论，这就构成教育社会学的宏观理论体系。

一 功能论与功能论教育社会学

功能论，也叫作功能主义，在社会学中，它是发展历史最为悠久的理论方法，起源于 19 世纪初期的有机体论。孔德是社会学的创始人，同时也是功能论的创立者，他所使用的术语和概念，均来自当时备受尊敬和崇拜的生物学，其目的是使社会学具备学科的合法化地位。最终，孔德在对社会和生物有机体进行比较之后，得出功能论。也由此，功能论成为社会学的第一个理论流派。

（一）功能论的基本观点

《社会学原理》一书的作者是英国社会学家赫伯特·斯宾塞（Spencer, H.，1876~1896），在书中，他对社会和有机体进行了系统的比较，从而促进有机体类比的充分发展。本书前文提到的杜尔凯姆的基本假设，也属于有机体论。在杜尔凯姆看来，一些均衡点囊括在社会系统中，围绕这些均衡点产生了正常的功能。完成这些基本功能并满足社会整体需要的必要条件，就是社会系统的各个组成部分，这些组成部分与社会自身是有区别的，并且不可能由社会自身还原而成，社会自身就是一个实体和系统。如果社会的各个组成部分不能满足社会功能的需要，社会便不能正常发展。

20 世纪前半叶，社会学全被一种表达明确的方法占据了，这个方法便是功能论，而使得功能论成为一种表达明确的方法的，是英国人类学家马林诺夫斯基（Malinowski. B.）和拉德克利夫（Radcliffe - Brown，A. R.），这是美国当代社会学家特纳的观点。除此之外，他还认为现代社会学功能论的大致面目是由马林诺夫斯基描绘出来的，其与拉德克利夫、杜尔凯姆的永恒分析，是现代功能论形成的主要推动力。另外，对现代功能论的形成做出贡献的还有马克斯·韦伯，他强调和研究的主观含义与社会结构类型或理想类型，以及"社会有机体"属性的方法，同样价值非凡。

进入 20 世纪，美国社会学家帕森斯（Parson，T.）和默顿（Merton，R. K.）成为功能论的代表人物，尤其是帕森斯，他是那个时代最重要的理论家，他于 1931 年在哈佛大学引入社会学，于 1946 年在哈佛大学建立社会学系。帕森斯一直致力于建立一个规模宏大、对社会现实均能的解释功能分析框架，他的功能理论，在 1950 年至 20 世纪 70 年代末这段时期，一直是社会学理论论战的焦点。文化系统、社会系统和人格系统是帕森斯将社会分成的三个系统，他认为，可以采用社会机制和社会控制机制这两种机制手段将人格系统整合到社会系统中，从而实现系统自身的整合，只有这样，社会系统才能生存，社会才能解决自身的整合问题。文化模式发挥自身维持社会秩序和均衡作用的主要方法，是将公共文化资源和共同的"情景定义"提供给所有的行动者。

帕森斯在 20 世纪 50 年代中期以后，提出 AGIL 模型，这是分析系统的必要条件。在他看来，适应（Adaptation）、目标达成（Goal - attainment）、整合（Integration）和模式维持（Latentpattern - maintenance），是系统生存必须具备的四个条件。将足够的资源分配到整个系统中，就是"适应"，并且资源均来自外部环境：先建立系统的目标等级，而后调动系统的资源实现这些目标，就是"目标达成"；协调系统单位之间的相互关系，就是"整合"；而"模式维持"指两方面，一是确保行动者显示出合适的个性，二是同时要将系统中行动者的内部紧张关系处理好。

然而，帕森斯建立宏大分析框架的观点却遭到默顿的反对，在默顿看来，经验功能论才是最重要的，应该在社会学中采用"中层理论"，因为现有的社会学研究基础缺乏理论研究和经验基础，而这两个正是建立宏大功能论体系所必须具备的。另外，他还认为，既然结构对于系统有正功能，那么也就有反功能。同理，既然有显性功能，也应有隐性功能，这是他对结构面向系统发挥"功能"，也就是只存在"正功能"这一功能论者的早期基本假设做出的修订。

从上述分析可以看出，功能论的基本观点是：社会的每一个组成部分发生功能，并由此维持社会的整合和稳定。

综上所述，我们能够总结出功能论的基本观点，即由社会每一个组成部分发生功能，从而维持社会的整合与稳定。[①]

（二）教育功能论及其基本主张

教育功能论，也叫作功能论的教育社会学理论，它是由斯宾塞和杜尔凯姆的功能理论发展而来的。20 世纪 50 年代初，功能论的教育社会学在美国产生；20 世纪 50 年代到 60 年代前半期，在欧美教育社会学界，其占据支配地位；20 世纪 60 年代末和 70 年代早期，复兴的冲突论遭遇挑战，导致教育功能论呈现衰落现象。法国的杜尔凯姆、美国的帕森斯和克拉克（Clark，B. R.）、英国的特纳（Turner，J. H.）和霍珀（Hopper，E.）等，是教育功能论的主要代表人物。

搞明白一个流派所要说明的现象或是解决的问题，是了解和研究该流派首先应该把握的重点。抓住这个重点，才能相对准确地把握住一个理论的核心，以及对该理论的优劣得失做出相对准确的评判。功能论者在运用他们自己的观点研究教育时，主要想弄清楚教育能满足的社会需要和其对维护社会稳定起到的作用，即功能论的教育社会学者，关心的重点是教育的社会功能，主要分析教育对整个社会的影响。

将教育在现代社会中的作用和功能列举出来，是功能论教育社会学常用的分析方法。通常在功能论教育社会学者看来，教育的社会功能主要有两个：社会化功能和社会选拔功能。但是不同的功能论教育社会学者对这两个功能的看重程度是不同的，如帕森斯看重教育的社会化功能，而特纳和霍珀等看重教育的社会选拔功能。

二　教育的社会化功能

《现代社会体系》一书和《作为一种社会体系的班级：它在美国社会

---

① 〔美〕戴维·波普诺：《社会学》（第 10 版），李强等译，中国人民大学出版社、Prentice Hall，2000，第 18 页。

中的某些功能》一文中，集中了帕森斯关于教育的论述，虽然在《作为一种社会体系的班级：它在美国社会中的某些功能》一文中，帕森斯提出教育具备社会化和社会选拔两项功能，但是在他看来，社会化才是教育的主要功能，即帕森斯更侧重于认为教育是社会整合的源泉。[1]

（一）教育传递"共享的价值观念"

帕森斯认为，维护社会秩序和稳定的必要条件，是所有社会成员"共享的价值观念"，这个价值观念是每个社会都存在的。就以美国来说，传递"成就"和"机会均等"的思想就是其教育的主要功能，也正是这些思想，构成了美国现代社会的共享价值观念。

在帕森斯看来，美国于20世纪中期发生的重要教育革命，是受教育机会均等大范围扩大的关键原因。然而，学生的能力、学习动机、兴趣、努力程度，亲人的期待和家庭教育的态度等都各不相同，导致即使学习机会均等教育成就也会不同，而一个人的职业和社会地位很大程度上是由学业成绩和学历决定的。所以，教育成就的不同又导致社会地位的不平等，间接地导致潜在的社会分裂和冲突。为社会化解这种潜在的紧张状态，维持社会秩序和稳定出了一道难题。

在《作为一种社会体系的班级：它在美国社会中的某些功能》一文中，帕森斯为这个难题提供了答案。他认为，正是由于教育的社会化功能，也就是教育传递某种共享的价值观念，才会逐渐使得社会这种不平等合法化，将潜在的社会分裂和冲突消除。具体来说就是，教育想让每个人明白，每个人在教育面前都是平等的，在机会面前是均等的，主要是学习者的个人因素导致了教育成就的不同，所以教育成就的不同所造成的社会不平等是合理的。如此一来，教育传递的"成就"和"机会均等"的价值观念，就有效地防止了人们由于没能成功争取到较高地位而产生的冲突和矛盾，其社会整合功能也得到实现。

（二）教育是社会化的主要机构

帕森斯认为，学校中的班级也是一个社会化的机构，个体成为社会所

---

[1] 〔瑞典〕T. 胡森、〔德〕T. N. 波斯尔斯韦特总主编《教育大百科全书》（第2卷），张斌贤等译，西南师范大学出版社，2006，第328页。

需要的人的过程，就是社会化。他在《作为一种社会体系的班级：它在美国社会中的某些功能》中认为，教育的社会化主要有两方面内容，即个体责任感的发展和个体能力的发展。换句话说就是，以教育为手段，培养个体将来成为社会角色所必须具备的责任感和相应的能力。努力使每个受过教育的人，都能成为一个信守社会普遍的、共享的价值观念，同时具备各种技术和社会能力的人。如此，教育便在维持社会共同文化、为社会提供合适的人力资源方面发挥至关重要的作用，并且是以其独特的方式，塑造一个协调、稳定发展的社会整体。

帕森斯认为，本质上来说，学校班级所具有的角色分配和社会选拔功能，也是一个社会化的过程。在他看来，入校时，全部的学生水平并没有太大差别，待遇也是平等的，教师讲授的内容、布置的任务都相同，进行考核与评价所采取的标准和措施也是相同的。然而，众多的相同所带来的结果是学业成绩的不同，学生也出现好坏之分。由于以学业成绩为标准的区分制度，不仅使学生认同新的社会地位不平等，而且能使社会共享价值观念在学生中强化，所以这种区分的过程也是一种社会化的过程。

三　教育的社会选拔功能

虽然支持教育的社会化功能的功能论教育社会学家有很多，但是也有一部分学者支持教育的功能分化和社会选拔功能，英国教育社会学家拉尔夫·H. 特纳和厄尔·霍珀便是其中的代表。在他们看来，教育的首要功能便是社会选拔，是选拔出特定类型的人以供特定社会位置所需的一种机制。

（一）教育选择与社会整合

一个拥有严重内层分化的国家是怎样维持社会秩序的稳定，以及实现社会整合的问题，是拉尔夫·H. 特纳关心的侧重点。他以美英两国为例，对教育选拔功能进行了著名的个案研究。

特纳以功能论为视角，对美英两国学校教育制度的社会选拔功能进行了考察。他认为两国的教育制度是不相同的：美国教育选拔制度带来"竞争性流动"，而英国教育选拔制度带来"赞助性流动"，这是他按照美国和英国教育制度对社会流动的促进方式不同，采取"理想型"的研究方法区分出来的。在不同的流动模式中，决定社会地位升迁的主体也不同：在竞争性流动模式中，其公平竞争的特性体现得很明显，就像是一场竞赛规则人人皆知的比赛，只有靠自身的努力才能实现向上的社会流动；而在赞助性流动模式中，其规则主要是由如今的精英们决定的。这些观点，都体现在特纳于1958年发表的《赞助性流动、竞争性流动和学校教育》一文中。

特纳认为，怎样将社会成员对社会制度的忠诚度维护住，无论是美国的竞争性流动教育制度还是英国的赞助性流动教育制度，都需要重点解决的问题，只是两国所采取的措施有所不同。美国重视平等的力量，为每个人提供平等教育的机会和条件，以鼓励每个人发展并成为精英。美国的教育制度使人相信，不到最后一刻，谁都不是失败者，因此美国的大多数学生是在最后的竞争阶段被淘汰的，这样的方式能够让失败者从自身找责任，同时对社会的忠诚度也已建立起来；而英国与美国恰恰相反，精英自小便被重点培养，当其他学生到现代中学学习时，他们会被选出来，然后送到文法学校学习。其后，精英会通过教育认识到自己的社会领导意识和责任，其他人通过教育明白自己只需安心于在生活中的位置即可。这样的教育方式，也能较好地使学生建立起对社会的忠诚度，维持了社会的秩序。

（二）教育制度与社会选择

在《关于教育制度分类的类型学》一文中，对于特纳划分"竞争性制度"和"赞助性制度"两种教育制度这一做法，厄尔·霍珀提出质疑并进行了修正。在他看来，这种关于教育制度的分法，只是代表扩展的类型学中的特例。他认为，选择是教育的主要功能，如他所言，即"教育制度的结构，尤其是工业社会的教育制度，应主要从其选择过程的结构去理解"①。

霍珀提出"四维分类法"，即四个维度的问题，如何、何时进行教育选拔，应该入选的人及入选的理由，目的是更加全面地对各国教育制度在社会选拔方面的不同进行考察。在他看来，要想合理区分各种不同教育制度的选择功能，只需回答这四个维度的问题便可。虽然不同的教育制度对这四个问题的回答存在差异，然而霍珀仍对所有的教育制度总结出三个明

---

① 〔英〕戴维·布莱克莱吉等：《当代教育社会学流派——对教育的社会学解释》，王波等译，春秋出版社，1989，第90页。

显功能："对于不同的能力类型和能力水平的儿童进行筛选；为通过筛选过程形成的不同类别的儿童提供适合的教学；受训人员的最后分配，不是直接去工作，就是继续接受专业训练。"[①] 教育制度通过这三种功能，最终实现其社会选拔功能。

第二节　教育冲突论

现在，在宏观教育社会学中，冲突论已成为支配性理论流派，其产生于与功能论的论战中。

一　冲突论与冲突论教育社会学

（一）冲突论的基本观点与理论传统

在西方社会学理论界，公认的冲突论直接理论先驱，是卡尔·马克思（Karl Marx，1818－1883）与马克斯·韦伯（Max Weber，1864－1920）这两位德国社会学家。最大、最直接地影响了冲突论的，是马克思的阶级斗争学说和从经济角度对社会政治关系的考察，西方学者将马克思主义看作冲突论的同义语，并将马克思视为冲突论的鼻祖。

马克思认为，经济基础决定上层建筑，所有社会的历史是阶级斗争的历史。因此在他看来，了解现代社会要从了解经济制度的运行入手，并且一切社会都包含统治阶级和被统治阶级这两大社会对立阶级，人类历史的基本特点就是由这两大阶级之间的斗争构成的。因此，法国社会学家雷蒙·阿隆（Raymond Aron）认为，马克思是一位社会学家和资本主义制度的经济学家，他不同于现在所谓的客观的社会学家，他是一位学者，同时也是一位预言家和行动者。在他看来，对已经存在的"实然"的解释和"应然"的判断之间，是有联系的。

马克斯·韦伯同为冲突论的先驱，但其在很多方面与马克思存在异

---

① 〔英〕厄尔·霍珀：《关于教育制度分类的类型学》，载张人杰主编《国外教育社会学基本文选》，华东师范大学出版社，1989，第115页。

议。其一，在他看来，与经济因素作用相同的有宗教、教育和政治党派，他不同意作为决定社会结构的唯一条件只有经济基础这种说法。其二，在社会阶级分析方面，他认为应涉及阶级、地位群体和党派三个方面，比马克思要更加具体和细化。其三，也是至关重要的一点，就是他以个人自我利益作为出发点去分析社会。

综上所述，冲突论就形成了如下两个理论传统：一是以米尔斯（Mills，C. W.）、法兰克福学派及其他新马克思主义者为代表的马克思主义的传统；二是以达伦多夫（Dahrendorf，R.）、科塞（Coser，L. A.）和柯林斯（Collins，R.）等人为代表的韦伯主义的传统。[①]

（二）冲突论教育社会学及其基本主张

20 世纪 70 年代初，教育冲突论产生，它是教育功能论的对手。由前述我们知道，马克思和韦伯是冲突论主要理论的分别来源，教育冲突论以社会冲突为基础审视教育现象，认为教育变化的动力是社会资源分配不均。教育冲突论从大的方面来说，体现在国家控制教育、阶级、民族和种族隔离等方面；从小的方面说，体现在师生冲突方面。学生的分组、交流、教育是否公平等，都是其研究主题。各种教育冲突论都具有各自显著的多样性，并不属于同一理论流派，尽管它们都认为社会资源的分配不均是教育变化的动力。根据理论渊源的不同，大致可以将纷繁的教育冲突论划分为马克思主义取向的教育冲突论和韦伯取向的教育冲突论两大类，前者的理论源泉主要是卡尔·马克思，后者的理论灵感主要来自马克斯·韦伯。

二 马克思主义取向的教育冲突论

社会采取何种方法通过学校教育合理地延续其不平等的社会秩序，是马克思主义取向的教育冲突论关心的重点，以阶级或阶级分析的方法来为这个问题做出解答是此流派学者常用的方式。葛兰西（Gramsci，A.）、阿尔杜塞（Althusser，L.）、鲍尔斯和金蒂斯（Bowles，S. &Gintis，H.）、安尼恩（Anyon，J.）、伊里奇（nlich，l.）、阿普尔（Apple，M. W.）、吉鲁（Giroux，H.）、威利斯（Willis，P.）等是其主要代表人物。

---

① 贾春增主编《外国社会学史》（修订本），中国人民大学出版社，2000，第251页。

我们可以将这些教育冲突论作家分为两大类：一类是以阿尔杜塞、鲍尔斯和金蒂斯为代表的作家。他们认为，占社会主导地位的统治阶级的意识形态，是统一的学校内部的意识形态。在他们看来，经济基础和物质条件决定了作为上层建筑的意识形态，然而它们在一定程度上也具有自主性，也就是相对独立性。另一类是以葛兰西、阿普尔、吉鲁和威利斯为代表的作家。在他们看来，学校内部存在不同意识形态的激烈冲突，也就是学校内部的意识形态不是统一的。他们更加侧重意识形态的独立性。这两类划分的依据，是对意识形态独立程度和学校内部意识形态的统一程度认识的不同。

（一）学校教育为现存社会秩序的再生产提供帮助

阿尔杜塞也赞同经济基础决定上层建筑的观点，因此他与马克思的理论很相近，但是他也认同意识形态具有独立性的说法。对于社会的各种具体制度，意识形态都有影响作用，特别是在学校中，这种影响作用体现得更加显著。学校教育维护资本主义现有的社会秩序和阶级体制的方式，便是传递与物质生产关系相适应的思维方式、知识技能和态度情感等。

鲍尔斯和金蒂斯是美国教育社会学者，他们将"直接再生产理论"进行了最明确、最全面的阐述，并且其理论很接近于阿尔杜塞的理论。可将鲍尔斯和金蒂斯在《资本主义美国的学校教育》一书中阐述的基本观点概括为以下三个部分：教育的功能——再生产；教育如何实现社会再生产——对应原则；推动再生产的主要力量——经济结构。[①]

1. 教育的功能是再生产

在鲍尔斯和金蒂斯看来，教育是社会的一部分，它不会在更大程度上带来社会公正和平等。就以美国来说，在维护和加强现存社会秩序和经济秩序的众多社会机构中，教育也是其中之一，其在延续和再生产资本主义制度方面也发挥了重要作用。

他们认为，美国的经济制度就是一种形式上的极权主义制度。工人潜在的团结对资本家的统治形成威胁，原因在于对于剩余价值、资本主义经济的追求造成了劳资之间的冲突。资本家除了采用暴力手段外，还发挥了

---

① 〔英〕戴维·布莱克莱吉等：《当代教育社会学流派——对教育的社会学解释》，王波等译，春秋出版社，1989，第 156 页。

教育在传递统治阶级的意识形态从而实现现有社会秩序合法化方面的重要作用，也为资本家所看重。其这样做的目的是维护其统治地位，以及维持和再生产现有的社会制度。

教育通过合法化和社会化两种手段对资本主义的社会制度实现再生产。其一，合法化。主要是指教育以传播"教育机会均等"和"专家治国、英才统治的意识形态"为手段，为社会的阶级结构和不平等制度辩护，同时促进其合法化；教育通过传递特定的意识形态，将在经济成功中起重要作用的个人所处的社会经济背景掩盖，从而使学生深信个人的能力和学业成绩决定了其是否能获得社会地位和经济上的成功，最后合法化社会的不平等。其二，社会化。主要是指以教育的方式使工人的自我意识、抱负和社会阶级身份能够适应社会劳动分工的需要。

2. 通过对应原则实现教育的再生产功能

在鲍尔斯和金蒂斯看来，资本主义社会生产关系与学校上层建筑作用之间的对应，是实现教育的社会再生产功能的主要原因。工厂与学校教室都强调遵守纪律和时间，服从权威和外部评价，在结构上来说，都是相通的。其相通之处，具体体现在以下四个方面：其一，学校的学生与工厂的工人相对应，学生不能自己设置课程，工人也不能选择自己的劳动内容。其二，学校的知识专门化和学生之间的竞争，对应工厂的劳动分工与竞争。其三，不同层次的教育，与不同层次的职业结构相对应。其四，取得好的学业成绩是接受教育的目的，获得工资与奖赏是进行工厂劳动的目的，两者的目的是相对应的。

另外，鲍尔斯和金蒂斯还强调，教育再生产功能的实现，其主要的方式是"隐性课程"。他们认为，并不是教师和经营管理人员刻意使教育发挥维持和再生产社会秩序的功能，主要原因是在于学校中的社会关系和工厂中工人互动的社会关系之间的相互对应受到制约，即教育的社会再生产功能的实现，不是通过教育制度的内容，主要是得益于其形式，学校的"隐性课程"就是由这一形式构成的，学校为维持资本主义阶级体制提供所必备的品质和态度，也恰是通过"对应"这种"隐性课程"实现的。

3. 经济结构是推动教育再生产的主要动力

在鲍尔斯和金蒂斯看来，主要决定教育结构的因素是经济结构，并且其也是造成再生产的主要动力。对于这一观点，他们还在《美国的资本主义制度与教育》一文中展开详细阐述。在他们看来，美国在每个时期的教育改革，都映射出工厂中的经济生活结构变化，但是以"大众需求"和"技术需要"作为美国教育变革与发展的理由，显然是不合适的。

如鲍尔斯和金蒂斯所说，在社会不稳定和具有严重政治冲突时期或是紧随其后，是教育改革出现的主要时期：资本家逐步对生产过程的控制加强，再加上这个过程内在的固有矛盾，就造成了政治与经济的冲突，而政治制度正是来源于这些冲突。所以，他们认为，教育变革的主要力量就是资本积累的矛盾性和资本主义制度的再生产。对社会改善、教育开放以及机会均等等理想的追求，在某方面也反映出重建阶级制度和扩大资本主义生产方式中学校的作用。原因就如他们所说过的，经济结构是促进教育再生产的动力所在。

（二）学校是意识形态冲突的主要场所

迈克尔·阿普尔的理论，与同是马克思主义取向的教育社会学家中葛兰西的观点比较相近。阿普尔曾任美国教师协会的主席一职，是美国当代著名的教育社会学家，威斯康星大学课程、教学和教育政策研究系教授，"阿普尔三部曲"（包括《课程与意识形态》《教育与权力》《教师与文本》）、《官方知识》、《文化政治与教育》、《教育中的文化与经济再生产》等，都是其主要代表作。

阿普尔并不认为物质基础和上层建筑之间存在简单的对应关系，以及学校仅是将统治阶级的意识形态简单直接地传递，反而认为，是学校的运作产生了统治阶级的意识形态霸权。在他看来，对于阶级关系的再生产，意识形态具有微妙和间接的影响，他比鲍尔斯和金蒂斯更加注重意识形态的独立性。另外，他还认为，意识形态冲突的主要地点是学校，而经济基础和上层建筑各自内部的矛盾，以及两者之间的矛盾，造成了这些冲突。

也就是说，阿普尔认为，教育也是一个冲突的发源地，这些冲突存在于各类知识与应当传授的知识之间，以及谁的知识是"法定知识"和谁有传授知识的法定权之间。[①] 所以，在他看来，并非像鲍尔斯和金蒂斯所认为的，是对于现有社会秩序的再生产，学校教育是直接的、一帆风顺的。

---

① 〔美〕迈克尔·W. 阿普尔：《意识形态与课程》，黄忠敬译，华东师范大学出版社，2001，第 1 页。

并且，面对斯宾塞"什么知识最有价值"的问题，他更加注重知识和权利之间在教育中的复杂关系，因此提出"谁的知识最有价值"的问题。

（三）学校教育中的"抵制"现象

近年来，"抵制理论"逐渐取代马克思主义取向的教育社会学中的"直接再生产理论"。在学校再生产社会秩序时，是怎样抵制主流意识形态的，这是抵制理论关心的侧重点。其强调对于资本主义生产的过程，学校教育中的"抵制"现象发挥了重要作用。阿普尔、吉鲁和威利斯等是支持这一观点的主要代表人物。

1. 学校教育的特征：学生群体的抵制意识

直接再生产理论以简单呆板的视角来看待教育和经济之间的关系遭到亨利·吉鲁的反对，他是美国当代的教育社会学家。他认为，自整体看，在资本主义制度中，学校是具有某种独立性的，并不是完全由社会经济制度控制。现实中，学校与社会的需求不统一，以及与社会各个阶层的需求相冲突都是常有的事。举例来说：上下层阶级对学校寄予的希望是不一样的，前者可能希望学校培养科学家，后者可能希望学校开设综合课程等。另外，在他看来，在学校生活中，学生是有一定自主性的，并非如直接再生产理论主张的那样，完全由经济和社会制度控制，学生对于学校所传递的文化和意识形态，具有选择权和抵制权。

因此，对于葛兰西主义，吉鲁进行了修正，更加侧重教育再生产中抵制的作用。在他看来，直接再生产理论忽视了马克思关于"人民创造历史的观点"，贬低了教育制度的独立性和教育制度中人的自主性。抵制理论完全不同于此，它将学校视为意识形态矛盾、冲突和斗争的地点，更加强调人的主观能动性，并将学生集体（尤其是工人阶级子弟）的抵制意识作为特征。如此一来，抵制理论就在一定程度上，重新为附属阶级和社会群体提供了能动作用和创新动力。在此基础上，吉鲁尤其强调教育要培养具有批判精神的公民，并且希望教育可以为民主社会培养出具备领导作用的政治主体。[①]

2. "反学校文化"使工人阶级子弟学会劳动

对于抵制理论，保罗·威利斯进行了人种学的实证主义研究，他是英

---

① 〔美〕亨利·A.吉罗克斯：《跨越边界：文化工作者与教育政治学》，刘慧珍等译，华东师范大学出版社，2002，第1页。

国教育社会学家，其主要理论在《学会劳动》一书中集中体现。威利斯在这部著作中，对英国中部一座小镇中学的 12 名工人阶级家庭学生的人种学个案研究进行了介绍。研究表明，一种"反学校文化"时常存在于工人阶级子弟集中的学校里。这种文化是工人阶级子弟对学校文化影响的抵制现象之一，一定程度上影响了学校教育的再生产功能。

在研究中威利斯发现，学生普遍地抵制学校和教师"权威"，并且这种抵制观念根深蒂固，这是反学校文化最根本的特征。其抵制行为主要有：轻视知识和文凭，蔑视和欺负"好学生"，破坏学校公物，逃学、吸烟、喝酒、打架、盗窃等。

在威利斯看来，反学校文化与车间文化大体上相似。车间工人们总是想要极力控制生产管理过程，并以控制他人为乐，这是车间文化的核心。反学校文化的工人阶级子弟也是如此，他们按照自订的"课程表"做自己想做的事，想要控制课堂的意图很明显。从现实来说，反学校文化可以看作工人阶级文化在学校中的体现，其主体是工人阶级家庭走出的学生，因此总是会以工人阶级的价值观念去抵制学校的主流价值观念。

然而，威利斯所认为的工人阶级子弟抵制行为的后果，却存在一些矛盾，在他看来，学校内的反学校文化体现出个性解放的意愿，这是积极方面；而消极方面，威利斯认为，这种反抗和抵制只会使工人阶级继续遭受奴役，甚至加剧奴役状况。他还认为，反学校文化的学生在走出学校进入工厂后，能较快、较容易适应工厂工作，原因是他们抵制主流文化，看轻脑力劳动，与车间文化差异不大。由此可以说，学生反学校文化有利于社会再生产的实现，因为他们在"抵制"中"学会了劳动"。

三　韦伯取向的教育冲突论

在关注点上，韦伯取向的教育冲突论与马克思主义取向的教育冲突论相同，即两者都关注现有的阶级体系再生产，以及文化思想或意识形态介入再生产过程的方法。[1] 然而两者研究这一问题的入手点不同，马克思主义教育冲突论者主要从"对应"和"抵制"等方面入手，而韦伯取向的教育冲

---

[1] 〔瑞典〕T. 胡森、〔德〕T. N. 波斯尔斯韦特总主编《教育大百科全书》（第 2 卷），张斌贤等译，西南师范大学出版社，2006，第 331 页。

突论者主要是从"地位群体"和"亚群体"在文化资本和荣誉、声望方面展开的竞争中入手。柯林斯和布尔迪厄是此理论流派的主要代表人物。

（一）学历社会的文凭竞争

美国教育社会学家兰德尔·柯林斯在《学历社会》一书中，继承了韦伯的冲突理论并将其发扬，此书于1979年出版。柯林斯在书中认为，不能将学校当作资产阶级维系个体文化差异的工具，甚至是机器。在他看来，所有学校冲突并非来自阶级矛盾和意识形态的冲突，其主要原因，是各群体在荣誉和声望方面进行的竞争，以及过分追求教育文凭。因此，柯林斯反对只以阶级斗争的视角来看待学校中的各种冲突和矛盾。

在柯林斯看来，教育体制告诉人们，想要获得高收入和高权利的工作，成为社会地位高的群体中的成员，就必须具备文凭和文化资本。所以，人们为了实现这个目标，就会更加激烈地去竞争教育文凭。然而结果却是教育文凭对地位群体的身份和工作机会的价值逐渐降低，原因是要求更多文凭的人逐渐增多，毋庸置疑就造成了文凭膨胀和文凭贬值。

然而，文凭也是一种"商品"，只是与一般商品存在差异，也具有特殊属性。通常情况下的商品，当它贬值时，人们就会放弃购买它，但是对于文凭这个"商品"来说，如果某一层次的文凭贬值，人们就会对更高层次的文凭展开追求。这样的结果就是文凭膨胀的恶性循环更甚，从而加剧人们对文化资本的竞争。

（二）文化资本理论与社会再生产

继阿隆之后，在国际社会理论界其研究成果被应用和研究最多的当代法国社会学家，就是著名的社会学家皮埃尔·布尔迪厄（Pierre Bourdieu）。其是一位哲人，曾想通过自己的研究来改造世界，一生作品良多，有30多部著作，300多篇文章，其内容涉及广泛，有社会学、人类学、语言学、教育、政治、哲学、历史、文学、美学等多个方面。[①]

布尔迪厄的再生产理论也叫作"文化再生产理论"，因为其主要侧重

---

① 〔法〕皮埃尔·布尔迪厄：《科学的社会用途——写给科学场的临床社会学》，刘成富、张艳译，南京大学出版社，2005，第7页。

维持和再生产社会经济结构方面文化过程的重要性，在这一方面，其不同于前文所有的教育社会学家。在教育社会学领域，布尔迪厄主要关注社会结构趋于再生产自身的原因和其中的规律，以及教育充当传播知识和思想的体系的方法。《再生产：一种教育系统理论的要点》《文化资本与社会炼金术》《国家精英：名牌大学与群体精神》《继承人：大学生与文化点》等，是其在教育社会学方面的主要代表作。

布尔迪厄对马克思的资本概念进行了发展。他认为，"资本是积累的劳动，当这种劳动在私人性，即排他性的基础上被行动者或行动者小团体占有时，这种劳动就使得他们能够以具体化的方式占有社会资源"[1]。在布尔迪厄看来，时间、金钱和情感的投入构成资本的积累，这是一个漫长而需要努力的过程。总结起来就是，资本是"积累的劳动"，即资本是积累出来的，它突出了"资本"的历史性。

布尔迪厄将资本分成经济资本、文化资本和社会资本这三种基本的形态，不同于马克思主要考察经济资本。在他看来，最基本的资本是经济资本，然而他对其他两种资本，尤其是文化资本，倾注了更多的研究。他所认为的"社会资本"，主体是个人或群体，借助一个相互交往并熟识的关系网积累起来的资源的综合，且这个关系网是相对稳定的、具有一定程度的制度化的。[2] 布尔迪厄从类型学角度研究了文化资本，尽管他并未给"文化资本"下一个准确的定义。他认为文化资本有三种存在形式：其一，具体的形态。方式是精神和身体的持久"性情"。其二，客观的形态，形式是图片、书籍等文化商品，这些商品是理论留下的痕迹，或对理论的显现和批判等。其三，体制的形态。形式是客观化，且必须区别对待这种形式，原因是其为文化资本提供了一种完全是原始性的财产，这笔财产庇护了文化资本。

就像布尔迪厄说的，在最早的研究过程中，文化资本的概念是以一种理论假定的方式出现的，这种假定能和学术上的成功联系起来，从而说明为什么不同社会阶级的孩子取得不同的学术成就，也就是从不同阶级和阶

---

① 〔法〕皮埃尔·布尔迪厄：《文化资本与社会炼金术》，包亚明译，上海人民出版社，1997，第 189 页。

② 〔法〕皮埃尔·布尔迪厄、〔美〕华康德：《实践与反思：反思社会学导引》，李猛、李康译，中央编译出版社，2004，第 162 页。

级小团体中走出的孩子，是怎么将在学术市场中获得的特殊利润，对应到阶级和阶级小团体之间的文化资本的分布状况的。在布尔迪厄教育社会学理论中，文化资本概念是一个核心概念，它的提出，较好地说明了教育是怎么以统治阶级的文化合法化去实现社会再生产的。

布尔迪厄认为，每种教育行动都是由一种专断权力强加出的"文化专断"，所以从客观上来说，一切教育行动都是一种"符号暴力"。教育行动灌输的文化专断主要以教育权威的方式实现再生产，进而促进权力关系的再生产，实现社会再生产中的文化再生产功能。教育权威是一种通过合法权利形式实施"符号暴力"的权利。

布尔迪厄认识到在教育再生产过程中"隐性课程"的重要作用。在他看来，法国精英学校的教育活动可以被视作一种"制度化的仪式"，是一定程度上被看作造就分离的神圣人群的神化活动，其目的是占据霸权位置。"从效果上看，实施教育的环境潜移默化地传授的东西比课堂上明白无误地传授的知识更重要。人们所传递的内容的主要部分不是存在于大纲、课程之类的表面材料之中，而是存在于教学行为本身的结构之中"①。在《继承人：大学生与文化》一书中，布尔迪厄对法国大学生与文化之间的关系展开了集中探讨。在他看来，社会出身在整个大学期间，尤其是在遇到学业上的重大转折时，影响至关重要。自家庭和父母那里得来的"习惯"和"文化资本"，将决定他们在大学期间历程的差异，应付自如或是难以适应。所以，他总结出，社会出身无疑是造成差异的各种因素中，对大学生影响最大的一个。

第三节　教育互动论

教育互动论是微观教育社会学流派，教育功能论和教育冲突论是宏观教育社会学流派，这是教育互动论与其他两个教育社会学流派最主要的区别。教育互动论主要以互动论的理论视角对教育活动和教育现象进行解释。

---

① 〔法〕P. 布尔迪厄：《国家精英——名牌大学与群体精神》，杨亚平译，商务印书馆，2004，第115、132页。

一 互动论与教育互动论

20 世纪 60～70 年代，互动论在美国及西方社会学界兴起并流行，它是一种社会学理论流派。在此理论流派看来，要解释各种社会现象，就只能从互动中寻找原因，这种互动是指社会中个人之间的互动。互动论者对日常生活情景中面对面式的互动，以及在社会结构和社会制度方面，这种互动发挥的作用相当重视，时常集中在一起进行研究。

互动论是一种微观社会学理论，因此它对于宏观的社会结构和社会制度并不是很关注，而是侧重于人们在面对面式的互动中符号理解的作用，角色扮演的特点以及一些约定俗成的日常沟通规则。互动论一贯遵循的原则是主观主义，看重个人的主观理解，在其看来，众多个人理解和行动的结果组成社会结构，客体被赋予人的主观意义，同时又将这种现象作为反映的过程，就是社会过程。

通常认为，美国的实用主义哲学家和美国芝加哥学派的学者直接促进了互动论的产生。现在互动论主要有符号互动论与拟剧论、互动主义的结构论、互动主义的现象学这三个相对不同的理论分支。教育互动论是互动论在教育中的运用所催生的，其也有三个不同的理论分支，当然，这三个理论分支各自以互动论的三个理论传统为发源地，其所强调的教育问题也各不相同。米德（Mead，G. H.）和莫里斯（Morris）的传统是符号互动论的发源地，侧重点是自我概念和情景定义；受杜尔凯姆影响较大的是拟剧论与互动主义结构，其更加侧重呈现自我、策略性互动和宏观背景对互动的影响；而胡塞尔（Hussel，E.）的理论是互动主义现象学的主要来源，分类学和知识的建构性是现象学的侧重点。

二 教育互动论的基本主张

在解释教育方面，互动论的不同理论存在一定差异，接下来我们将对符号互动、拟剧性互动论、互动主义结构论和互动主义现象学的教育主张分别展开简单地叙述，以便对教育互动论的基本主张有一个更全面的了解。

（一）符号互动论

哈格里夫斯（Hargreaves，D. H.）的早期著作是符号互动论应用于教育的代表，他是美国著名学者，于 1975 年出版了《人际关系与教育》一书，这是以符号互动论研究微观教育问题的典型范例。师生的自我概念、角色观念、角色扮演、情景定义的产生和维持等，是该理论研究的基本内容，这些内容衍生于怎样形成师生的角色观念，以及师生角色扮演和情景定义之间的关系如何等这些符号互动论所关注的主要问题。

在哈格里夫斯看来，教师和学生在具体的教学以及师生交往过程中，首先的出发点是自我概念，会对对方的角色产生期许，其后各自定义师生互动的情景，同时会按照自我的期许和定义进行角色的扮演。哈格里夫斯符号互动论的核心概念之一就是自我概念，他认可并挖掘出米德关于自我发展观念的内涵，然后将其用来分析师生之间的关系。

然而，在师生互动开始后，特别是互动产生问题时，为了有效地使互动继续下去，面对具体的互动情形，师生会修正自我概念，适当调整各自的情景定义和角色扮演。师生在调整的过程中会出现彼此试探、讨价还价，甚至是重新协商现象，结果是师生会产生新的角色期许和情景定义，也会适当改变角色扮演。

不可否认，教师的自我概念、情景定义和角色扮演总是会更大的影响学生，原因是教师与学生比起来，前者拥有更大权力和权威性，因此并非在完全平等的条件下进行师生间的重新协商的。

（二）拟剧性互动论

在后期的著作如《道德教育》《宗教生活的基本形式》等中，杜尔凯姆都尤其侧重仪式对于社会结构的作用。拟剧论的微观理论的研究视角则是由戈夫曼（Goffman, E.）在其代表作《日常生活中的自我呈现》中提出的。戈夫曼认为，生活就像是在社会这一舞台上表演的戏，戏中的表演者便是我们每个人。表演者为了以不同形式使观众倾向于某种理想化印象，也就是呈现一个理想的自我，便试图以戈夫曼的"印象管理艺术"来控制对方对自己的印象。①

上述两个理论传统便是教育社会学中拟剧性互动论的主要来源。个体

---

① 〔美〕欧文·戈夫曼：《日常生活中的自我呈现》，冯钢译，北京大学出版社，2008，第29页。

间秩序性的互动和际遇是拟剧性互动论分析的重点，呈现自我、策略性互动、艺术性的印象管理、人际交往仪式的意义以及界定和区分互动情景等，是其分析的基本内容。

"确认、解释、推断和选择等行动的持续性维持了一种动力，在具有冲突本质的人际关系中，这种动力使人与人之间的相互作用成为最重要的因素，因为人人都试图为自己获得最大利益。因此，在学校，人们可以看到，整天都存在着一次又一次的协商。"[①] 这是伍兹（Woods，P.）的观点。他在研究学校和课堂中的互动里采用了杜尔凯姆和戈夫曼的理论。他在《社会学与学校：一种互动论的观点》一书中，为了探究学校情景中师生互动的过程，将杜尔凯姆和默顿的观点，即关于个体先接受、然后适应学校情景的观点，与社会文化目标和手段，个体反映的分类的理论结合了起来。他认为，师生之间的互动模式是典型的冲突型的，教师和学生分别抱着不同的目的进行互动，为了达到目的，双方会在互动的过程中采取各种策略，进行持续的冲突、斗争和协商。

伍兹以这种冲突型师生关系的观点为基础，运用类型学对学生对于学校文化的适应模式认真地展开了研究。在他看来，亲学校文化和反学校文化是中学中一直存在的两种学生亚文化。他根据学生是否接受学校的目标，以及学校为学生提供的实现其所要求目标的途径差异，借助默顿的分类方法，将中学生对于学校目标的适应分为奉迎、机遇、开拓、屈从、仪式主义、不妥协、叛逆和逃避八种不同模式。

（三）互动主义结构论

巴兹尔·伯恩斯坦（Bernstein，B.）是英国教育社会学家，因杜尔凯姆结构主义理论对其影响较大，因此在组织、传递和评价过程中教育知识的不同和变化是其关注的侧重点。他认为，一个社会怎么对它认为具有公共性的知识进行选择、分类、分配、传递和评价，体现出权利的分配和社会控制的原则。他在《社会阶级、语言编码与社会控制》一文中对学校和不同阶级所使用的语言在结构上的不同展开了探讨，并以此为依据对学生

---

① 〔英〕戴维·布莱克莱吉等：《当代教育社会学流派——对教育的社会学解释》，王波等译，春秋出版社，1989，第284~285页。

学业成绩失败的原因进行了分析。他所获得的高学术地位也得益于此研究，甚至有学者将其视为教育领域的杰出思想家。

具有马克思主义意味的半结构主义思想、戈夫曼的一些理论元素——伯恩斯坦在其分析中纳入各种理论的精华，将来自杜尔凯姆的拟剧论渊源体现得淋漓尽致。他关于"限制性语言编码"和"精致性语言编码"的区分是教育社会学界最为推崇的，这两种不同的语言编码是伯恩斯坦根据表达受结构限制程度和阶级归属、表达的清晰程度，以及表达意义的普遍性等方面的差异区分出来的。在他看来，精致性编码语言是上层阶级的语言，而限制性编码语言则是下层劳工阶级的语言。

精致性编码的语言和限制性编码的语言在很多方面都不同：前者倾向于普遍性意义的表达，而后者倾向于特殊意义的表达；前者在语言表达方面可能变化较大，原因是其受特定或局部结构的限制较少，后者却正好相反；前者的基础存在于明确表达的符号中，而后者的基础存在于缩减的符号中；前者采用理性的方式，而后者采用隐喻的方式。① 总的来说，前者在意义、表达方式和内容等方面都特别清楚，而后者在这些方面仍然存在诸多不明之处。伯恩斯坦在区分两种语言编码的基础上，采用另类的方法分析了学生学业成绩失败的原因。他认为，学校的官方语言大多数时候是使用精致性编码，如此一来，上中层阶级子女的社会语言代码就同质于学校的教育知识，而下层阶级子女的社会语言代码则异质于学校的教育知识。这样的结果是，在受教育的可能性上，不同阶级的子女会有不同，从而造成学业成绩的不同。这是伯恩斯坦借助伦敦大学教育学院彼得·霍金斯对来自中产阶级和工人阶级的两组 5 岁儿童分析的结果，精彩地描述了两种语言编码之间的差异。

（四）互动主义现象学

真理、知识、智慧、能力以及其他所谓的"客观现实"都是社会性建构的结果，这是互动主义现象学在教育领域中的基本主张。其研究的主要内容是描述和分析教育领域中的这种社会性建构过程。扬（Young，

---

① 〔英〕巴兹尔·伯恩斯坦：《社会阶级、语言与社会化》，载张人杰主编《国外教育社会学基本文选》，华东师范大学出版社，1989，第 406～407 页。

M. F. D.） 和凯迪（Keddie，N.） 等是其主要代表人物。

标志着"新"教育社会学产生的，是 1971 年出版的《知识与控制：教育社会学新探》一书，英国教育社会学家麦克·扬在书中对有关教育中的知识和能力的社会建构性质的观点展开了集中的阐述。

第一，在他看来，知识的增长和获得，与其逐步分化是并行的。在学术机构和学校中，神化了高层次的价值，还为其他知识提供了参照的标准。原因是正规教育机构的建立，使得更高的级别和价值被赋予某些社会群体的知识，而后这些知识通过这样的教育机构"传递"给社会中经过特别选拔的人。[①] 现实中，学校对学生的甄别和选择，是人为地将知识分成学术知识和日常知识，同时给学生强制性灌输这样的观念：学术知识优于日常知识。

第二，他认为课程变化就是知识定义的变化，这种知识定义的变化在开放程度和取向方面，与社会分层、专门化以及知识组织是相同的。因此，他总结出，课程中知识的组织是一种社会性建构。学生学业成绩的失败与离校年龄的提高、教师的规定也有一定的关系，它与智力发展无关，是社会控制的问题。

第三，在他看来，在能力分类方面，学校隐含着一种假设，也就是将抽象的知识视为高级的知识。以这个假设为标准，学校对学生进行能力分组：那些能够接受学术课程学习和训练的学生，都是能够进入教师的抽象知识领域的优秀学生，相反，那些接受非学术性课程学习和训练的学生，都是知识水平不能超越常识层次，被看作失败者的学生。

尼尔·凯迪是英国另一位教育社会学家，他对一所综合性小学的实地考察采用了互动主义现象学的方法。他想要以对"课堂知识"的分析为基础，质疑和询问能力分组的教学模式。实际研究证明，人们将学校所教的知识与日常的知识结构形成对立，并将其当作"专家"的知识。这样的结果是在教学内容中确立了一种"规范秩序"，学业成绩成为衡量标准，能够取得优异成绩的学生才能成为向学校外的人们推荐的主体。所以，他认为，学校使学生和知识之间的关系保持统一，采取一定的、具有权威性的

---

① 〔英〕麦克·F. D. 扬主编《知识与控制：教育社会学新探》，谢维和、朱旭东译，华东师范大学出版社，2002，第 61 页。

分类结构来维持和保证社会的秩序。

凯迪认为，学校以外的社会结构的权力分配机制，衍生出教育中知识和能力的分层类属。此分类以一种建构的框架，而并非学生的实际能力为基础，并由该框架对特定类型的知识的价值进行分类。事实上，学校中这些标志着"理性"的分类和评价系统，都不过只是强加给学生的一种知识形式。

第三章

社会学视角下的教育组成要素

第一节　班级组织的社会学分析

在学校中，班级组织属下位组织，它既是开展各种教育、教学活动的基层单位，也为学生培养社会性和发展个性提供了主要环境。然而，在某些时候，学校组织的特征是不包括班级组织的特征的，所以，针对班级组织的社会学分析就显得很有必要。通常说来，主要通过三种视角来进行班级组织的社会学研究：其一，"群体"角度的分析，也就是将班级视为一个特殊的社会群体，代表人物是美国早期教育社会学家华勒；其二，"社会系统"角度的讨论，也就是将班级看作一种特殊的社会系统，代表人物是美国社会学家帕森斯；其三，"社会组织"角度的分析将班级看作一种"社会组织"。三者中，"社会组织"是班级的首要特性，班级首先并一直是一种社会组织，先有班级的建立，再有班级社会群体及班级社会系统的形成。

一　班级组织的特点和功能

在研究班级组织之前，我们需要确定班级组织的成员。现在，关于构成班级组织的成员，主要有三种看法，即班级组织的成员是班主任与学生，或仅有学生，或班主任、学生、任课教师三者皆有。笔者认为，作为一种社会组织，班级是有特定的机构、规范和目标的，但在这三种看法中，每一种都包括学生而不包括教师。所以，学生是班级组织的成员，而教师不是。在确定成员之后，我们还需要了解班级组织的特点、功能等问题。

（一）班级组织的特点

作为一种社会组织，班级是有自身的特定机构、规范和目标的，这就决定了班级组织具有特殊性。就班级组织的机构而言，班级的首领是班长，班级的核心领导是班委会，一般情况下一个班级会划分为几个小组，每个小组设立小组长，不同的学科设立专门的科代表，并且班级中还有少先队组织或共青团组织等。班级中的每个学生都有自己的相应位置，而作为社会代表者，教师是高于班级组织机构的。就班级组织的规范而言，为了维护班级正常教育教学活动，班级组织制定并执行了各种正式的规章制度，学生是班级规范所约束的对象，这也是学生的一种规范。就班级组织的目标而言，虽然班级组织自身有不少具体的目标，但是学生的自身发展才是班级组织的最终目标。

总的来说，就是应将班级组织视为一种社会组织，因为它具备了一般社会组织应该具备的基本特征。

班级组织也叫作学生组织，与成年人相比，班级组织的成员社会独立性和社会责任性不足；另外，班级组织主要是向社会学习，而并非参与社会。由此，可将班级组织的特点归纳为：其一，班级是在成年人指导下由未成年人组成的组织，也就是说，班级成员通常是未成年人，缺乏法律意义上的社会责任能力，需要成年人从旁指导以成长、成才。其二，各种群体存在于班级内部，也就是说，班级是存在各种人际关系的组合形态。其三，"人格化群体"是班级的外部表现。班级总是通过"班风"将自身很明显的文化、心理等体现出来；其四。班级具有发展性和可塑性。在班级刚形成的时候，都只是一个偶然联合的群体，比较松散，然而，经过发展，班级能够成为一个团结合作、有凝聚力的班集体。[①]

（二）班级组织的功能

班级组织与其他社会组织并无二般，也具备一定的功能。在《作为一种社会体系的班级：它在美国社会中的某些功能》一文中，功能主义者美国社会学家帕森斯，将班级组织的功能划分为两类，即社会化功能与选择功能。班级对学生能力与责任感方面的培养功能，就是社会化功能；班级对学生之间差异的形成和鉴别，并提供依据支持社会结构补充各种成人角色的功能，就是选择功能。学者将帕森斯的观点看作班级组织社会学研究

---

① 马和民：《新编教育社会学》，华东师范大学出版社，2002，第 226 页。

的典型观点。但在冲突论者看来，因为成人文化与学生文化不同，所以在有着成人社会价值观念的学校工作人员与那些需要被控制、强制的学生之间，是有一种权力争斗存在的，而为了适应资本主义的发展，学校要为社会培养诚实守纪的劳动者，这被视为班级强制功能隐形的力量。

还有一些学者补充了以上观点。比如中国台湾学者陈奎熹以此为基础，另外增加了一项"照顾与保护的功能"；在学者卫道治等人看来，还应加上"人格化或个性化的功能"，也就是发现存在于每个学生个性中的隐性差异及其形成条件，再由隐性差异确定可能塑造的方向；在学者吴康宁看来，作为一种社会组织，班级组织具有自治功能性和半自治性两个特征，其明显与其他社会组织的特征不同。结合上述各位学者的观点，本文提出班级组织主要有以下几方面的功能。

1. 社会化功能

在推动学生实现个体社会化方面，班级是一个重要组织。从方式来说，因为以遵循社会要求为前提，并以儿童身心发展的水平为依据设计出班级组织社会化的组织、内容、方法和目的等，所以，实现班级组织的社会化功能是一个有组织、有计划、有目的的操作过程。从内容来说，班级组织的社会化功能的内容主要有：根据社会需要和教育目标，教育并引导学生形成正确的世界观、人生观、审美观，以及树立正确的理想和道德等；传授系统的科学文化知识，使学生掌握基本的社会生活技能。另外，班级组织还提供条件以便培养学生的交往能力和社会实践能力；班级组织的形成使得学生逐渐融入并适应社会生活，在家庭之外学会独立。所以，通过学生的社会学习和交往活动，班级组织的社会化功能能够对社会要求与学生个体发展水平之间的相互作用进行动态的调节和控制，从而使学生从一个自然有机体转变成社会成员。

然而，冲突论者又提出，因为空间、时间和游戏规则，以及学生的社会化过程即"文化资本"的传递与再生产方式由学校掌控，学校是主流社会价值体系的代表，它将这种价值体系传递给年青一代，因此学校内那些被顺利挑选、分类和评论的学生在进入社会后，更容易走向成功。

2. 个性化功能

班级组织兼具社会化功能和个性化功能于一身。假如说遵循社会要求教化、定向和控制个体的社会同一性是班级组织对儿童的社会化功能的主要体现，那么，遵循儿童身心发展水平和规律，培养并发展儿童个性就是班级组织对儿童的个性化功能的表现。发展人的个性，是社会和个人发展的共同需要。所以，在班级教育教学过程中，为了帮助学生个性的发展，教育者要将社会需要和教育目标相结合，采取多样化的教学内容与个性化的教学方法，培养和发现每个学生的潜能与特长。

实际上，在同一过程中能同时实现个体的个性化与社会化，不同个体身上所表现出来的特殊性即个性，这是个性化的体现，而个体的个性也具有社会性，二者相互关联。然而，个体的个性和社会性之间也存在矛盾，原因是两者的追求不同，前者追求的是个体的个性，而后者追求的是社会共性。如此一来，班级组织需要解决的问题就成了怎样将两者的发展有机地统一起来。

3. 选择功能

关于班级组织的选择功能，主要有以下几个观点：其一，班级组织的选择功能指的是班级发挥对儿童社会地位的选择职能，在此观点看来，先天属性和后天成就决定着一个人的社会地位，而班级组织不仅加强了儿童的先天地位，也为儿童提供了获得后天成就的平台；其二，班级组织的选择功能主要是指职业选择功能，也就是学生在还未进入社会就业时，教师主要通过班级教学和教育过程来指导学生职业的选择；其三，班级组织的选择功能与其社会化、个性化功能密切相连，依据社会分工和专业化的发展，教育要同时培养个体化以及社会共同生活所必需的品质，这个过程便是选择的过程。由上述我们可总结出，在教育教学中，关于文化和价值观的理解，不同学生各不相同，导致每个人对于世界的反应方式也存在差异。因此，在多元价值观、多重的社会角色和不同职业结构等方面，班级组织要为儿童提供可选择的条件，比如在设置课程时，要针对不同儿童的不同兴趣爱好、才能和职业倾向，安排不同的选修课、社会实践活动等；在班级的交往、角色结构中要为儿童提供机会，以便其展示自己的才能、提高自己的社会地位等。这样不仅是给学生提供选择的机会，也有助于塑造儿童的社会性和个体性。若在早期的学校生活中就将学生划分进不同的类别，比如分为积极的学生和消极的学生，就会使学生的发展受到严重的既定轨迹限制。长此以往，便会出现两种极端，积极的学生发展更大、更快，而消极的学生发展则无法打破观念的限制。

4. 保护功能

一般情况下，人们总是用教学单位来形容班级，普遍认为班级是学习的场所。事实上，班级不仅是学习的场所，它还对班级成员起到保护作用，主要表现在关怀、照顾与指导未成年学生的身心发展。我们都知道学生时期是一个人身心发展的重要时期，学生经常会遇到许多问题，也比较容易受到伤害，所以，就尤其需要来自教师和班级成员的关怀与保护。同时，对儿童思维、价值观念、理想的保护也是班级组织的保护功能的体现，这是对儿童个性的保护。

二　班级组织的结构分析

在教育社会学中，很少看到分析班级组织结构的。这里主要以学者吴康宁的研究成果为依据来进行分析，即班级组织中有两种组织结构：正式结构和非正式结构。

（一）班级组织的正式结构

一般情况下，正式结构指的是组织中的工具性角色的结构。在班级组织中，工具性角色指的是提供服务从而完成班级工作的角色。班级的正式结构在我国的中小学中，通常有三个层次：第一层是班干部，对全班工作负责；第二层是组长，对小组负责；第三层是班级的一般成员，即每位学生。在班级正式结构中，班级学生干部发挥着最重要的作用。要对班级工作进行良好的管理，就必须有一定数量的学生干部。我们一般将学生干部分为自治性干部（担负班级管理职责的班委成员和小组长）、自助性干部（学科代表）、自娱性干部（负责各类自娱性活动的干部，如集邮小组长、足球小组长）三类。通常以任命和推举两种方式来筛选学生干部。其中任命制主要由班主任推荐、全班认同，但这种方式产生的干部，可能无法赢得学生的信任，威望也是外加的。推举制有直接选举和间接选举两种，由于是学生自主选出的干部，通常威信较高，人际关系也较融洽。①

班级正式结构类似于事业单位、工厂组织等成人工作单位，都是金字塔形，仅有班级成员中的少数学生担任"干部角色"，大部分学生还是

---

① 马和民：《新编教育社会学》，华东师范大学出版社，2002，第228页。

"众角色"。这种金字塔形的班级结构,是造成学生地位差异和权威服从观念的一种重要的"文化资本"。尽管在儿童还未入学时就已存在一定的地位差异和服从权威观念,但那主要是受家庭和同伴群体的影响,形成的地位差异及相应的权威服从观念是异辈之间的和非制度的,在很大程度上都区别于学生在步入社会后形成的,为适应成人工作组织中所需的地位差异及服从权威的观念。儿童也仅是在班级组织中,才首次形成了正式的、制度化的地位差异和权威服从观念,这成为学生进入和适应成人社会的重要的社会化基础。[1]

(二) 班级组织的非正式结构

班级组织中的非正式结构是由其他不同角度界定的一些成分组成的。它与正式结构的根本区别是,前者是班级成员在日常过程中自然形成的,而后者是班级组织的外部力量从制度上预先规定的。班级组织的非正式结构,主要取决于学生个体之间的人际关系,其参照系是班级中的"非正式群体"。非正式群体存在四个主要特点:其一,人数少,通常是 3~5 人;其二,吸引力强,群体内每两个成员之间都相互选择,全员在整个群体内部是相互选择;其三,集体性强,对于本群体的利益,有超过一半的群体成员会自觉维护;其四,沟通效率高,群体内任一成员短时间内就能将得到的信息迅速传给其他所有成员。[2]

班级组织的非正式结构体现出的是在班级这一社会结构中,班级成员的人际关系形态与非正式的社会地位状况。班级组织的非正式结构和正式结构一起构成了在班级中学生的整体地位和人际关系状况,学生在班级中的地位、角色就取决于两者。[3] 事实上,班级组织的非正式结构表明了复杂的班级成员人际关系。班级组织的非正式结构的功能兼具积极性和消极性,原因在于这种人际关系并非以正式角色关系,而完全是以同学之间的情感需要为基础形成的。非正式结构的积极功能是有利于学生的交往与表现自我的需要的实现,以及班级成员之间意见交流的加强。消极功能是由于群体内部的过多接触,很容易影响班级成员参与班级组织活动,而对群

---

[1] 吴康宁:《教育社会学》,人民教育出版社,1998,第 282~283 页。
[2] 吴康宁:《教育社会学》,人民教育出版社,1998,第 285 页。
[3] 马和民:《新编教育社会学》,华东师范大学出版社,2002,第 230 页。

体利益的盲目保护，很容易使得群体成员在班级组织内孤立无援。[①]

在班级中，仅有部分学生能够成为非正式群体成员，原因是群体内成员的相互选择产生了班级非正式群体，而相互选择仅是人际状况之一。在班级组织中，学生之间至少有五种类型的非正式关系，即单向选择关系、单向拒绝关系、相互选择关系、相互拒绝关系及无选择无拒绝关系。很明显地，如果我们要完全以非正式群体的状况去了解班级中的非正式结构，那是不容易的，它需要把班级中的非正式群体及其之外的学生个体相结合来说明班级组织的非正式结构。在选择中，每个学生既是主体又是客体，而且有很多种选择可能性，就导致班级组织中的学生人际状况也存在众多的可能性，从而使得学生的非正式地位也各不相同。[②]

还有，研究班级组织的非正式结构也需要对其进行测量。测量班级组织的非正式结构主要有社会测量法和社会结构分析法这两种。社会测量法最早是由美国社会学家与心理学家莫雷诺提出的，是以询问方式了解团体内部成员之间社会关系或社会意向的一种调查方法。"二战"后，人们开始普遍重视群体的人际关系问题，测量与研究人际关系就成了教育研究中的一个关键领域。对班级组织的非正式结构进行社会测量，应用价值较高，能帮助解决一些实际问题。如调查显示，工人的社会测量地位与意外事件存在负相关关系，也就是容易发生意外事件的一般是社会测量地位较低的工人，因此就需要为这些人重新安排工作。研究反映，社会测量结果在很大程度上与成员的实际成绩和能力相关，因此，这种方法主要用来选择学生干部、加强班级建设、解决一些人际关系问题等。[③]

三　班级组织中的人际交往

若用动静结构与人际交往对班级组织进行分析，那么前者是静态的，而后者是动态的。班级中的人际交往主要有两种：师生之间的交往和生生之间的交往。

---

① 吴康宁：《教育社会学》，人民教育出版社，1998，第286页。
② 马和民：《新编教育社会学》，华东师范大学出版社，2002，第230页。
③ 马和民：《新编教育社会学》，华东师范大学出版社，2002，第231~233页。

（一）师生间的人际交往

师生交往是指在班级的教育、教学活动过程中教师和学生之间的人际交往。相较于一般的人际交往，师生之间的人际交往具有以下几个特点：其一，班级组织的运行需要师生之间的交往维系。班级中所有教育、教学活动的组织、安排和运行，都离不开这种师生关系。其二，师生之间的交往内容比较复杂。师生之间的交往可以是单纯地满足交往需要而进行的交往，也可以是为了完成教育任务而进行的工作交往。其三，师生之间的交往中双方相互影响。在师生交往中，并非总是由教师主导，而是师生之间相互界定和发生思想碰撞。其四，师生之间的交往形式比较复杂。在美国教育心理学家林格伦看来，师生之间通过四种形式来交往：第一，教师在课堂上与学生保持单向交往，效果较差；第二，教师在课堂上与学生保持双向交往，效果较好；第三，教师和学生保持双向交往，同时允许学生之间的交往，效果较好；第四，教师成为相互交往的中心并且鼓励学生双向交往，效果最好。① 所以，应该鼓励师生在课堂教学中采取多种交往方式，从而提高课堂教学的效率和质量。

师生关系可分为专制型师生关系、放任型师生关系、民主型师生关系三种不同的类型。专制型师生关系是指教师主要通过强制方式来管理学生，学生只准服从不准违抗，很容易导致师生关系陷入疏远和紧张境地。放任型师生关系是指教师以放任自流的态度来管理学生，师生之间缺乏交往，更不用说合作和反抗。民主型师生关系是指教师热爱、信任、尊重、关心学生，善于与学生交往，以自己的德、识、才、学吸引学生，从而赢得学生的热爱和尊重，师生之间能相互配合与支持。

在班级教学中，班级的气氛取决于师生之间的互动和人际关系，教师和学生之间传递信息主要是以语言、语调、手势与面部表情等方式。英国社会学家伯恩斯坦曾对班级内的正式与非正式交往过程、师生之间的权力关系、支配师生间互动的规则，以及这些问题与学生社会阶层的关系等问题进行过研究。在他看来，这些班级内的互动过程会引起社会阶层的再生产，班级内存在的规则、惯例等互动"符号"，是班级内权力分配的决定

---

① 〔美〕林格伦：《课堂教育心理学》，章志光等译，云南人民出版社，1983，第363页。

因素。这些"符号"中存在的，如教师与学生之间的互动、信息传递的先后顺序和速度等，都会对学生的学习产生影响。而控制了课程传授内容的人也就拥有了对知识的传授方式，知识传授与接受的教材、组织、速度和时间等的控制权。然而，在学校教育中占主导地位的符号对工人阶级的儿童来说是不利的，因为学校都是按照社会上层阶层的所需来传授符号的。

对小班教学中师生交往的研究是班级组织中师生交往的重要研究内容之一。以师生交往的视角来看，班级小就代表班级中面对的问题少，师生之间的互动和交流就会增多。教师面对的学生越少，教师就能关注到越多的学生，也会使班级的氛围凝聚得更好；只有给学生提供更好的成长环境，教师才能在最大范围内将小班的学习潜能发挥得更好。相反地，若班级人数较多，师生之间就会减少交流机会，教师逐渐地就习惯以命令的方式管理学生，在潜移默化间导致学生习惯于遵从教师的命令，面对需要处理的班级事情，学生往往依赖于他人，越来越少地参与班级管理。我们将以一个关于小班教学的例子来体现小班教学的价值：1999～2000年，美国政府投入12亿美元实行了一项"班级规模缩减计划"。加利福尼亚州、田纳西州等数州纷纷引进缩减初级阶段班级规模的项目。田纳西州的项目是学生和教师的成就比，从1991～1992学年开始，一到三年级的生师比缩减到15∶1。研究人员在评估该项目时发现，缩减班级规模既使得学生成绩提高，教学质量改善，这些影响也至少延续到五年级[①]。

（二）生生之间的人际交往

在班级组织中，和教师与学生之间的正式交往不同，学生与学生之间的交往更多是以非正式交往形式呈现。在学生与学生的交往中，学生个人的性别、兴趣、性格、个体影响力等都是影响因素，且学生之间的交往是多变的、距离不等的、相互可选择的。学生与学生之间交往的可选择性，使得学生之间的交往比较复杂，在班级中也出现了各种不同性质的非正式群体。学生群体在班级组织中主要有以下几种类型。

1. 游戏性群体

米德认为，对于儿童社会性和个性的发展，游戏起到重要作用，并且

---

① 〔美〕珍妮·H. 巴兰坦:《教育社会学：一种系统分析法》（第五版），朱志勇等译，江苏教育出版社，2005，第200、203页。

他还把游戏视为帮助儿童自我概念发展的重要手段。游戏能够帮助学生学会交往，掌握社会生活能力。所以，不会游戏的学生身心就不一定健康。以玩为主的游戏性群体在学校的学生群体中的占比较大。这些游戏群体有临时性游戏群体（如课间休息时的游戏活动，时间比较短）和偶发性游戏伙伴（如课堂上的"恶作剧"或相互传小纸条）。

2. 兴趣性群体

兴趣性群体通常由游戏群体演变而来，所以"玩"也是其特点。但相比于游戏群体，其相融性和凝聚力要更高。这类群体有自身的任务和目标，个体有一定的意志，一般持续时间不会短，具有"迷"的主要特征，如收藏、制作、欣赏。

3. 倾吐性群体

倾吐性群体，顾名思义，就是倾吐和表达内心感受与活动。因此，通常此类群体比较固定，心理联系比较紧密，一般群体中的任意两个人都会将对方视为自己的知己好友。其活动内容主要包括发牢骚、聊天、诉说等。核心家庭的持续发展，使得学生间的此类群体将逐渐增加。倾吐有利于心理健康的保持、心态的平衡。

4. 互助性群体

互助性群体彼此间相互帮助，并以此为目的，起到帮困解难的作用，社会生活意义强烈，有利于学生个体的自立、自主、自学水平的提高。然而它也有造成负效应的可能，尤其是现在的某些学校，学生之间的互助总是或多或少地牵扯利益，如付钱买作业等。如此一来，互助性群体就会对个体心理品质造成损害。

5. 冲突性群体

此类群体的主要活动是逞强称能、侵犯其他同学、惹是生非等。特别是现在，受各种影视媒介所播放的众多暴力画面影响，成长中的学生大多以此为"榜样"纷纷效仿，使得不良风气在学校盛行。①

班级组织中出现非正式群体，促进了个性的自由发展。学生在非正式群体中长期相处，彼此相互影响，兴趣、爱好、理想、愿望、志向、价值观与行为习惯等逐渐形成。非正式群体不仅为促成学生实现班级目标提供

---

① 马和民：《新编教育社会学》，华东师范大学出版社，2002，第236~237页。

了基本条件，也为集体舆论萌芽的产生提供了必要环境，还为班级活动效率的提高提供了内在因素。然而，仍需要以分化瓦解与教育引导并行的方法来应对反集体型的小群体。

国外学者以友谊模式的研究来分析班级学生之间的关系。在研究者看来，在班级中，学生能够结交友谊的对象是很重要的，拥有友谊会对学生与同辈群体之间的关系产生直接影响。研究者发现，在开放、民主且灵活的班级中，教师对学生的情感发展比较重视，因而更方便学生互动并集体参加某些活动，建立持久的友谊也就更加容易。但在以教师为中心的传统班级中，过多侧重学生的学习，一般容易称为朋友的，都是那些座位安排比较靠近的学生。

在对班级学生人际关系进行研究时，每个学生实际地位的分析与非正式小群体的研究同等重要。在班级中，学生地位的影响因素不仅有他所在的小群体地位，还有他所扮演的正式群体中的角色。美国社会心理学家莫雷诺创造出一种"人际关系测定法"，以便于对个体在群体中的地位进行测定，它是以人与人之间的趋避倾向来对个体在群体中的地位进行测定的。莫雷诺在自己的研究中发现，在班级社会中，学生的三种不同类型的人际关系决定着学生的地位。一是人缘型，身在此类人际关系中的学生，交际很广，地位很高，影响也就很大。二是嫌弃型，身在此类人际关系中的学生，地位非常低，引不起关注，且遭人嫌弃。三是中间型，身在此类人际关系中的学生，地位不高不低，别人不喜欢但也不嫌弃。人际关系测定法简单易行，对刚接手的班主任教师首次了解班级学生的人际关系很有帮助，但由于学生人际的关系总是在班级内、外多种因素的影响下形成和发展的，因此比较复杂和深刻，不可能仅以一次简单的测定就体现出来，所以切忌以这种测定结果来下结论。[①]

四　班集体建设

班级组织管理工作中的重要任务之一便是班集体建设。班集体由学生们的偶然集合发展而来，在班主任与全班同学的共同合作和努力下，班集体诞生、发展并成熟。这里对班级建设的探讨主要从评价班级发展水平的

---

① 董泽芳：《教育社会学》，华中师范大学出版社，1990，第284页。

社会指标体系、教师在班级建设中的意义、班级文化建设等方面进行。

(一) 班集体的衡量标准

班级组织之间的发展水平不尽相同。认识班级组织的发展水平,有利于我们对班级的社会结构、因素、功能等各个方面的特点与状况有一个全面把握,并体现出班级的过去和现在的关联,探寻班级发展的轨迹。

学者吴康宁认为,存在两种区分班级组织发展水平的标准,即单纯以班级组织的结构化程度来区分的标准和以结构化程度与班级组织的社会价值两者来区分的标准。

1. 单纯以班级组织的结构化程度来区分的标准

这种标准还能划分为两种类别,把班级组织分为所属群体与参照群体两类是最简单的。前者是从客观上来看个人所属的群体;后者是从主观期望上来看个体所属的群体,是主要影响个人态度、信念和价值观等的形成的群体。在努力将班级组织划分为所属群体与参照群体中,日本教育社会学家片冈德雄是贡献比较大的一个学者。他选取义务教育阶段的班级在其刚组建时的情况为分析对象,揭示了班级作为所属群体的一些主要特点,如班级成员几乎不能自发和选择学习,他们是在国家和地方行政或家庭与社区的普遍"强迫"下进入学校的,使得被迫从属于某一学校的现象颇具"偶然性"。此时的班级组织相当于简单的"集合",其成员之间没有依赖关系,其纪律还未被学生当作个人纪律,其对学生的惩罚也无法实现向学生内心自我惩罚的转变,其内部气氛呈现防卫的性质。在作为参照群体的班级中,情况却恰恰相反,学生从内心中将自己融入班级,班级的目标就是每个学生的努力目标,班级规范也是个人自觉遵守的言行准则,班级中的气氛呈现支持的性质。片冈德雄做出总结:所谓班集体建设其实就是作为学生所属群体的班级持续向参照群体转变。[①]

另一种做法是将班级组织的水平看作由低到高逐渐递进的排列,日本学者广田君美的研究是这方面比较具有代表性的研究。广田君美根据结构化程度,将班级组织的发展分为水平递进的五个时期。

---

① 〔日〕片冈德雄:《班级社会学探讨》,吴康宁译,《华东师范大学学报》(教育科学版) 1985 年第 3 期。

（1）孤立探索期

一般是在班级组建起始时期，对学生来说，此时的班级充满了未知，每个学生都努力探索，希望能与其他同学建立关系，不管是什么关系，然而通常形成新的相互关系的不多，而某些学生之间已经有的关系大多是在入学前形成的。

（2）横向分化期

班级活动的逐渐进行，使得学生之间慢慢地相互认识并了解，日益稳定彼此的联系，并着手以同班同学的平等为出发点，以个人为中心将自己在班级中的横向人际关系扩大并分化。

（3）纵向分化期

由于横向人际关系不断发展，这种关系开始呈现倾向性，班级成员逐渐分化为"优势者"与"服从者"。之前学生从教师那里才能满足的要求，现在从其同学中的"优势者"那里便能得到满足。

（4）小群体形成期

这个时期，学生最感兴趣的是与同伴一起开展小群体活动，班级中逐渐出现相互密切联系的几个小群体。学生的依存对象由教师转向伙伴。

（5）群体统合期

这一时期，不同的小群体之间相互交流并发展成为班级组织的有机组成部分。此时真正的"首领"出现在班级中，全班学生由其领导开展行动。

2. 以结构化程度与班级组织的社会价值两者来区分的标准

在这两者中，通常社会价值标准是最先强调的。比如无锡市教科所，其主要是把"班集体素质水平"和"班集体教育职能水平"作为班集体发展水平的两大评判因素，这种对于班集体的研究在国内地方教育科研中颇具特色。在六项评判"班集体素质水平"的标准中，前三项都属于社会价值方面，第一项就是和社会目标相同的、能为成员提供参照的组织目标。成员集体进行同一个活动的出发点是推动社会进步和发展，在其所提出的班集体发展水平指标体系中，多项指标都与社会价值相关。以双重标准考察班级组织的发展水平，所得到的是"向量"意义上的发展水平。

（二）班主任在班级建设中的作用

在班级中，班主任的角色不一，职能也很多。在班级建设中，教师既是班级建设的设计师，也是班级组织的领导者，还是班级人际关系的艺术家。

1. 班主任是班级建设的设计师

班级由学生的偶然集合发展而来，班主任的思想和行动对最初的班级形成有很大影响。事实上，班主任可谓班集体形成师，为一群偶然集合在一起的儿童设计一个准社会是其主要任务。班级建设的设计，要遵循班级群体的客观发展规律和层次标准，要了解集体的社会心理特征，并且，班主任还要以班集体的主要特征为依据，有计划、分层次、分阶段地将班级的群体水平提高，最终形成真正的集体。

因为班级处在学校这个大环境中，所以，学校的规章制度、办学理念，学校和班级的组织结构、班级可利用的资源、学生的数量和兴趣层次等内容都是班级建设一定要考虑的，班级建设尽量将学生学习和生活的一切包括在内。在最开始建设班级时，关于教师对某学科的精通程度，可能会有学生去测试，挑战教师的水平，所以，亲身经历现实课堂的体验是每个新的班主任都需要进行的，从而帮助自己发展策略来实现班级目标。

2. 班主任是班级组织的领导者

班主任的领导风格，会对班主任与学生、班主任与集体之间相互作用的整个氛围产生直接影响，所以，在班主任从事的班级建设中，班主任在班级组织中的领导职能主要反映在对班集体的影响力上。一般说来，班主任的权威、职权及其运用和道德、思想等个性条件是其影响力的两个主要来源，两者之间联系紧密、相辅相成。班主任的领导风格和艺术是其影响力的最大相关因素。若班主任的领导作风颇为民主，便能更好地建设和管理班级。面对管理班级遇到的难题，学者马丁·哈姆斯雷与彼得·伍兹给出可供教师管理班级参考的几个方法：其一，正式组织就表示活动的中心是教师，比较经典的方法是让学生背诵教材，或做问答题、写作；非正式组织则表示学生群体共同学习，班级成员之间的交往比较多。其二，或许教师可以监督学生行为，干涉学生的反常举动。或者，也许教师身份更多的是参与者。其三，或许教师可以采用高压政策，或采用被权威人士认可的命令和要求，或许教师也会根据个人身份提倡每个人合法的权利和义务。其四，可以将学校或班级测试作为学生成绩比较的依据，但也存在没有正式评估的情况。很多教师经常采用非正式分组策略，都是以年龄、能力、捣乱者等为基础的；相对应的，随意分组是以学生选择、友谊群体或排除正式分组为基础的。①

教师是班级中的主要决策者。然而，教师是如何对决策制定过程和课堂互动机制产生影响，还有个体怎么理解当时的情形的，却是一个复杂的问题。通常说来，教师大多是根据自己的经验去做决策，面对特殊情况，教师通常会采用情境性的特殊决定或协商方法来应对，对于一件事，教师必须考虑自己能不能做、做还是不做。他们或许需要规则，然而在这个问题上，新教师或许会更多地以教科书为行事参考标准，而制定决策是一个复杂的过程，许多互动因素都会对其产生影响，对于新教师，若不能掌握课堂环境的控制权，他们的挫败感就会更强。

3. 班主任是班级人际关系的艺术家

在克鲁普斯卡娅看来，建立个人、集体与社会的实际联系，为个人的社会化提供保障是教育的本质。这样说来，在班级建设中，对班级中的人际交往展开研究，帮助学生建立良好的人际关系，是教师的另一重要职能。苏霍姆林斯基将对象是人与人之间的关系的工作，称为实践的创造性的"人学"，即班主任学习和掌握研究人际关系的科学方法，悉心地研究班级的人际关系，了解班级内人际关系状况，掌握每个学生所处的地位及其原因，科学合理地处理班级中的人际关系。

没有哪个班级是不存在破坏班级环境的问题学生的，优秀的班主任，能将造成破坏的学生变为有价值的人，并以此作为自己的重要职责。改变这些问题学生，班主任需要考虑他们的地位是怎么确立和维持的，以及他们怎么做到秩序的维持或使他人从他们的混乱状况中吸取教训。

（三）班级文化建设

班级成员的精神状态就是班级文化，我国通常将其称为班风，其主要表现有班级成员中占主导地位的群体意识、价值倾向、情绪状态与行为取向等。班级成员在相互交往和影响中慢慢形成班级文化，在其形成后，便具有相对稳定性，并在潜移默化间影响班级成员的活动。然而，班级文化

---

① 〔美〕珍妮·H. 巴兰坦：《教育社会学：一种系统分析法》（第五版），朱志勇等译，江苏教育出版社，2005，第 207 页。

也并非一成不变，其会随着班级内外多种因素的变迁而发生相应的变化。所以，通过主观的努力班级文化能够改善。通常班级文化包括教师文化、班级文化和学生群体文化三种，学生群体文化占据主导地位。

教师文化是成人世界经验的代表，它的组成要素通常是教师的教育思想、知识、人格，还有其与儿童间的交往风格、人际关系等，占据班级形成和发展的关键地位，能定向和指导班级文化的形成。

班级文化的构成有班级的物质文化、制度文化和人际关系等，教室内的环境布置、师生仪表等属于物质文化，党和政府的有关方针、政策等在班级的实现属于制度文化，班级生活情境的角色和地位的联系与相处方式属于人际关系。

由学生的稳定群体的集体舆论、共同目标、学习风气、行为模式和价值取向构成的亚文化系统，就是学生群体文化，它是不同于成人文化的亚文化，主要是在实践过程中被众多成员认可和共享的意识形态，如文化观念、价值观念、生活信念等，在班级社会体系的归属感、内聚力、相互认同和目标形成方面作用重大。学生群体文化集中体现了班级的本质、个性和精神面貌，班风、学风、班集体舆论和班级人际关系都是其表现途径。班级的作风和风气就是班风，综合体现出班级众多成员的思想认识、精神状态、集体舆论和情感意志，是班级文化建设的核心；在学习过程中，学生形成的一种集体行为风尚就是学风，它是学生学习动机、态度、精神、方式和习惯等的体现；班集体舆论是班集体中占优势的、多数人都赞同的言论和意见，它集合了班级成员的观念态度，是班级深层的精神文化。[①]

第二节　教师角色的社会学分析

研究教学中教师与学生的社会角色，特别是研究关于教师的角色始终是教学社会学所研究的侧重点。斯宾塞（Spencer, D. A.）为《教育大百科全书》所写的词条"教学社会学"（Sociology of Teaching），实际上就是有关教师角色的研究状况，其主要内容包括社会学的结构功能主义、冲突

---

① 杨昌勇、郑淮：《教育社会学》，广东人民出版社，2005，第308页。

论和解释论这三种基本理论流派各自关于教师社会作用的看法，教师的社会特征与社会地位研究，教师的专业社会化等。[①] 笔者在这一节主要探讨教师专业社会化、教师权威、教师职业倦怠等几个方面，关于学生的社会角色，将在下一节做详细介绍。

一　教师专业社会化

从教育社会学的角度来看，事实上，教师专业社会化（Teacher Professional Socialization）与教师社会化（Teacher Socialization）、教师专业化（Teacher Professionalization）是相同的概念。[②] 教师专业社会化是指个体向教学专业人员转变的过程。教师的专业社会化的水平和程度，极大地影响着教学改革的推进、教学质量的提高、教学声望与地位的提升。20 世纪 50 年代，默顿（Merton，R. K.）曾给社会化下过一个重要的定义，他说："社会化就是人们选择性地获得价值观和态度、兴趣、技能和知识的过程——简要地说就是获得所在群体间的文化，或力图成为其中一员的过程。"[③] 虽然默顿的社会化定义提到选择性获得价值观的特征，然而都是以功能主义的视角来大量研究教师专业社会化的，将社会化视为个体向教师转变的单一过程，却很少强调教师专业社会化过程中的互动、对立、冲突和选择等特征。我们这里对教师专业社会化及其与教学的关系的探讨也基本上是从功能主义的视角入手的。

（一）教师专业社会化的发展阶段

就发展阶段而言，教师专业社会化存在预期社会化和继续社会化两个阶段。教师的专业预期社会化是指个体进行的准备性个体社会化，目的是适应将要承担的教师职业角色。教师的专业预期社会化包括所接受的职前教育以及教师自己主动进行的有关从教的各种知识和态度、情感等心理方面的准备性社会化。教师的专业继续社会化是指个体在获得教师资格并进

---

① 〔瑞典〕T. 胡森、〔德〕T. N. 波斯尔斯韦特总主编《教育大百科全书》（第 2 卷），张斌贤等译，西南师范大学出版社，2006，第 363 ~ 368 页。

② 刘捷：《专业化：挑战 21 世纪的教师》，教育科学出版社，2002，第 116 页。

③ Merton, R. K. et al.（eds.），The Student Physician：Introductory Studies in the Sociology of Medical Education. Cambridge，*Massachusetts*：*Harvard University Press*，1958：287.

行从教实践后为了更好履行专业职责而进行的社会化。若说预期社会化是一个"成为"教师的过程，那么继续社会化则是不断成为熟练教师和专家型教师的过程，是教师不断成长的过程。从时间跨度来看，教师的专业继续社会化将覆盖教师的整个职业生涯。教师的专业继续社会化的具体渠道有教师工作实践和各种在职培训、脱产学习等。

（二）教师专业社会化的内容及其对教学的影响

通常认为，教师专业社会化包括教师职业价值的内化、教师职业手段的获得、教师职业规范的认同以及教师职业性格的形成等方面的内容。[1]本文接下来主要从专业知识和技能的获得以及教育忠诚感的培养等方面分析教师专业社会化及其对教学的影响。

1. 教师的专业知识与技能

专业知识与相关技能是教师的重要职业手段，对一名教师的基本要求就是拥有博大精深的专业知识，且掌握熟练的基本教学技能。所以，获得专业知识和技能就成为教师职业社会化的一个重要内容。根据《教育大百科全书》的看法，一名专业教师应该具备以下六方面的知识储备。[2]

（1）有关教学内容的知识

教学内容方面的知识包括所教学科的知识和学科教学法知识等。研究者在早期研究教师学科知识时发现，教师的学科知识与教学效果之间无相关联系。然而，20世纪80年代中期以后的研究，将这一说法推翻。新的研究显示，教师的学科专业知识同时影响着教师的教学内容和教学方法。第一，教师的学科知识背景会对他们开发课程产生影响。在开发课程的过程中，教师总是习惯侧重自己更加熟悉的领域中的知识。第二，教师的学科知识还会对教师选择教学方法产生影响。比如教师的学科知识对教师提问学生的方式的影响。教师在教授自己不太熟悉和了解的知识领域时，总是会提出一些认知水平较低的问题；而在教授自己比较熟悉的知识领域时，则总是提出一些较高水平的问题。而且，教师的教学法知识也会对教师的教学计划设计以及具体课堂教学产生影响。研究显示，教师的教学实

---

① 吴康宁：《教育社会学》，人民教育出版社，1998，第214页。

② 〔瑞典〕T. 胡森、〔德〕T. N. 波斯尔斯韦特总主编《教育大百科全书》（第2卷），张斌贤等译，西南师范大学出版社，2006，第199页。

践与其认识和理解学科教育目标之间存在非常强的同一性。

（2）有关学习者和学习过程的知识

有关学习者和学习过程的知识包括学习理论方面的知识，学生身心发展、社会性发展方面的知识，学生在种族、社会经济地位以及性别差异方面的知识等。

（3）有关普通教育学方面的知识

普通教育学方面的知识包括课堂组织与管理方面的知识、课程结构的一般知识等。课堂的组织和管理效果在很大程度上都与教师所具有的普通教育学方面的知识相关。总是调和学生所发出的信号、更加了解学生中的主流表现和课堂活动的目的的教师，才是成功的课堂组织与管理者。另外，教师所拥有的有关课程的计划与课程的教学方面的一般知识，在转换课的不同部分之间所需的知识，清楚解释和适当呈现教学内容方面的知识等有关课程结构的一般知识，都在深层次上影响课堂教学的组织和管理。

（4）有关课程的知识

课程方面的知识包括课程发展过程方面的知识、本年级及学校其他年级课程方面的相关知识等。

（5）有关教学情景的知识

教学情景方面的知识包括教师工作环境（如学校、学区、国家等）方面的知识，教师对学生本人、学生家庭以及地方社区的认识和了解，与本国相关的教育的历史及其哲学文化基础方面的知识等。

（6）有关教师自身的知识

有关教师自身的知识是教师实践知识的重要方面之一。有关教师自身的知识包括教师对自身价值观、风格、个性及优缺点，还有自身教育哲学，以及与教学相关的其他自身特质的认识等。研究显示，有关教学的抽象的或理论性的知识要发挥作用，就需通过教师自己的价值观、教育哲学观念等的过滤。教师关于自身的知识是潜在于其他形式的知识学科教学法知识中的，这些知识形成于教师学会教学的过程中，并在教师的个体经验中扎根。我们也就能看出在教师专业社会化中个体经历的重要作用。

有关教师知识方面的研究显示，教师的专业知识不是静态的，而是动态的。只有在教学以及反馈教学的过程中，教师才能形成自己对教学内容、学习者以及他们自己的新的认识和理解。所以，继续社会化在教师的专业成长方面发挥着非常重要的作用。

2. 教师的教学态度

教学既是一种技术性的工作，也是一种与道德挂钩的工作。就像我们常说的，教学是一种"良心活"，这其实就是从伦理层面强调教学的重要价值。教师对待教学的态度体现出教师认同教学价值和规范的程度，是教师专业社会化的又一重要内容，深刻影响着教学质量和效果。

教师忠诚是教师对待教学态度的一个重要指标。事实上，忠诚本身就带有伦理学意义。尼亚斯（Nias，J.）认为教师的忠诚包括三种不同的类型：职业忠诚、专业忠诚和事业延续忠诚。[①]

（1）职业忠诚

职业忠诚指的是以关爱、亲近学生并和学生一起活动的情感与愿望为基础的教师对教学的忠诚。职业忠诚在小学教师中存在得比较多。在教学活动中小学教师的行动更多的是遵循"关爱法则"。相比于中学教师，更多的小学教师认为自己选择教师行业的目的主要是关爱和照顾学生。对于大部分小学教师来说，关爱孩子并和孩子们一起活动和成长所获得的开心和满足，是他们教学工作的最重要的精神和心理回报。职业忠诚反映出教学的情感和道德特点。它给我们的提醒是：改革教育特别是初等教育，一定要明白关爱的重要性，考虑到教师的职业忠诚和关爱法则，否则可能无法满足教师的职业忠诚感，造成其被剥夺感的产生，进而造成教师教学动机和效率的下降。忽视关爱的重要性的教育改革，将从根本上威胁或降低教学的情感及道德特征。

（2）专业忠诚

专业忠诚指的是以精通科目以及科目的专业知识为基础的教师对教学的忠诚。若说小学教师选择教学行业的主要目的是关爱学生，那么中学教师选择教学行业的主要原因就是致力于教授一门科目。专业忠诚在中学教师中存在较多。精通所教科目专业知识、获得教学工作上的成就是中学教师自我满足的重要来源。作为学院或大学的毕业生，中学教师获得科目身份和专业忠诚是其社会化的途径。

---

① 〔瑞典〕T. 胡森、〔德〕T. N. 波斯尔斯韦特总主编《教育大百科全书》（第 2 卷），张斌贤等译，西南师范大学出版社，2006，第 58 页。

（3）事业延续忠诚

事业延续忠诚指的是教师继续从事教学工作，目的是获得安全感以及内在的回报。有些进入职业生涯晚期的教师由于已经投入大量的时间和精力在教学工作中，他们的整个身心都融入教学中，改换工作或许会对他们的自我认同感和满意度构成威胁，所以，他们会在很大程度上不得不继续从事教学工作。对于处于职业生涯中期到晚期的教师来说，比较容易接受一些温和的、逐步的教育教学改革，而从心理上比较抵制那些剧烈的变革。

尼亚斯对教师忠诚的分类研究相似于马克斯·韦伯的"理想型"研究方法。在实际生活中，每位教师身上同时具有他所说的这三种忠诚形式的某些因素也是可能的，但对于许多教师来说，通常还是以这三种形式中的一种为主。

二　教师权威

古人云："亲其师，信其道。"教师的权威对于提高教学效果，以及组织和管理班级都具有相当重要的影响。教育社会学多是在马克斯·韦伯（Max Weber）的权威理论的基础上来研究教师权威的。

（一）韦伯的权威理论

韦伯认为，权力（power）和权威（authority）的两个概念是既有密切联系又有显著区别的。在他看来，权力是对他人行为控制的能力。他人可能自愿或被迫接受控制。若他人自愿接受控制，就是合法行使权力；相反，若他人被迫接受控制，就是非法行使权力。韦伯将合法的权力称为权威，而将非法的权力称为强制（coercion）。

根据获得权威合法性的不同途径，韦伯以"理想型"（ideal type）的研究方法将权威分为三种类型，即传统的权威（traditional authority）、感召的权威（charismatic authority）、合理－合法的权威（rational－legal authority）。[①] 传统、习俗是传统的权威的来源，是形成于长期的传统因素影响下的权威；感召的权威，根据音译法又被称为卡里斯玛型的权威，是指根据个人魅力而获得的权威；合理－合法的权威则是指来源于规章制度或专业知识的权威，它又包括两种类型，即官方的（official）或法定的（legal）

---

① 〔德〕马克斯·韦伯：《经济与社会》（上卷），林荣远译，商务印书馆，1997，第241页。

权威以及专业的（expert）或理性的（rational）权威。

（二）教师权威的构成与提高

在韦伯的权威类型理论的基础上，美国学者克利夫顿（Clifton，R. A.）和罗伯兹（Roberts，L. M.）将教师权威划分为传统的权威、法定的权威、专业的权威和感召的权威四个层面。[①] 这四个层面相互作用产生了教师权威，这四个层面的具体程度不同决定了教师权威的强弱不同。

一个国家的教育制度与教育传统是教师的法定权威与传统权威的来源，而教师的个人因素是教师的感召权威与专业权威的来源，其中教师的个人魅力是感召权威的来源，而教师的专业知识与能力是专业权威的来源。教师的权威是重要的教育资源之一。做一个受学生接纳和尊重的教师也是每位教师的愿望和追求。通过对教师权威的类型与来源的研究，我们可以从以下几个方面采取措施来帮助教师提高权威：第一，要发扬尊师重教的社会传统。我国拥有尊师重教的社会传统，古人曾将教师与天地君亲放在一起讨论，有"天地君亲师"的说法。弘扬尊师重教的传统能帮助教师群体提高社会地位与传统权威。第二，要从政策和法律层面赋予教师权利和地位，依法保护教师的法定权利。这有利于教师群体提高法定权威。第三，教师个体要注意自身专业素养和人格魅力的提升。传统权威和法定权威是针对所有教师群体来说的，然而具有相同的传统权威和法定权威的教师个体之间，是有差异的。有些教师深受学生爱戴，相反有些教师就不太受学生欢迎。教师个人专业素养和人格魅力的不同是造成这一现象的主要原因。所以，对每位教师来说，是很难直接干预社会传统与国家法制的，教师提高自身权威所能做的就是经常注意提升自己的专业水平和人格魅力。

三　教师压力与职业倦怠

（一）教师职业倦怠及其危害

教师职业倦怠是指由于过大的工作压力造成教师丧失工作热情。教师

---

① Clifton，R. A. &Roberts，L. M.，The Authority of Teachers：A Sociological Perspective，in Miranda，E. O. Y. & Magsino，R. F.（eds.），Teacher，Schools and Society，1990.

职业倦怠具体表现有：疲劳感、丧失工作热情、缺乏工作成就感、容易贬低学生以及逃避教学的倾向等。

由于职业倦怠而试图离开学校，但在别的地方又无法找到合适的工作，因此有些教师在他们大部分的职业生涯中，依然"坚守"着不喜欢的工作岗位。调查显示，在美国接近 3/4 的想离职的职业倦怠教师未离开教学岗位；而在放弃教学的全部教师中，有 1/3 的人又重新选择了课堂教学工作。[①] 教师职业倦怠会极大地损害个人身心健康、学校组织以及学生发展。就教师而言，从事不喜欢的甚至是讨厌的职业是需要付出代价的，这代价来自身体、情感和心理。那些饱受倦怠感困扰的教师经常会产生逃避上课的念头，甚至会以各种理由旷课。由于他们不喜欢教师工作，在工作中缺乏成就感，因此被迫花费众多时间去寻找新的工作，这就会对他们的生活质量产生影响。并且被倦怠感影响的人极易滥用药品，并出现失眠现象等，严重损害个人健康。

然而，作为学校教学工作对象的学生，仍是教师职业倦怠的最终受害者。对于学校而言，希望离开的教师没有离开，想雇用的教师也没有机会进入学校。这些缺乏热情的职业倦怠的教师，更是严重阻碍了教学质量的提高和教学改革的推进。

（二）教师职业倦怠的两种理论假设

心理学家和社会学家均分析和研究了教师职业倦怠的成因与对策，目的是增强学校组织活力，推进教学改革，提高教学质量，以及为师生身心健康发展提供保证。心理学家和社会学家都假设造成教师职业倦怠的原因是与教学角色的过度压力有关。但两者只是在这一点上的看法一致，在更深地分析和研究教师职业倦怠的成因与对策时，两者的看法在很大程度上都不同，由此形成了有关教师职业倦怠的心理学观点和社会学观点两种理论假设。

1. 从心理学视角看教师职业倦怠

心理学家认可造成教师职业倦怠的重要原因是压力过大这一说法，然

---

① 〔瑞典〕T. 胡森、〔德〕T. N. 波斯尔斯韦特总主编《教育大百科全书》（第 2 卷），张斌贤等译，西南师范大学出版社，2006，第 389~393 页。

而他们却提出了一个关键性的问题，那就是在学校和工作压力相同的情况下，有的教师产生了职业倦怠，而有的教师却没有产生职业倦怠。关于其中的原因，他们讨论并得出：造成教师职业倦怠的最直接最根本的原因并不是教学压力，而是教师的个性心理特征。更容易产生职业倦怠的人抗压能力与心理容忍力较弱，不能更好地应付工作压力。

教师职业倦怠被心理学家视为一种临床问题，在他们看来，预防教师职业倦怠的有效方法是提前提高个人的抗压能力、心理容忍力以及应对压力的能力。

2. 社会学视野下的教师职业倦怠

社会学也同样承认压力或忧虑是导致教师职业倦怠的重要因素，但在他们看来，社会中的社会结构和学校中的组织结构是压力的根源。根据对教师职业倦怠的原因研究，社会学家提出的关键性问题是：不同学校的教师感到工作压力过大，产生职业倦怠的比例不同，有些学校过高，而有些学校很少或根本没有。关于造成这个现象的原因，他们也得出不同于心理学家的结论：造成教师职业倦怠的最直接最根本的原因并不在于教师个体自身，而在于教师所处的社会环境，说具体点，就是学校的组织环境。所以，社会学家将教师的社会属性、学校环境的组成以及教师培训的特征作为研究教师职业倦怠问题成因的重点。

研究显示：其一，通常情况下，与有几年或更多教学经验的教师相比，没有经验的教师更易产生职业倦怠。随着年龄和经验的增加，有压力感的教师数量逐渐减少。其二，在美国，与少数民族教师相比，多数民族教师更易产生职业倦怠。城市中的白人教师受到种族隔离的程度要比郊区的少数民族教师大是一方面原因。其三，在加拿大和美国，男教师有更多的教学压力，更易产生职业倦怠。社会给予女性的支持更多是一方面原因。其四，规模较小的学校的教师压力感和职业倦怠感也相对较小。班级规模大的教师易产生职业倦怠。其五，相比于小学教师和高中教师，初中教师更易产生职业倦怠，但中学男性教师职业倦怠感要比小学男性教师低。其六，教师所期望的校长管理风格与校长的实际管理风格之间的落差造成教师职业倦怠，专制和自由放任的管理风格易造成教师职业倦怠。

学校结构和组织变化被社会学家视为减少职业倦怠的重要机制。影响教师职业倦怠的组织和社会支持机制的实质是社会学强调的重点，他们还建议解决教师职业倦怠问题的方法不是来自个人而是来自组织。他们的逻辑是：学校组织带来压力，而压力导致倦怠，所以预防教师职业倦怠的最根本措施是改善教师所处的组织环境并降低工作压力。以改变校长的管理风格为手段来减少和克服教师职业倦怠，其效率要远远大于给众多的教师提供心理治疗。

第三节　学生角色的社会学分析

学生的角色虽与教师相对应，但其也是学校中的重要角色之一。教师和学生角色能否恰当、良好和充分地互动，极大地影响着学校教育工作的成效。第一步是要了解学生地位、权利等方面，这是认识学生角色的含义、特性、内容的必要前提。

一　学生的权利与地位

教师这份职业的活动对象就是学生。但以严格的社会学意义来看，教师所从事的教育工作是一种社会活动，它由教师和学生共同参与，这两个主体在教育活动过程中地位平等。我国的一些教育学者由此提出了教育上的所谓"双主体说"[①]。虽然部分学者并不认可这种学说，然而从基本层面来说，我们作为教育职业从业者和教育研究者，将学生视为一种特殊的职业"对象"，一种有需要、有情感、有自主性的人，这是不可避免的。

（一）学生的权利

现代社会法律强调，人与人之间不分民族、性别、年龄、信仰、地域、身份和社会背景等，一律平等。联合国大会于1989年11月20日通过的《儿童权利公约》也再次申明，和其他社会成员一样，儿童青少年享有完全平等的各种社会权利。我国的青少年权益保护法规，也用明文条例规定了要保护青少年儿童的合法权利。作为教育的对象，学生的权利也应受到充分的尊重和保护。所以，分析和明确学生在教育过程中的权利和地

---

① 邢永富主编《现代教育思想》，中央广播电视大学出版社，2001，第76页。

位，就显得尤为必要和重要。

1. 生存的权利

生存权指的是在一定社会关系中和在一定历史条件下，人们应当享有的维持正常生活所必需的基本条件的权利，是一项基本人权。生存权包括在生理意义上个人的生命得以延续的权利，在社会意义上个体或者群体的生存获得保障的权利，以及人们的生命安全和基本自由不受侵犯、人格尊严不受凌辱、人们赖以生存的财产不受非法侵占、人们的基本生活水平和健康水平得到社会必要保障和不断提高的权利。在人的其他权利中，生存权扮演着基础和前提的角色。

对于人的生存权，现代国家通常都有着明确、严格的法律规定。《宪法》第四十九条规定："父母有抚养教育未成年子女的义务。"并在婚姻法中再次明确，即使父母的婚姻关系发生变化，父母对未成年子女的抚养义务也不能改变。

在我国制定的《未成年人保护法》专门性法律中第十条，更是具体规定："父母或者其他监护人应当创造良好、和睦的家庭环境，依法履行对未成年人的监护职责和抚养义务。禁止对未成年人实施家庭暴力，禁止虐待、遗弃未成年人，禁止溺婴和其他残害婴儿的行为，不得歧视女性未成年人或者有残疾的未成年人。"换句话说就是，抚养子女长大成人，维护他们的生存权利，是法定的父母和合法监护人的职责和义务。拒绝抚养子女，将受到法律的严惩。国家的民法和刑法处罚方式，为儿童青少年实现生存的权利提供了保障。

2. 受教育的权利

个体发展为现代社会合格公民和参与社会的基本条件，就是接受一定程度和水平的教育。因此，在现代社会中，受教育权也成了公民的基本权利和主要权利。

《宪法》第四十六条规定："国家培养青年、少年、儿童在品德、智力、体质等方面全面发展。"这是国家根本大法明确体现出的国家对儿童青少年进行教育的责任。

《教育法》是具有教育基本法性质的法律，其中第九条明确规定："中华人民共和国公民有受教育的权利和义务。公民不分民族、种族、性别、职业、财产状况、宗教信仰等，依法享有平等的受教育机会。"《义务教育法》第五条显示："各级人民政府及其有关部门应当履行本法规定的各项职责，保障适龄儿童、少年接受义务教育的权利。适龄儿童、少年的父母或者其他法定监护人应当依法保证其按时入学接受并完成义务教育。依法实施义务教育的学校应当按照规定标准完成教育教学任务，保证教育教学质量。社会组织和个人应当为适龄儿童、少年接受义务教育创造良好的环境。"

如此的法律条文还很多，其共同反映的是，对于儿童青少年接受教育的权利，国家、社会、学校和家庭，任何个体和社会机构，都不能以任何理由和方式剥夺，相反，必须提供必要的条件和便利鼓励其接受教育，也不能以任何理由、方式，对任何儿童青少年进行教育上的歧视。

3. 受尊重的权利

作为人的另一种基本权利，人格权是以人格利益为内容、民事主体必备的，获得法律认可和保护的民事权利。人格生命权、健康权、自由权和平等权、尊严权、人身自由权、肖像权、隐私权、姓名权、名誉权、荣誉权等都属于人格权范围。

《未成年人保护法》第二十一条规定："学校、幼儿园、托儿所的教职员工应当尊重未成年人的人格尊严，不得对未成年人实施体罚、变相体罚或者其他侮辱人格尊严的行为。"

其他条款也具体规定："任何组织或者个人不得披露未成年人的个人隐私"；"对未成年人的信件、日记、电子邮件，任何组织或者个人不得隐匿、毁弃；除因追查犯罪的需要，由公安机关或者人民检察院依法进行检查，或者对无行为能力的未成年人的信件、日记、电子邮件由其父母或者其他监护人代为开拆、查阅外，任何组织或者个人不得开拆、查阅"；"国家依法保护未成年人的智力成果和荣誉权不受侵犯。"

在学校教育中，教师和学生享有平等的人格。教育者不能以任何理由和方式，侵犯学生的人格权利。保护学生的人格尊严，维护学生的自尊心，不仅是教育者的法定义务，也为开展教育的必要心理打下了基础。

4. 安全的权利

安全权是指公民享有人身、财产、精神等方面不受侵犯、威胁、胁迫、欺诈、勒索的权利。

《未成年人保护法》第二十二条规定："学校、幼儿园、托儿所不得在危及未成年人人身安全、健康的校舍和其他设施、场所中进行教育教学活动。"

第三十四条规定:"禁止任何组织、个人制作或者向未成年人出售、出租或者以其他形式传播淫秽、暴力、凶杀、恐怖、赌博等毒害未成年人的图书、报刊、音像制品、电子出版物以及网络信息等。"

第三十七条规定:"任何人不得在中小学校、幼儿园、托儿所的教室、寝室、活动室和其他未成年人集中活动的室内吸烟、饮酒。"

维持并保护学校秩序,保障师生安全,是相关国家机关和教育机构的法定职责。我国教育部、公安部等部门,以部门规章的方式,还对学校和学生安全加深要求,严格且明确地规定了破坏各级各类学校教学工作秩序、危害师生安全的问题的法律后果。

上述关于儿童权利的规定,说明包括家长和教师在内的任何人,不能以任何缘由(即使是为了保障儿童所谓长远利益也不行)、采取任何方式(如体罚和各种形式的变相体罚)侵犯和不公正、不平等地对待儿童。总的来说,教师和学生之间,在法律上是完全平等的主体关系。

(二) 学生在学校教育中的地位

以社会学的角度来看,教育是一种社会公共事业。学校作为制度化的专门机构,以及教师作为教育工作的专业工作者,要根据家庭和社会的托付,以社会公共利益和学生个体发展为出发点,以课程、课堂教学等为途径,有目的、有计划地系统影响并培养年轻一代,从而促进其身心发展,使其成为具备特定规格要求的社会成员。

由社会、家庭与学校、教师的关系可看出,其实他们彼此之间有一种委托和被委托的关系。具体来说就是,社会(家长通过承担税负)以政府(国家)为渠道,对学校投入一定的人力、物力,并将相应的制度与法律授权于学校,目的是获得相应的服务回报,即按照他们的期望,学校和教师要通过教育培养,使年青一代发展为具备某种知识、品格、能力的人。在这个过程中,学校和教师也能得到自己相应的回报,也就是社会的承认、尊重和薪资报酬。

从某方面来说,学校和教师提供教育服务,而社会和家庭需要并购买其所提供的教育服务。学校、教师和家庭、社会之间,是一种服务与被服务的契约关系。

然而，由学校和教师提供教育服务的过程可看出，学生才是其服务的直接对象，教育服务的过程其实是教师和学生之间互动的过程，即学生是教育服务的直接相关人。我们来举个例子：学校和教师是提供服务的商家，学生是直接的被服务人，而家庭和社会是埋单人。这个例子或许不太恰当，但是很准确。所以由此可知，学校和教师首先应该提供能使学生接受和满意的教育，而后再对社会和家庭这个最终的服务购买者负责。

我们换个角度来说，学生是教育活动的直接相关人，衡量学校及其教育工作状态与水平的主要标准，就是学生是否满意自己所接受的教育。学生的特点与需求，是进行教育的必要与充分条件。也就是说，在教育过程中，学生及其身心发展，是开展教育活动的出发点和核心。学生可以对学校工作及教师的教学工作进行发言和评价。始终将追求学生的利益、需要和愉悦满意，当作工作的原则与标准，这才是理想的学校和教育。我们总是说，要办党、政府和人民满意的教育，那么，学校和教师就必须办学生接受、认同和满意的教育，这个是关键。

1. 学生是教育发生的逻辑起点

很长一段时间以来，我们的众多教育学教科书往往将教育的概念概括为："根据一定阶级和社会的要求，教育者对年青一代（受教育者）所进行的有目的、有计划、有组织的培养活动。"制定课程标准和编写教材的人，常常在从事工作的时候以自己（对社会、青少年及其关系）的理解和想象为出发点。这好比经营餐馆的人，在加工食物时，从来不考虑顾客的口味和感受，总是以自己的所谓科学营养观和自以为适当的口味为标准。可能从营养学来说，餐馆经营者这样做没什么问题。然而顾客的口味才是重要的，若餐馆的饭菜忽略了这一点，做出的食物味道顾客不满意，他们就会不想吃，不愿吃，或者吃下不消化，如此一来，这样的餐馆只会面临倒闭的结果。学校的教育教学也是如此，其所提供的教育至少要是学生认同和欢迎的。若学校及其教育不为学生所认可和欢迎，甚至是使学生感到厌恶、恐惧的，这在一定程度上是浪费了社会的一种资源。

2. 学生是学校教育工作的能动合作者

我们知道，事物内因的存在，是调动外因发挥作用的关键。教育培养学生主要是以对学生施加影响的方式。无论怎样，就学生而言，其身心发展的外因还是教育教学，在教育教学与学生的内在动机、兴趣和需要以及他们自身的经验过程与内部的心理变化相结合之后，知识才会真正变成学生的智慧与能力，使社会所要求的学生的思想道德成为学生的真实个体品格。所以说，若学生不主动参与和合作，再"好"的教育，也是名不副实的。

3. 学生是学校教育的最终评价者

对于好的学校、优质的教育、高水平的教师的界定，我们可以从现行的教育学体系分解出很多自成逻辑和体系的方面来分析，然而对此三项的界定的最终和最重要标准，也就是教育的最终标准，其关键还是在学生，根据学生身心发展所产生的预期的积极变化、所取得的收获来判定。即界定学校教育质量优劣、水平高低的最终判断标准和依据，就是学生发展的程度。所以说，在学校教育诞生、发展和产生结果的过程中，学生一直是其关键和核心。

然而现实的教育情况却是，由于众多传统、现实因素的影响，学生的主体地位变得极易被忽视和无视。大多数时候，学生被视为一种需要被加工的"物料"，不同的是这种"物料"并非物质而是孩子。"教师是人类灵魂的工程师。"这是教育界相当有名的一种说法，仔细品味就能体会到，好像有一种潜在的观念隐含在此说法背后：如同建筑工程师、汽车工程师一样，教师的工作的意义和价值，是根据材料的性质和某种程序，进行加工、改变，将这种特殊的材料——学生变成符合、满足某种权威甚至是统一规格和标准的产品。然而却并不重视学生本身的天性、愿望、兴趣、需要、情感和在被加工即教育过程中的感受、体验。因此，某些教育批判者认为这种教育是"目中无人"的，这还是有道理的。

二 学生角色概述

在教育中，学生作为权利人，同时兼具着发展身心、学习知识、传承人类文明、承载社会与家庭未来希望、与学校教育中教师工作相配合的责任。认识和掌握学生这种角色的特性和行为规范模式，尤为重要。

(一) 学生角色的含义

在教育过程中，学生与其地位、身份等相对应的权利、义务的规范与行为模式，就是学生的角色。说简洁点就是，"学生是谁"和"如何做才算是一个合格学生"等问题的融合。

从字面上来理解，学生就是进行学习、接受教育的适龄儿童青少年。以社会学的视角来看，学生角色的扮演，主要是由于其在年龄、品格、心智、行为习惯、知识经验水平、社会化程度等身心发展方面，还没有达到社会和家长所满意的水平，或者是没有达到其自身应该达到的水平。

在人类早期，社会的发展水平非常有限，也就未过高地要求个体的身心发展。个体以其天生的本能和天分，再通过从简单的生产、生活中获取学习经验，就能达到社会生存的需要，顺利地参与社会的生产生活，履行自己的社会职责，扮演自己的角色，从而实现其存在的意义和价值。

后来，社会持续发展，社会分工逐渐细化，生产和生活变得复杂，对于个体的身心发展，社会也提出了越来越全面、复杂且高端的要求。个体最开始只通过天分和简单经验学习的身心发展方式，已远不能达到要求。在这种前提下，人类着手发明专属的自我发展形式，也就是具有针对性和制度化的教育。学校作为专业化的机构，社会为其投入了大量的人力、物力，还将相应的社会成员（教师、学生等）的部分职责（如生产劳动）免除，提供条件让那些具备心智、知识、品格、经验等被称为教师的人，专门教育和培养学生这个被寄予未来希望的年青一代。

所以，根据角色发生的角度来说，学生是指那些需要学习、由社会提供条件、被赋予专门学习和接受教育的使命与职责的年青一代。由学校教育看来，学生的角色，一般存在以下几种。

1. 具有潜在空间的身心发展者

就像前文所说的，面对社会角色分化，学生出现的原因，是在社会、家长等看来，在年龄等众多原因影响下，年青一代还不具有一个成熟社会成员该有的知识、品质、经验和能力；也可以说在如品德、知识、能力等身心发展的各方面，个体还没有达到应该达到的状态与水平，仍具有改善与提高的需要和空间。中国古代所谓的"待教而善"，大致就是这个意思。教育的价值就在于"教"而"善"之。

2. 社会、家庭未来期望的承载者

社会和家庭了解到年青一代有内在的身心发展空间和必须进行"待教而善"，然而这并非年轻人变成学生的唯一和充分条件。从社会心理学来

看，只有将人们察觉到的可能性和现实条件相结合，才能产生真正的期望。具体来说就是，只有社会和家庭了解到年青一代的身心发展存在内在的空间，这种空间是社会及其自身的未来发展的关键，且有可能实现，也就是形成期望时，他们才会同意孩子进入学校，将孩子变成学校中的学生。所以，学生在被送进学校时，就肩负着社会、家庭所赋予的期望。这也就是人们总说的"望子成龙"和"望女成凤"。

3. 专门的学习者

就像前文说的，最初是社会分工导致了学校的出现、教师和学生角色的形成。从社会学看来，无论是什么形式的社会分工，在某种程度上都代表着专门化和专业化的加剧。与学校独立于其他社会机构相对应，教师分化于其他知识工作者群体，被称作"学生"的儿童青少年则有了来自外界的更为明确、清晰和具体的任务：在被称作"学校"的专门机构中，由被称作"教师"的专业人员指导，将人类已有知识和经验作为内容和对象，接受专门化的学习，成为专门的学习者。

4. 学校秩序的遵守者

社会、家庭将学生委托给学校，学校接受委托教育学生，在这个过程中，我们隐约可见一种默契与共识存在于社会、家庭和学校之间，也就是学校这种实现年青一代身心发展的专业形式，是必要的和可行的。也可以说，这表示对于学校和教师而言，他们应该且必须用自己独特而无法取代的方式、方法，要求和教育学生，是家庭与社会认同、接受甚至是乐见的。换句话说，家庭和社会同意、支持甚至授权学校，以自己的职责标准、规范和方法，组织、管理、约束和影响学生，从而维护学校的秩序、确保教育的有效性。所以说，学生角色就代表着，他们必须以学校的专业规范为标准，遵循学校的纪律和规定，成为学校职责秩序的遵守者。比如《高等学校学生行为准则》等各级各类学校制定的学生守则或学生规范，意义和价值也便是这些。

（二）学生的角色认同

社会心理学层面的角色认同，指的是个体以自己的角色身份为基础，形成角色扮演（行为）的自觉态度与行为方式的过程。学生的角色认同，就是指学生根据已确认的专门学习者的角色身份，形成参与学校教育活动的自觉态度以及与之相适应的行为方式的过程。

1. 学习者身份的初步形成

当孩子从幼儿园升入小学一年级时，"（小）学生"就是他（她）获得自出生之后的第一个正式身份。我们应该都听到过小学一年级学生向幼儿园孩子炫耀自己的学校、班级、老师等，并像一个长辈一样告诉对方要听话、不准哭闹等，事实上，这便是小学生对自我身份的确认。小学生在潜意识里已认为自己与幼儿园的孩子不同，他们会自认为"长大了"；有了自己的"工作"，即上学，在他或她看来，这份工作的重要性与父母的工作相同；他们逐渐看重别人（家长、老师和其他人）对自己（特别是关系读书的聪明或者愚笨等）的评价、是否认可自己的学习成绩，以及与自己的学校相关的事，甚至当父母耽误了自己的"正事"（上学）时，他们还可能会不高兴乃至生气、愤怒等。出现这种状况的原因在于，就小学生而言，"（小）学生"是他们除家庭之外所取得的首个正式的社会身份。

在最开始，小学生一般会以向往、激动、好奇和自豪的心情进入自己的学校生活。然而渐渐地，若他们发现学校生活无趣、枯燥，感受不到快乐、满足和成就感，也就是与他们最初想象中的校园生活不一样，他们就会慢慢产生厌倦情绪。若在学校中，也许是学习压力过大使他们感到疲惫，也可能是学习成绩差所带来的失败感，他们就会试图回避、厌倦、否认甚至逃离自身的学生身份，具体表现有：讨厌学校与学校生活、讨厌别人询问自己学习的情况、厌学甚至逃学等。

2. 学校成员身份的确认

小学生向其他小学生炫耀自己的学校、班级、老师、校长和同学等，这些都说明他们逐渐将自己与组织（学校、班级）和组织的其他成员（老师、同学、校长）联系起来，认识到自己在（学校）机构中的成员身份。而且，小学生也逐渐关心自己在组织（班级）中的地位与重要性（小学生总是会为自己的班干部身份自豪），留意组织中其他成员，特别是重视具有权威和影响力的成员对自己的评价，如自己在老师眼中是否属于好学生，其他同学是否欢迎自己等，关心在各种活动中，自己和自己所在的学校、班级是否获得了认可、荣誉等。由此，我们也就能理解，在孩子们看到自己的学校、老师、同学等出现在电视、报纸等媒体上时，那自豪和激动的心情。

学生在（学校、班级）组织中的经历和处境，直接且明显地影响着其作为组织成员的意识和态度。若其在学校中学习生活顺利、处境良好，他们就会自豪于自己的组织成员身份，并能积极地参与组织活动、遵守组织的规则；但若其处境艰难，如学业成绩低下、经历多舛、不受重视甚至遭排挤、歧视和欺侮，他们就会反感、忤逆和疏离组织及其他组织成员，甚至故意违反组织活动规则，以此来提出抗议、发泄压力或者希望引起关注。我们时常看到的那些"后进生、待优生"的恶作剧，反抗老师和学校管理，"拉帮结派"，以及拒绝提起自己的学校等现象，就是比较有代表性的例子，体现出这些学生在学校的不良处境和压力。

3. 自主者的发展

自主者，指的是具有自我主体意识和行为能力的人。学生的自主意识有主体观念、独立意识，自我认识、控制与管理等方面。

法国著名启蒙思想家、教育家卢梭认为，每个人都具有追求自我独立性、自我价值、自由和个性的天性与权利。年龄的增长，知识和经验的丰富，使得学生的认知分化水平持续提高。学生会区分开"我"与其他事和人，开始意识到"我"是独立的、无法被替代的，这便是其中一个非常重要的表现。由于这种心理的影响，学生会产生并持续强化这样一种"主体"意识：我要做自己的主人，做事以自己的意愿和需要为主，别人不能支配和左右"我"，向往和追求自己的生活空间与专属风格，关注自我存在的意义和价值，比较典型的例子就是在成年人交流时，七八岁的孩子会从旁插话，这种行为便带有这种意义。

学生自主意识的发展过程："跟从与模仿 - 困惑与怀疑 - 自我觉醒 - 批判与逆反 - 自我控制与管理 - 自我整合"。跟从与模仿，简单来说，就是个体以他人为标准效仿，而不是复制他人，从而实现被接纳和获得归属感、安全感的过程；困惑与怀疑，指的是个体不断提高对自我和他人认识分化的水平，由于效仿他人而生成的持续肯定否定的心理冲突过程；自我觉醒，指的是个体独立性、差异性初步形成的阶段；批判与逆反，是个体为了凸显自我而采取有意识的反向或歧向的心理和行为方式的过程；自我控制与管理，指个体为了达到自我独立而对自我心理与行为自觉地进行调控的过程；自我整合，指的是个体将自我心理与行为冲突解决之后，实现个性化发展和自我价值的过程。

学生自主意识的发展，是与年龄的增长、组织成员身份的确认和发展相同步的，具有一定程度上的反向社会化性质与特点。换句话来说，学生自主者的发展，与教育中的个体一定程度上普遍社会化之间，会产生矛盾和冲突。

三　学生的角色冲突

学生的角色冲突，是指学生在接受教育和发展身心过程中，逐步形成的角色心理与其行为之间的不和谐、矛盾和迷茫的现象。

(一) 学生角色冲突的内容

虽然在逻辑上，学生是教育的起点和归宿，其与其身心的发展始终是学校教育的核心问题，然而根据教育与社会的关系，从某方面来说，学生也是社会和学校中间的"第三者"。社会和家庭以自己对青少年的期望为出发点向学校、教师提出要求，而学校和教师则以自己的理解和工作逻辑（专业原理与程序）为出发点教育学生。这与传统婚姻习俗有某些相似之处，如奉行父母之命，媒妁之言，而婚姻当事人只能听从安排，没有自己的选择权，甚至不能反抗。对于介于二者之间的孩子，学生这个角色是"被赋予"的，从而使得学生角色在学校教育中出现了一系列的悖论与问题。

1. "我"是"谁"的问题

就像前文所述，从家庭、社会和学校方面来看，学校发生教育有一个假设的前提：年青一代由于身心发展存在着一些不够理想、不够完善的地方，需要进行制度化和系统化的学校教育对其改变、改善和提升，因此将学生送进学校接受教育。然而单从某个个体而言，"我"是现实的、完整的和自成逻辑的存在，这是"我"合理性与合法性存在的基础。但当孩子成为学生时，就代表着他在一定程度上被认定是"需要改变的对象"，与原本自我意识的"我"之间有了落差，从而使其陷入"我"是"谁"的迷茫中，并由此而衍生出一系列"我为什么要被改变？""我真的需要改变吗？""我要怎么改变？"等问题。

2. "我"与"我"的问题

除了上述所说的学生是自我逻辑完整的个体，事实上其也是一个兼具个性和独立性的个体。由于进入学校前的家庭经验和社会生活，每一个学生无法被替代的自我、自我意识和习惯已初步形成。从某方面来说，学校教育其实就是教育学生反思与重构这种自我、自我意识和习惯。由此便一定会造成学生关于现实存在的"我"和要成为未来的、理想的"我"之间的冲突。"学校教育中学生的自我确认 - 教育影响后的自我怀疑 - 自我的矛盾与冲突 - 新自我的形成 - 新自我确认 - 新自我的怀疑"发展过程的循环，便是这种冲突的显著体现。

3. "我"与"学生"的问题

学校是一种正式的社会制度化机构，任何形式的学校都会有一定的秩序和规制要求，这就在一定程度和形式上限制了机构成员的自由。简单点说就是，不管什么学校都存在制度与规范，学校的相关成员包括管理者、教师和学生等，都必须遵守相应的制度与规范。从哲学和心理学的角度来看，任何个体都有追求自由和不受约束的天性。所以，"我"的青少年身份与学生角色之间，势必在某种形式上产生冲突，从而造成"我"与"学生"的冲突。教师作为学校工作者，其将学生作为教育、管理的直接对象以及对学生教育的影响，是导致学生自我冲突的直接原因。因此，学校中的教师与学生之间，在一定程度上是两种具有内在矛盾和冲突性的社会角色。也就是说，学校教育中师生角色之间的冲突是在所难免的，因为二者之间存在本质的差异。

(二) 学生角色冲突的心理表现

学生时期是人一生中发展速度和变化速度最快，矛盾和冲突最多，最不具有确定性的时期，因此总会产生众多问题和冲突。

1. 独立性与依赖性的冲突

心理发展的重要方面就是个体的独立意识和独立性的发展。孩子在幼儿时期就逐渐形成一些自我和独立倾向与意识。如 3 ~ 5 岁的幼儿，其自我空间意识就十分鲜明，比较反感别人未经许可进入自己的房间或动用自己的物品。他们也很关心别人对自己的态度和评价，当成年人夸赞自己时，他们常常会很兴奋，并积极地参与活动。之后的儿童期，特别是少年期，由于身体外形等生理的发展，孩子的"成人感"迅速增加，内心体验逐渐发展得丰富而深刻。导致青少年由此逐渐希望能打破成人对他们的束缚与限制，实现"自我独立"，希望得到成年人的尊重，拥有不受父母、教师管制的自由，能自己安排生活和学习。比如小学生非常愿意自己和同伴组织各种活动，不乐意父母插手太多，因为他们认为自己长大了。

尽管进入大学后，大学生在很多方面都已发生改变，至少不再是未成年人了，在很多事情上，其主观意识要更强烈一些，然而实际上，在心理发展水平的影响下，再加上大学不同于之前的小学和中学，掺杂着社会因素，因此大学生在遇到某些复杂的问题时，仍会不知所措、无所适从，内心深处并不能完全摆脱对父母及其他成人的依赖，还是会希望有人能给自己支持、帮助自己解决问题；尤其是在经济、生活、情感等方面，仍不能自治与自立，在很大程度上依赖着父母和老师。

独立性与依赖性的冲突，会引发这样一些现象：学生在遇到问题时会向父母或其他人诉说，希望能够得到理解、指教和帮助。但当别人向他们提供帮助和指导意见时，他们又会因为"自己要独立"的意识而表现出不满和不耐烦。结果就是，现在的大学生更多的是从同龄人中寻找"知音"，他们觉得同龄人容易沟通、志趣相同。

2. 理想性与现实性的冲突

儿童和少年，尽管经验不足，但是挫折较少，是人一生中思维、思想局限最小的时期。那时候的学生，思想单纯、活跃，富有幻想和对美好未来的向往。直到进入大学校园，尽管还有三年或四年的学习时间，但是对一个人的一生来说，这是学习生涯的最后时期，也就意味着这是其能享受轻松的最后时光。然而在儿童和少年期形成的美好幻想和对未来的憧憬依然留在心中，学校就像是一个避风港，将一切能打破幻想的因素隔绝。

然而，素有"半个社会"之称的大学，难免会遇到"意外"。举例来说：经济上，很多学生不再觉得从父母那里获得经济支持是理所当然的，现实情况是钱很重要，但来之不易，于是部分学生开始利用空闲时间做兼职来赚取生活费；其实大学最能体现理想性与现实性的冲突，大学生自身身份由学生变为社会成员。大多数学生低估了寻找工作的艰难程度，再加上部分大学生自身眼高手低，找工作更是困难重重。众多毕业生在社会上连连碰壁，逐渐消磨了志气和信心，最初的理想也被现实打败，甚至有些接受过高等教育的人选择从事不需要教育基础的工作。理想很丰满，现实很骨感，大致便是如此。

3. 闭锁性与开放性的冲突

即使是已经成年，大学生仍旧是情感丰富、自尊敏感的群体，他们通常不会轻易告诉别人自己的秘密，对他人，特别是对不是同龄人具有很强的戒备心理，若家长和老师未能与学生及时、充分地沟通，或者缺乏良好的沟通技巧，就很容易使他们封闭自己的内心。心理的闭锁性，会加大他们与父母、老师及其他人之间的心理距离，造成交流的鸿沟。

人都需要在交往、交流中获得情感的满足和自我的发展，大学生更是如此。但如果沟通受阻，大学生内心闭锁，就会油然而生一种强烈的内在孤独感而无处排泄，长此以往，就会积累负面情绪。而如今互联网快速发展，在这种心理能量和压力的积累下，他们常常"只能"选择在同伴群体或网络的虚拟世界中，寻找宣泄方式，由此出现拉帮结派、沉迷于网络聊天、网恋或虚幻想象等现象。

4. 情感与理智的冲突

大学生虽已不像青少年时期那样幼稚莽撞，但因为还未踏足社会，因此仍旧拥有典型的情感丰富特征，对未知充满好奇且自制力较差。与社会人相比，他们是比较纯粹的感情主义者，通常都是"跟着感觉走"，对理智缺乏控制力，结果是常常处理不好情感与理智之间的关系。在自我状态、暗示、情景等暂时性外界因素的诱惑和影响下，他们容易头脑发热，不顾后果。举个典型的例子，大学生都比较"重义气""够朋友"，当他们遇到事情时，无法冷静思考，尤其是有他人从旁蛊惑时，冲动之下就可能做出错事，甚至是在他们自己看来也"不可思议"的事。这样"情绪性"和"场景性"的事件与问题比比皆是，其实讲情义无可厚非，但是应建立在理智的基础上，大学生已不是孩童，应该学会控制自己的情绪，理智面对所有问题。

5. 顺从与反抗的冲突

社会心理学将顺从称为依从行为，包括顺应和服从，是指个体在群体和他人的示范、暗示和压力等影响下表现出来的自觉或不自觉，使自己符合外部与他人期望和要求的心理倾向与行为。反抗，包括反抗和拒绝，是指个体针对不符合自己期望，或使自己感到压力、限制或（自由）被剥夺的事所形成的抗拒心理或拒绝行为。

顺从包括主动顺从和被动顺从。主动顺从是个体基于自觉的心理倾向，如我们常说的"心服而后行"就属此类；被动顺从则是由于某种外界压力而做出的被动行为，如常说的"情非得已"和"不得已而为之"。反抗则包括心理阻抗（如"心不服"）和表面行为对抗（如"心服口不服"）。顺从是个体社会适应和社会发展的重要方式与过程，并且，顺从也能使个体被认可、接受和赞赏，从而拥有心理上的归属感和安全感。然而顺从也总是在一定程度上需要个体付出代价，即对自我的约束甚至自我否定。反抗则是个体确认自我意识和自我独立性的体现，其主要是在好奇心和心理需要的驱使下出现的。大学生的自我意识基本定型，他们需要在与长辈的交往中得到确认，但长辈却对此不理解，或者理解后，也仍是按照自己的意志约束他们，这样就很容易造成他们的逆反心理与行为。大学生正处于血气方刚时期，对于越是得不到、不能接触、不让知道的事物，就越想得到、接触和知道，从而导致他们的顺应与反抗的并存与冲突。

四　学生角色发展的常见问题

在学生角色的发展中，学生的心理矛盾和冲突，总是会引发一些比较典型和突出的问题。

（一）校园欺侮问题

校园欺侮，是指在学校中，少数学生由于学龄、身体、地位等占据相对优势，常常故意侵犯其他同学的心理或身体，通过使对方恐惧、畏惧来获得自我满足的挑衅性行为。一般根据行为方式，我们可以把校园欺侮行为分为肢体性欺侮、语言性欺侮等多种形态。

引起校园欺侮行为的原因很多。一是学校教育方面。学校中学习和课业负担比较重，家长、教师的期望值过高，再加上学校的竞争激烈，某些学生难以跟上教师教学的速度和难度，经常遇到学习困难、落后和不利现象，成为"待优生"，教师、同学也可能因此而歧视他们，他们经常选择的发泄压力的方式就是校园欺侮行为，以此获取心理补偿。二是家庭方面。不良的家庭文化和家庭生活方式，是引发校园欺侮行为的重要原因。存在校园欺侮倾向和行为的学生，大多是出生于权威型、溺爱型或放纵型家庭。来自权威型家庭的学生，一般权力与控制欲比较强；生活在溺爱型或放纵型家庭的学生，在社会生活中经常无所顾忌、我行我素，在日常学习生活中试图成为"核心"，以此来对他人施压。三是社会文化方面。实际社会生活中的暴力行为，再加上电视、电影等新媒体演示的暴力性作品，一定程度上会引发学生的崇拜和效仿心理。学生正处于偶像崇拜期，甚至个别学生会欣赏那些暴力方式，并积极模仿，进而造成校园欺侮的行为。

校园欺侮行为给那些被欺侮学生造成了严重的心理伤害，使其缺乏安全感甚至感到恐惧，用偏差的眼光去看待人际关系和整个社会（如认为社会是弱肉强食），甚至采取不正确或更严重的偏执方式保护自我和报复他人等。另外，校园欺侮也会给进行欺侮行为的人带来严重的后果，不利于他们正确社会观和人生观的形成，甚至会因此走向犯罪。所以，预防和治理校园欺侮行为，是学校、教师和家长必须重视的教育问题。

（二）学生团伙问题

学生团伙，是指在学校或者班级中，部分学生出于某些共同或类似的志趣、处境、地缘等所组成的、进行某些共同活动的非正式集团或群体。学生团伙在组成成员和正式组织，如团队、班级、小组等。然而二者又存在根本区别：正式组织的出现，是因为群体成员之间有明确、清晰的共同目标，而团伙的出现并非如此，它的基础在于成员之间某些共同的特征和利益；正式组织是遵循一定程序而形成的规则、规范群体，而团伙的形成没有一定的程序和相应的规制；虽然二者均有分工和领导者，但正式组织的领导者是通过民主选举或任命产生，而团伙的领导者大多是自然产生的；最关键的是，正式组织的共同活动有一定的制度规范，而团伙的活动不受制度规范的约束。

学校中那些学业困难和其他方面处境不利的学生个体，是团伙的主要成员。他们参与某一团伙的目的不一：或是引起别人对自己存在的关注，或是寻求庇护，或是营造归属感，或是表达和发泄自己对处境的不满等。除了可能会影响正式组织的功能作用外，学生团伙本身并不一定能造成非常严重的教育问题。假如教师教育得当，或许还能在促使其转化的过程中，发挥其配合教师工作的作用，这是正式组织所不具有的。

很多学生团伙可能进行违纪甚至违法的行为。学生本身的是非认知能力还有待提高，不良社会因素又从旁影响，使得学生团伙很容易恶化为违法犯罪群体。所以，关注、教育和引导、转化学校中学生团伙，这是非常重要的。

五 学生的角色教育

在学校教育中，学校和教师工作的重要方面应是对学生展开角色教育，培养学生的角色意识，教会学生处理角色问题的方法，提高学生的角色扮演能力。

(一) 强化学生的角色意识

学生的角色意识，是指学生认识和看待"我是谁"、"我有什么责任"和"我应该做什么"等方面的问题。广大教师应在激发学生的角色意识、培养学生的角色态度、养成学生的角色能力和行为习惯这个过程中，切实担负起相应的教育职责。教师可以构建特定的情境，让学生通过担当或扮演的角色，体验到真实的社会、家庭生活情境，引导学生对自己的角色逐步形成专门的学习者、学校和班级工作的主体参与者、相互之间的合作者、家庭责任承担者等多种角色意识，培养其对社会、家庭、学校、班级等组织和对父母、同学、教师等相关社会主体的责任心，养成能够自立、自律、自治和自强的行为习惯。

值得注意的是，由于现代社会的多元发展和独生子女比重的提高，责任感的培养在学生的角色意识培养中的意义越来越重要。教育者应尽力教育学生换位思考，从父母、社会他人等角度，学会理解、看待自己和社会现象，在课堂教学和其他教育活动中努力扮演好（懂事的）孩子、（勤奋的）学生、（善意的）伙伴等多种社会角色。

(二) 变换学生的角色扮演

只有一个社会角色不仅会使人感到疲劳，长此以往，也容易使角色定型，使学生逐渐依赖上该角色，不利于学生的心理健康和社会适应。枯燥的、连续的学校学习和不变的生活节奏与方式，很容易引发各种问题。教育者可以采取多种途径，使学生的角色不断变换，不仅能丰富学校生活，还能培养学生的角色能力。另外，教师在利用轮换班干部、志愿者、家务体验等多种方法丰富学生生活的同时，引导学生参与多样化角色活动，培养和提高其角色意识和能力。举例来说：在一个班级中，若某些学生长时间担任班干部的角色，他们就可能认为自己当班干部是理所当然的，产生对他人的支配感就在所难免，从而在潜移默化间助长其自以为是的心态；与此对应，另外一部分学生始终未担任班干部的角色，可能会由于长期"被管理"，而极易滋生被动、服从心理，甚至消极情绪，无论做什么事都是漠然、敷衍的态度，最终学习和活动的积极性大打折扣。

所以，在班级工作中，班主任可通过班干部顺次轮换或全班竞选等多种方式，定期改变班委的成员，让更多的同学有机会担任班级干部，这样，不管哪一个学生都能得到应有的培养和锻炼。

（三）引导学生进行适当角色的竞争

虽然并未将班级的不同角色按高低划分，然而在具体实践中，还是会对学生有一定的影响。学生总是侧重某些班级角色，相应地忽视另一些班级角色。所以，分配这些班级角色就变成了学生最为关注的事情。

班级中有很多角色，如班委、课代表、活动负责人、小组长。利用好这些角色是尤为重要的。让每一个学生都能在班级中担任合理的角色，而并不是平均分配角色。教师应在角色分担中适当地加入竞争机制，对那些大家普遍认同、看好的班级角色，让同学们以竞争的方式，通过自己的努力争取，从而培养学生的竞争意识和公平意识。对于付出艰辛的努力才获得的角色，学生会更加珍惜，从而会更好地履行角色职能。另外，教师还要努力开发一些充满乐趣的、有效的新型角色，给学生的健康成长提供更大更好的发展空间。

第四节　课程体系的社会学分析

对知识的理解、基础知识的界定、传递给学生的知识内容和形式等问题，始终是教育领域关注的核心和焦点问题。纵观中外教育改革历程，课程改革一直是备受关注的重点。然而，从社会学视角研究课程则是从20世纪70年代开始的，英国教育社会学家麦克·F. D. 扬于2002年主编的《知识与控制：教育社会学的新探》的出版是其标志。自20世纪70年代以来，西方学者对课程的社会学研究从未间断，且取得较丰富的研究成果。而在我国大陆，学者则是从 20 世纪 90 年代初开始进行课程的社会学研究。从社会学视角研究课程，需要认真思考这几个问题：它是谁的知识，由谁选择，谁的知识更具价值，采用这种方式来组织教学的原因。

一　课程内涵的社会学分析

在我国，"课程"一词最早出现是在唐代。孔颖达为《诗经·小雅·巧言》篇中"奕奕寝庙，君子作之"一句作疏，谓之"教护课程，必君子监之，乃得依法制"；宋代朱熹在《朱子全书·论学》中多次提到"课程"一词，如"小立课程，大作功夫"，"宽着期限，紧着课程"。在朱熹看来，课程指的是学习者的学习内容和学习进度，其所理解的"课程"概念非常接近于近现代。在西方，课程一词起源于拉丁文（currere），意思是"跑道"。它最早是被英国教育家斯宾塞用在《什么知识最有价值》一文中。

对课程的界定，从当代中外课程文献来看，可谓众说纷纭，意见颇多。有学者将各种定义归类，大体上分为六种类型：其一，课程即教学科目；其二，课程即有计划的教学活动；其三，课程即预期的学习结果；其四，课程即学习经验；其五，课程即社会文化的再生产；其六，课程即社会改造。[①] 这六种不同的划分内容，反映出研究者不同的哲学预设和价值取向，以及人们不同的知识价值认识及其传递问题定位。

有学者根据这六种常见的课程定义指出，不管是以何种学科视角的研究作为基础，都必须区分开"课程本身"与"同课程有关的范畴"，特别是要区分开课程本身与"课程实施"及"课程实施的结果"，如若不然，就会引起课程概念的泛化，从而造成课程概念本身的消失。因此，相比较来说，上述六种定义的前三种都具备"课程本身"的定义的性质，所以，可将课程定义为"作为教师与学生教学活动之基本依据的课程计划、课程标准及教材"[②]。也有一些学者指出，实际上，还存在界定课程概念的另一条途径，也就是从课程编制与管理的角度来看，课程是以国家标准为依

① 施良方：《课程理论——课程的基础、原理与问题》，教育科学出版社，1996，第 3~7 页。
② 吴康宁主编《课程社会学研究》（新世纪版），江苏教育出版社，2004，第 13~14 页。

据、由国家教育行政部门认定的教育内容，说到底就是体现了国家权力和意志，反映了社会占支配地位的知识价值观和人才观。① 这是以社会学的视角来对课程的界定。

从目前已有的研究来看，尽管存在多种研究课程的社会学的方法，然而从研究范式来说，主要有四种：功能主义范式、解释论范式、新马克思主义范式、结构主义范式。②

从功能主义理论来看，课程是一种"给定的"社会事实，它是一个统一的、连贯的机制，在一致的世界中存在。课程，被看作教育系统的核心部分，保证年轻一代接受与其走进成人社会相适应的文化，仅仅为了维持社会系统的生存，这便是课程的功能所在。

从解释论的角度看，课程被看作一种"生成的"社会现象，而并非"既存的"社会现象，课程知识是历史的、社会的、建构的，有其特定的时代和历史背景。英国学者扬认为，所有知识带有社会偏见，而并非完全中立。知识的建构总是服务于某种社会目的，说准确点就是服务于社会中某些特定的人的利益。

阿普尔是新马克思主义社会批判理论的代表人物，他把知识看作"文化资本"（culture capital）和"政治文化权力"（political – culture power）的体现。在他看来，课程是一种工具，被用来传递统治阶级意识形态，进行阶级关系再生产；同时它也是经济与文化上的权力群体与希望课程更能体现自身文化和政治传统的普通阶级之间冲突的结果。进入课程的知识具有合法性，阿普尔称之为"法定知识"（legitimate knowledge）。

布尔迪厄是结构主义范式的代表人物，他强调：课程是一种代表符号暴力手段所进行的再生产，即通过获得课程资源，构建一种权力支配与被支配之间的关系。课程作为文化资本，从内容上来说是指那些带有强迫性的社会主流文化；然而从运作机制来说，其根本性旨意与逻辑却是通过一种不太明显的方式实施的，也就是它总是与个人的社会地位、自我实现、个人成功、前途与命运等相关联，具有资本调控作用，从而使课程成为个体的身份、资格、财富的决定手段或标志。

---

① 马和民：《新编教育社会学》，华东师范大学出版社，2002，第194页。
② 吴康宁：《教育社会学》，人民教育出版社，1998，第307页。

根据国内外学者对课程的社会学界定，我们将课程看作一种法定的知识或文化。说具体点就是，课程并非客观地表达了全体利益和普遍价值，而是承载了特定阶级、特殊利益，是主流意识形态的代表，体现了国家权力和意志，反映了占统治和支配地位的主流价值观。社会以课程为工具进行着主流文化和社会结构的再生产，进而承担着社会选择、社会化和社会分层的重任。这就说明，课程作为教育知识的法定基本形式，事实上就是社会控制的中介。

二 课程内容的社会学分析

课程是教育活动的载体，知识是课程的核心要素，课程设计者要在纷繁复杂的知识中进行一番选择后，才能着手编制课程。在广阔的知识领域中，只有部分知识能够作为教育知识，进入学科课程领域。由此，我们需要弄明白的问题是，在既定的社会背景下，选择这些知识进入学校课程的原因，以及选择者、选择的标准或依据。

（一）选择课程内容

1. 选择课程内容的标准

作为教育领域中人类思想、价值、意义以及思维和生活方式的主要载体，课程内容与国家社会控制之间的关系相当密切。统治阶级往往需要筛选知识，目的是选出符合自己意识形态的知识作为课程内容，进而实现社会控制。所以，选择课程内容的标准综合反映了社会统治阶级意识形态的特性和价值取向，是反映国家教育目的和培养目标的重要手段。

扬是英国新教育社会学的代表人物，他认为，教育社会学要分析怎么选择、组织和评估学校中的知识，特别是要分析在课程中知识的应用问题。比如统治阶级会规定能够作为知识的有哪些内容，不同的群体怎么接受各种知识，以及不同知识和可以获得这些知识并使他们成为有用的各种人之间可能存在什么联系。选择和组织课程内容的背后，均潜藏着社会结构里的权力分配原则。阿普尔在研究后，极力强调："课程作为一种事实，不是孤立的存在。相反，课程具有特定的社会形式，并体现了某些利益，这些利益均是支配群体与从属群体相互之间及其内部不断斗争的结果。课程不是某种抽象过程的产物，而是通过各种可以识别的社会运动和社会群体的冲突、妥协及联盟得以产生的。"① 他认为，选择和分配课程知识是统治阶级以某一选择或组织原理为依据，进而做出的意识形态上的抉择。选择和分配课程知识是阶级、经济权力、文化霸权之间相互作用的结果，是显性或隐性的价值冲突的结果，而并非技术性问题，也不是任何阶级的知识都能进入课程。

一直以来，社会科学中价值争夺的主要领地非人文社会科学课程莫属，它是社会主流价值观念和统治阶层意志的综合体现，是社会非常重要的控制领域。其中，语文课程最为重要。语文教育对学生价值观念的形成作用重大，对学生的思维方式、学生理解和表达意义的作用更大，它能影响生命世界的最深层，从而构建思想所不能翻越的"高墙"。

根据上述分析可知，不可能在客观中立、不涉及价值的前提下选择课程内容，始终存在价值关涉和价值承载。课程内容选择的基础就是要判断知识的价值。而知识是否有价值，哪些知识最有价值，始终是与价值判断的主体相对来说的。一般拥有知识选择权的人，会选择对自己而言有价值的知识。所以，不管哪种知识，也不管其存在多大的社会和本体价值，其只有符合统治阶级主要的意识形态和主流价值观，才能进入学校成为课程知识。统治阶层掌握着选择和控制课程的权力，要把他们所认为的"最有价值的知识"选为教育知识并让人学习和接受，这是毋庸置疑的。

自新中国成立后特别是自1978年改革开放以来，我国从未放弃关于课程的变革。2001年，以党中央、国务院为领导，教育部颁发包括《基础教育课程改革纲要（试行）》在内的一系列政策文件，正式开始了新一轮的基础教育课程改革（简称新课改），这是新中国成立后的第八次课程改革。新课改明确指出要以邓小平同志关于"教育要面向现代化，面向世界，面向未来"和江泽民的"三个代表"重要思想为指导，全面贯彻党的教育方针，全面推进素质教育，培养学生成为有理想、有道德、有文化、有纪律的一代新人。以此为前提，就课程的某些方面来说，这次改革取得了重要进展。比如改变课程内容繁、难、偏、旧和过度注重书本知识的做法，加强课程内容与学生生活以及现代社会和科技发展的联系，关心学生的学习

---

① 〔美〕M. W. 阿普尔：《国家权力和法定知识的政治学》，马和民译，《华东师范大学学报》（教育科学版）1992年第2期，第1～20页。

兴趣和经验，精心选出终身学习必备的基础知识和技能；增加"选修课""活动课"，设置"综合课程"，突破多年来只有"必修课"的模式，打破过度侧重分科课程的局面，强调不同地区和学生发展的适应需求。

2. 课程内容选择的主体

纵观教育发展的历程，在课程发展中国家长期占据主导地位，国家始终以其特定的利益和需求为出发点，选择和评价一定社会的知识主体。事实上，从国家层面来说，课程已经成为一种法定知识，是国家（主要是统治阶层）规范要求社会文化的综合反映。然而，我们也必须承认，国家、地方和学校三者之间在课程内容选择上也有着冲突和斗争，就算是古代社会也如此。虽然地方和学校也属于国家的组成部分，然而地方和学校也有其自身特定的历史和利益，它们会根据各自的利益和需求对课程施加不同程度的影响。不同教育体制（集权、混合、分权）下，在课程决策上，国家、地方、学校具有不同的权力。

在集权体制下，课程权力分配呈"金字塔"形模式，国家掌握着课程内容选择的决定权，而地方和学校几乎没有或只有很少的决策权。课程主要服务于国家意志，满足社会控制的制度需要。在混合体制下，课程权力分配主要呈"哑铃"形模式，也就是在课程选择上国家、地方、学校三者各掌握一定的权力。事实上，国家和学校拥有的权力比较大，更大程度上影响着课程决策，而地方的影响力相对较小。在分权体制下，权力分配呈"放射状"模式，也就是参与课程决策的主体是多元化的，社会各种群体都或多或少地影响着课程决策，相对应地，在课程中可能会或多或少地反映其文化利益和需求。[①]

20世纪80年代以来，在课程管理方面，世界基础教育课程改革呈现权力集中和权力下放两种方式。在20世纪80年代前的30多年间，我国课程决策过度集中在国家教育行政部门，国家是课程发展的主体甚至掌握着绝对的决定权，国家课程一直占据主导地位，课程格局更多的是统治阶层或领导人的意志的体现，而地方课程、学校课程几乎没有。直到20世纪80年代这种情况才得到改变，其标志是1985年颁布的《中共中央关于教育体制改革的决定》，我国开始有计划地将教育权力下放并多样化改革办

---

① 吴康宁主编《课程社会学研究》（新世纪版），江苏教育出版社，2004，第48~53页。

学。到 1986 年，全国中小学教材审定委员会成立了，在统一要求和审定的基本前提下，教材体制逐渐走向教材的多样化。20 世纪 90 年代以来，我国的课程发展逐渐演变成"混合体制"。实施"一纲多本"、设置大量选修课等现象，打破了国家课程独断的格局，地方课程与学校课程大量涌现，充分体现出课程管理权力的下移及再分配。我国新一轮基础教育课程改革继续将课程管理的"权力下放"，推行国家、地方、学校三级课程管理，确立并保障了地方和学校参与基础教育课程管理的主体权力地位，扩大了地方和学校自主选择课程内容的权力。

当今社会，支配经济的群体将自身意识形态的利益轻易强加到课程上的行为，正越来越遭受着挑战和抵抗。不同阶层都有各自的利益追求，这种利益可能与支配群体的利益一致，但也可能不一致，所以就会引发冲突，其冲突的结果就是课程，课程也是经济与文化上的权力群体与希望课程更能体现自身文化和政治传统的普通经济群体之间冲突的结果。比如 20 世纪 70 年代以来，美国增设了包括"双语教学多元文化学科"在内的新课程，这些课程将不同少数民族群体的纷繁复杂的文化结构通过新的内容和组织形式体现出来，有利于学生对少数民族思考、行动和知觉的方式和原理有一个切实了解，从而反映其文化特色的各种因素。"在美国，经过多年斗争后，现在更真实地反映妇女和少数民族历史的知识已体现在课程中。随着对资本主义'自由企业'和'利益'的日益关注，这种知识与在严重的财政危机时期许多州下令课程应具有更多企业导向的内容同时并存。所以，许多领域的内容是社会民主主题和保守主题的一种松散混合。"① 这也反映出课程内容选择的主题多元化和平民化的特征，教师、家长、社会人士以及学生等，都以不同方式，在不同程度上参与到课程内容的选择过程中。

3. 课程内容选择的社会差异

不同国家或地区在政治、经济、文化及教育等方面的情况也不同，这就导致其在选择课程内容时总是带有各自不同的明显的社会标识，也就是课程内容的选择体现出不同国家或地区意识形态和价值观的差异。在我国

---

① 〔美〕M. W. 阿普尔：《国家权力和法定知识的政治学》，马和民译，《华东师范大学学报》（教育科学版）1992 年第 2 期，第 1～20 页。

新一轮基础教育课程改革的前期准备阶段，在华东师范大学课程与教学研究所和北京师范大学比较教育研究所等的帮助下，详细比较研究了全球20多个国家的基础教育课程改革，总结出东西方课程间存在的一些主要差异（见表3-1）。

表3-1 东西方课程比较

课程	东方	西方
课程价值与课程观	国家利益 培养精英 注重系统知识 强调稳定 计划 大纲 教材	个体发展 面向大众 关注生活经验 追求变化 跑道 共同建构
课程结构与管理	学科基础 一元 专业化 统一 指令性 集权：国家主导	生活的基础 发展的基础 多元 均衡性 灵活 指导性 均权：政府 学校 个人

就课程标准规定学生发展的领域来说，美国和中国从根本上就存在差异。美国的课程标准主要针对认知和技能结果，而我国的课程标准除了这两者之外，还将情感结果纳入其中。美国的课程标准中，无论何种级别和类型的标准都很少规定学生的态度和情感目标等，只规定学生要学习和掌握的知识与技能。而我国的课程标准则将学生学习认知、情感和动作技能等方面的结果都划入规定范围。[1]

在学校课程体系中，人文社会科学课程是最能反映政治制度，社会传统，国家、民族和地区之间价值取向差异的。以我国大陆和台湾地区在道德课内容方面存在的较大差异为例，大陆的小学道德课政治教育成分比较多，而台湾的小学道德课则侧重于做人的教育内容。大陆把小学"思想品德"课的教学内容划分为九个基本范围，即"热爱祖国的教育""热爱中国共产党的教育""热爱人民的教育""热爱集体的教育""文明礼貌、遵纪守法的教育""努力学习、热爱科学的教育""热爱劳动、艰苦奋斗的教育""良好品格的教育""辩证唯物主义观点的教育"，而在台湾课程标准

---

① 赵中建：《美国课程标准之标准研究》，《全球教育展望》2005年第6期，第37~41页。

中，小学"道德与健康"课中的道德教学内容则被分为"仁爱""正义""礼节""信实""勤俭""孝敬""守法""爱国"等八个基本范畴；另外，单就个体与个体的关系而言，大陆和台湾地区的价值定位差异也很大。

（二）课程内容的分等

以知识地位的高低为标准来对科目的领域进行"分类"，对知识进行"分层"是教育社会学最关注的方面。在戴维斯（loan Davies）看来，知识管理是教育社会学最关注的核心领域。事实上，选择、确定和组织课程内容的过程就是教育知识分层的过程。不同的学生接受不同层次的教育知识，学校教育过程成了分配教育知识的过程。那些高地位知识，主要指的是技术性的知识，在社会经济发展中起到关键性的作用，占据着根本和优先位置。所以，社会上有权势的人一般是掌握高地位知识的人，而被支配和控制的往往是缺少这些知识的人。

虽然课程体系中的学科都是法定知识，但不同学科所处的地位是存在差异的。教育社会学者将这种"地位差异"看作学科知识的"阶层性"，也就是有"高地位知识"（high status knowledge）和"低地位知识"（low status knowledge）之分。就理论上而言，知识有正确与错误之分，而没有高低差别。然而，在实际生活和教育实践中，学科知识的阶层化状态却体现出它的高低之分。1979 年，美国教育社会学家阿普尔（Michael Apple）出版《意识形态与课程》一书，在书中他提出了课程社会学的根本性问题——"谁的知识最有价值"。由此观点可知，学科知识之间的地位差异是社会主流价值观的一种反映，而并不是知识本身的不同，其中，此主流价值观是由统治阶层所倡导和控制的。一般情况下，任何社会占统治地位的意识形态所认为的"高地位知识"往往是那些他们认为重要的、能带来丰厚回报的知识，而"低地位知识"则是那些不太重要的知识。

1. 历史中的课程分等

我国在西周之后建立起典型的政教合一的官学体系，以礼乐为中心的六艺教育自此面世。六艺的组成部分是六门课程：礼，包括政治、历史和以"孝"为根本的伦理道德知识；乐，包括音乐、诗歌和舞蹈；射，射技；御，以射箭、驾兵车为主的军事技术教育；书，习字教育；数，简单的读、写、算教育。在六艺中，相比较来说，礼是最重要的，而其他课程则紧随其后。从董仲舒提出"罢黜百家、独尊儒术"的建议并被汉武帝采纳后，儒家所推崇的思想和观点就成为"高地位知识"，占据着最重要的位置，除此之外的其他思想观点则被列为"低地位知识"。知识的分等现象在宋代之后更加明显。儒家经典被浓缩为"四书""五经"，尤其是"四书"，因为其是教学的基本教材和科举考试的依据，所以被知识分子高度关注，甚至是穷其一生力量研读，而科学技术和文学艺术的内容被排除在科举的内容之外，不被人们重视。

这样的情况在西方也有体现。其早期相对稳定的有"七艺"，也就是文法学、修辞学、辩证法（逻辑学）、算术、几何学、天文学和音乐七门学科。其中，文法学、修辞学、辩证法被称为"三艺"，属文科课程，是课程体系中的重要课程；后四个学科被称为"四艺"，音乐地位相对较高，其余三科地位相对较低，且属理科课程。而到中世纪，西方国家的学生虽然继续学习"七艺"等实用知识，然而其地位相对较低，处在较高地位的是神学，同时也是主修课程。

在文艺复兴鼎盛时期，占据重要地位的是以拉丁语、希腊语为中心的人文主义课程，然而到 16 世纪、17 世纪，随着民族主义的兴起以及产业革命的进展，古典人文主义课程的垄断现象逐渐被打破了，课程体系新引进机械技术和自然科学，并将其置于前所未有的地位。19 世纪之后，产业革命、工业革命以及科学技术快速发展，民族主义、国家主义运动盛行，长时间占据西方学校课程中心位置、以培养贵族和绅士为宗旨、曾被视为"高地位知识"的古典主义课程已不能适应社会发展的需要，从而逐渐走向消亡；取而代之的是实用的现代母语、现代外语以及自然科学知识，并受到世界各国的重视。[①]

2. 当代社会中的课程分等

在当代社会，社会政治、经济形势的变化和教育职能的根本性转变，使得课程功能和学科知识的地位也相对地发生了重要变化。当代学科课程中的学科构成呈现一些新特征：其一，占据学科体系中最重要地位的是工具性学科。所谓工具性学科，是指以使学生掌握理解、表达、处理当代生

---

① 吴康宁主编《课程社会学研究》（新世纪版），江苏教育出版社，2004，第 65～67 页。

活与思想的技术、知识为宗旨的那些学科，这些学科为学习其余学科提供了基础与工具。国语、数学和现代外语就是三大工具性学科。在大多数学科课时占课时总量不足 10% 的前提下，国语、数学、外语三门学科所占课时比例均超过了 10%，三门总共占 35%～70%。其二，在学科体系中地位仅次于工具性学科，即占据"次高"地位的知识是科学技术知识和有经济效益的职业技术知识。其三，"社会指向性"知识也在课程（学科）体系中占据着较高地位。社会指向性课程，其地位尽管没有工具性学科高，但地位绝不在理化等学科之下。当代学科课程中学科构成的新特征反映了当代社会经济以及政治格局，它们以全新的内容、形式保存了现存社会秩序，维护并强化了各集团政治、经济利益和权力分配的格局①。

在伯恩斯坦看来，一个社会对其认为的具有公共性的知识进行选择、分类、分配、传递和评价的方法，体现出权力的分配和社会控制的原则。他以"教育知识代码"为入手点，以"分类"（classification）和"构架"（frame）的概念来论证课程、权力和社会控制的关系。他区分出两种类型的教育知识代码，即集合编码和整合编码，课程也相应地分为集合类型的课程和整合类型的课程两种。

集合类型的课程分类比较严谨，知识的组织和分配需要通过一系列明显分离的学科等级，学习者为了达到某些评价的标准，一定要掌握大量有效的内容。集合编码的专门化形态将创造出 一种严格审查人们身份的程序，并且，只要这样的程序发挥作用，就很难使一种教育的身份改变。集合编码的专门化类型的深层结构就是通过构成特定身份，从内部强有力的控制和维护界限。②

整合类型的课程分类强度很明显地要稍弱一些。在这种课程中，各种内容并非独立存在的，而是有一种开放的关系联系着彼此，逐渐模糊了分类界限。如此繁乱的知识分类造成的是现存权威结构的混乱，以及现存特殊的教育同一性和资产概念的纷乱。③ 所以，这类课程挑战了社会现状，

---

① 吴康宁主编《课程社会学研究》（新世纪版），江苏教育出版社，2004，第 70～77 页。
② 〔英〕麦克·F. D. 扬主编《知识与控制：教育社会学新探》，谢维和、朱旭东译，华东师范大学出版社，2002，第 72 页。
③ 〔英〕麦克·F. D. 扬主编《知识与控制：教育社会学新探》，谢维和、朱旭东译，华东师范大学出版社，2002，第 76 页。

以整合课程消除社会阶层的界限，其评价标准以学生对教材内容的理解为重点。整合课程行为是一种努力改变权力结构的做法。

在当代世界，人类民主思想、解放精神都已得到传播和苏醒，社会分工和学术研究也已实现综合化，原有的社会控制手段已不能适应现实需要，所以在课程体系中，这种调整就体现为课程知识观及课程观的新变化，以及课程类型由"集成型"转向"综合型"①。20世纪50年代以来，出现了一批 STS 课程、生计教育课程、环境教育课程等新课程，这便是最好的证据。为适应知识综合化的趋向和学生全面发展的需要而重视开设综合课程，这是我国新一轮基础教育课程改革的一个具体目标——"改变课程结构过于强调学科本位、科目过多和缺乏整合的现状，整体设置九年一贯的课程门类和课时比例，并设置综合课程，以适应不同地区和学生发展的需求，体现课程结构的均衡性、综合性和选择性"。小学阶段的新课程主要是综合课程。小学低年级设置品德与生活、语文、数学、体育、艺术（或音乐/美术）等课程；小学中高年级设置品德与社会、语文、数学、科学、外语、综合实践活动、体育、艺术（或音乐/美术）等课程。初中阶段开设结合分科与综合的课程，主要有思想品德、语文、数学、外语、科学（或物理/化学/生物）、历史与社会（或历史/地理）、体育与健康、艺术（或音乐/美术）以及综合实践活动。积极提倡各地选择综合课程。

3. 课程分等对师生的影响

希望自己的学科有更高的地位，是所有学科教师的愿望，然而并非每一门学科都能实现这个愿望。从我国小学课程体系来说，语文和数学是强势学科，地位最高，占据整个小学课程结构的主导地位；其次是英语、体育、音乐和美术，在小学课程体系中也占有一定地位，但不能与语文和数学相比；而思想品德（包括品德与生活、品德与社会）、科学则是弱势学科，地位比较低下。学科知识地位之间的差异必然会对教师与学生产生重要影响。教师之间以及学生之间受学科知识地位分等的影响而造成的在学校中相对地位的分等，这已是学校教育生活中十分普遍的一种现象。在学校整个教育工作中，高地位学科的教师占据重要地位，话语权和决策权也比较多，极易变成学校组织中的强势群体；而低地位学科的教师则总是被

---

① 钟启泉：《课程社会学的形成与发展》，《外国教育资料》1994年第4期，第27~34页。

轻视或遗忘，一般处于学校管理与决策的边缘。

古德森在对环境学习的前身"乡村学习"这段历史进行研究时，采访了当时任教的一位名叫卡森的教师。卡森回忆了自己任教时的困窘以及他对科目地位的了解。[①]

"在学校和社区之间，那时（指1949年的英国）几乎没有什么严格的分界线。"

"最棒的男孩、成绩最好的学生——今天这些人可能都只能在第六学级看到——都很高兴地来学'学场'（课程名）。好农场，好雇主。""我强烈地感到教育并不只是阅读课本……它将常识应用于实际问题。"

"我教他们数学、国语、历史等，全都与乡村环境紧密结合起来……例如数学课我尽可能将其置于农场活动之中。事实上，我使用了很多到处可见的被称为'乡村算术'的书。在英国，那时候我们的书非常短缺，所以我们读了不少与农村相关的文章……许多是与农场直接相关。"

"外部考试的出现逐渐使得那些成绩更好的孩子不能来听这门课，最后这一计划只能将教学对象定位于那些学习更差一些的孩子。"

"他（指卡森1954年调到另一所学校任教时的校长）并不以那种观念来看待农村教师，因为他已经在考虑提高这所学校的水平并使其最后成为CSE。班级被分流了，我被安排分管最差的第三流。一开始我还能和那些底流学生一起干我们自己想干的事，正如在肯特时那样。但以后没几年，当专业主义侵蚀课程时，我的这种权限也被逐渐剥夺了。结果那些孩子几乎不在农场管理上花时间。"

"为了证明这门科目在学校中的应有地位，必须证明它为培养素质良好的市民所发挥的重要作用。"

"那时我真正放弃了我在肯特时提出的乡村学习的观点。自那时开始我将它看成一门内在联系较松散的专业科目。我以前的观点是……许多孩子不用纸和笔学习而我们能为此做很多事。许多孩子利用我们在课堂中传授的思想和技能——诸如参加实地活动进行分析和比较——能够获得成功……对将来在农场工作的人来说这种教学能解决很多问题，但问题是农

---

① 〔英〕艾沃·F. 古德森：《环境教育的诞生》（第一版），贺晓星、仲鑫译，华东师范大学出版社，2001，第5页。

场本身已经落后于时代了。用教育的话来说，你得考虑孩子们的前途。这是我以前的梦，我清醒地认识到放弃的必要性。"

实际上，存在于教育过程中的不平等的教育知识分配，或许就是造成学生间在学业成绩上分化的主要原因。说句实话，几乎在任何中小学校，为学校组织和教师所认可的那些好学生的一个共同点，是在高地位学科的课程中表现优异，成绩突出。相反，那些学校和教师认为是差生或后进生的，多数是高地位学科课程中学习的落后者或失败者。

三　课程实施过程的社会学分析

课程作为社会控制的中介，若无法成为学生的学习对象并在教育实践中具体落实，就不能达到社会控制的目的。教师与学生的课程实践过程，决定了课程最终能否真正像统治阶层所期望的那样发挥功能。在课程教学实施过程中，学校或教师始终按照适合他们的方式，并以学生的反应为根据来实施和调整课程，因此教师和学生共同参与教育实践才能实现课程的落实。也就是说，教师对课程的重构和学生对课程的适应，是课程实现社会控制的目的的两大决定因素。[①]

（一）教师重构课程

教师是课程实施的主体，他们需要将法定课程中所蕴含的符合社会主流要求的价值观念、思想观点、道德规范变成师定课程的内容，进而将它们向学生传递，使学生理解和接受，从而实现社会控制。教师对教学内容的重构既是技术问题，也是深藏着社会文化特征，带有社会学意义。在很大程度上，教师都是受自身条件及其所处的社会文化的影响，从而做出各种各样的选择。

无论哪个教师，在课程实施时，不仅要按照课程目标和标准对法定的课程进行接纳和理解，还要依据自己的价值取向、兴趣、能力和对学生接受水平的评估来判断知识的价值，就"如何教、教什么"的问题来说，无法完全忠实地传递法定课程的内容，而是一定会经过对课程内容的增加、

---

① 吴康宁：《教育社会学》，人民教育出版社，1998，第 329 ~ 336 页；吴康宁：《意义的生成与变型："课程授受"的社会学释义》，《教育发展研究》2001 年第 4 期，第 51 ~ 53 页。

删减、置换及加工这样几个阶段，也就是所谓的教师的"课程重构"。法定课程内容能否进入以及有多少进入课程，教师的课程重构是决定因素。对学生来说，教师增减、加工后的课程内容，也同样具有法定的课程内容的法定性质。虽然在制度上所有教师具有社会代表者的身份，然而在实践中却有着"社会代表者"、"非社会代表者"和"反社会代表者"的区别。所以，教师是很难忠实地给学生传递课程知识的，也就是说大部分教师在课堂中或多或少地传递了一定的非课程内容或反课程内容。麦克内尔（McNeil，L. M.）在对美国四所高中的人种方法论进行研究后发现，尽管学校组织将社会控制当作主要教育目标，然而教师却在教学过程中传递给学生与教材内容要求相左的个人知识。难以想象，教师作为"非社会代表者"甚至是"反社会代表者"能以自觉的意识与坚决的态度提供那些"合课程目标"、"合国家主流意识形态"的课程内容，他们多多少少都会在某些时候自觉或不自觉地传授一些偏离甚至是背离课程目标和国家主流意识形态的知识。从客观角度来看，无论是什么时候、面对什么情况，都只有极少教师坚持着课程目标和国家主流意识形态。

教师不仅在价值取向方面对课程进行重构，教师传授知识的数量也发生了一些变化，教师都或多或少地增添或删减了课程内容，很少有能完整地将课程内容传递给学生的。美国学者斯蒂文森和贝克比较了15种教育体制下八年级数学课程规定内容的项目数量与教师实际所教项目数量，结果显示，没有一个国家的教师所教项目平均数量占课程规定项目数量的比例达到90%。比例最高的是比利时，但也只有85.3%，最低的是加拿大的不列颠哥伦比亚省，只有33.6%，只有一少半国家的比例在70%以上。

对于法定课程内容，教师不再是简单的执行者和单纯的消费者，而是自主选择的主体和积极的建构者。教材编写者在编写新课改中的新教材时，既要从专家那里汲取精华，又必须了解一线教师的建议。而新教材的推出，新教材功能的发挥，若缺了教师主体意识的苏醒、教育观念的转变、教育素养的提升，当然还有教师对教材的创造性加工，那么再远大的课程目标、再精粹的课程内容也无非是华而不实的。

当然，教师也并非随意重构课程，通常在师定课程与法定课程之间存在四种基本类型，第一种是包容与被包容的关系，具体又分为师定课程的内容广于法定课程和师定课程的内容窄于法定课程两种；第二种是基本吻合的关系，也就是师定课程几乎是按照法定课程内容来实施；第三种是部分重合的关系，也就是教师以已有的知识、思想体系和教学理念、方法来讲解、传授法定的课程，有大部分重合和少部分重合；第四种是基本分离的关系，也就是教师只将法定课程视为一种参考，几乎不按照法定课程内容来实施。

（二）学生适应课程

课程实践过程是师生以各自的生活史为基础打造的现有文化视域，并按照基本线索——课程内容而展开的一种互生互成的知识阐释与文化建构的过程。以此为基础，笔者认为，课程实践情况的决定因素既包括教师对法定课程的重构，也包括学生对师定课程和法定课程的适应。学生作为学习主体，是有选择地理解和掌握教师重构的课程内容，而并非完全接收。但就学生适应课程来说，它的本质是一个文化适应问题，也就是作为社会未来成员的学生对社会法定特殊文化的适应问题。

要回答这个问题，比较适合采用的似乎是伯恩斯坦的社会语言代码（Sociolinguistic Codes）理论。在该理论看来，事实上，人们平时使用的语言是一种文化代码，它是言语者文化特征的标志。有两种基本的文化代码：一种是精致代码（elaborated codes），其主要具有普遍性与关联性特征，一般在上、中等社会阶层的语言中存在；另一种是受制代码（restricted codes），其主要具有特殊性与孤立性特征，一般主要在下等社会阶层的语言中存在。

伯恩斯坦认为，在适应正规学校的教育要求方面，掌握精致代码的儿童比局限在受制代码的儿童更有利。这是因为学校课程是一种精致代码，而学生的文化代码基础主要由家庭的文化层次决定。学校课程与家庭文化层次较高的学生之间具有一定的文化相容关系，而与家庭文化层次较低的学生之间则有着文化相斥或文化冲突的关系。值得注意的是，这并不非指较低阶层的儿童使用的是差等的语言类型，或者说他们的语言代码是被剥夺的，而是指他们使用语言的方式与学校的学术文化是相冲突的。那些已经掌握精致代码的学生将更容易适应学校环境。

伯恩斯坦的观点能帮助人们理解出生于较低社会经济背景的人在学校通常都是"差等生"的原因。下文所列出的特征同限定的代码语言相联系，这些都是限制低阶层儿童受教育机会的因素。

第一，或许在家里儿童已养成对任何问题只作简略回答的习惯，所以面对较广阔的世界，他们可能比掌握精致型代码的人了解得少，且没有好奇心。第二，儿童会发现不仅很难理解校规的一般性原则，还很难理解教学中使用的非情绪化的、抽象化的语言并对此做出反应。第三，儿童可能不能完全理解教师所说的大部分内容，这是因为其习惯了的语言运用方式不同于教师。儿童或许需要将教师的语言转译成他所熟悉的语言，但这样做又或许不能真正掌握教师希望表达的原意。第四，当儿童在死记硬背的过程中没有遭遇多少困境时，他会很难区分概括和抽象的概念。①

由此可见，法定课程实现其预期价值的基础既包括转化为师定课程，也包括转化为可被学生适应的课程。学校课程的设计目的便是教育学生，教师要以学生的需求为前提，而后将法定课程转化为学生所接受和内化的课程。当然，不同学生的学习和发展需求是存在差异的，因此教师应具有不同的内容设置和授课方式。

长时间以来，我国的课堂教学始终是以教师的讲解为主，学生很难发挥自己的主体性，学生的表达和思想缺乏生长和发展的空间。然而教育的持续发展，暴露了讲解式教育内在的弊端，并越来越为人们所强烈批判。其中，相当有见解又非常犀利的，要数巴西教育家保罗·弗莱雷的批判了。他认为，讲解指引学生如机器般去记忆所讲解的内容。更加严重的是，讲解形式下的学生成为一个"容器"，一个任由教师"灌输"的"存储器"。他认为这种讲解式教育是一种灌输式教育。这种灌输式教育的常见态度和做法有：教师无所不知，学生一无所知；教师思考，学生被考虑；教师讲，学生温和地听；教师教，学生被教；教师选择学习内容，学生适应学习内容；教师制订纪律，学生遵守纪律；教师做出选择并将选择强加给学生，学生只能听命；教师做出行动，学生则按教师的行动而行动；教师将自己视为学生自由的对立面而建立起的专业权威与知识权威混合一体；教师是学习过程的主体，而学生纯粹只是客体。

这种灌输式教育的代价是将学生的创造力和批判意识降低或扼杀，将

---

① 〔英〕安东尼·吉登斯：《社会学》（第4版），赵旭东等译，北京大学出版社，2003，第487页。

学生的自主性、能动性和主体性漠视或剥夺，"学生对灌输的知识存储得越多，就越不能培养其作为世界改造者对世界进行干预而产生的批判意识。他们越是原原本本地接受强加于其身上的被动角色，就越是只能适应世界的现状，适应灌输给他们的对现实的不完整的看法"①。

　　而这次我国的新课改则倡导以人为本，特别侧重学生主动性的发挥，学生自由、主动和活泼的促进发展。可以理解为，在新课程改革中学生是被重点关注的，需要重新认识和定位。"课程改革所关注的不仅是学业成绩问题，课程改革更关注学生身心的健康成长，学校应该帮助学生身心健康成长、形成健康人格，不能眼睛只盯着升学率，不管学生有什么感受，都无动于衷，那不是在办教育。看了学生写的这些东西之后，我们有的老师流下了眼泪。青少年在整个成长的阶段，需要理解、需要支持、需要鼓励和帮助。不能用这种残酷的甚至是没有多少价值的学业竞争来伤害这些孩子，影响他们一生的发展。特别是学业失败的孩子们，从学校淘汰出去的孩子们，他们的人生都是灰色的，他们的内心深处对他们是不认可的，他们认为自己是失败者。我觉得我们的教育应该使每一个学生成功，使他们聪明，使他们对未来有信心，能够认识自己的问题，有能力改变自己的问题，使自己更加聪明、更加有能力；而不是通过教育给他一个失败的信号，让他有一个灰色的人生，这不是我们办教育的人所要追求的事情。"②

　　本次课程改革的主要内容是以学生为中心对课程理念、内容、结构等方面展开重释。就课程内容来说，本次课改力图将课程内容繁、难、偏、旧和过于注重书本知识的现状改变，加强课程内容与学生生活以及现代社会和科技发展的联系，关注学生的学习兴趣和经验，精心挑选终身学习必备的基础知识和技能；就教学方式和学习方式来说，要将过于侧重接受学习、死记硬背、机械训练的现状改变，提倡学生主动参与、乐于探究、勤于动手。对教育来说这些方面的调整和变革，毋庸置疑是一种极大的进步。我们可以想象，学生主体地位的重现与归位，自是会在很大程度上为课程价值和课程目标的实现提供保障。而且，学生主体地位的提升以及对

---

① 〔巴西〕保罗·弗莱雷：《被压迫者教育学：30周年纪念版》，顾建新等译，华东师范大学出版社，2001，第26页。

② 高水红：《共用知识空间：新课程改革行动案例研究》，南京师范大学出版社，2008，第74页。

学生个体知识的重视，在某种程度上也会与国家的主流价值观念形成冲突，对国家通过课程实现社会控制的力量和力度造成影响。然而以人为本，尊重学生，是教育改革与发展的基本要求，也是教育的内在规律。以后的课程改革也必然是在国家文化与个人文化、国家利益与个人利益之间的对决中前行。

当然，无论是从个体文化的意义上来说，还是从群体文化的意义上来说，学生文化始终都包含着与国家主流意识形态相冲突的成分，并且在很多情况下，这些成分还会引领学生文化的主流，所以，对法定课程完全实现其预期价值寄予深切厚望几乎是不可能的。在课程实施过程中，课程内容所提前设置好的意蕴和价值自然会在一定程度上遭遇相应程度的挑战。这种挑战不仅有来自作为社会代表者的教师的文化，还有来自作为改变和引导对象的学生的文化，有时候也是教师文化和学生文化的相互合作。课程实施的过程绝不是简单的复制过程，一定会有教师和学生的个体性改造、加工、重释和重构，而在这个过程中，课程本身所具有的意义会发生改变，甚至产生新的意义也是有可能的。

第四章

社会流动、变迁、互动与教育

第一节　社会流动与教育

教育与社会流动之间关系的研究，是围绕对"具有较高教育成就的人能否有更好向上社会流动的机会"这一问题的回答展开的，首先我们必须了解社会流动的含义，其后才能更好地研究两者之间的关系。

一　社会流动的含义

个体的社会位置在社会分层体系中的移动，被称为社会流动（Social mobility）。社会流动的概念包括广义和狭义两种。广义的社会流动是指个人社会地位结构的变化；狭义的社会流动常指个人职业地位的改变。[①]

由于分类标准的不同，社会流动可分为不同的种类。以流动的原因和规模为划分标准，可将其分为结构性流动和非结构性流动；以流动方向为划分标准，可将其划分为垂直流动（Vertical mobility）和水平流动（Lateral mobility）；以衡量流动的参照基点为划分标准，可将其划分为代内流动（Inter－generational mobility）和代际流动（Intragenerational mobility）。

（一）结构性流动与非结构性流动

通常情况下，结构性流动是指科技和生产力的发展造成的社会结构变化，而社会结构变化又引起人们社会地位的移动。其规模一般很大。社会科技和生产力的发展以及其导致的社会结构变化状况，是结构性流动最显著的体现。

非结构性流动是指个体原因引起的社会地位的移动，也叫作自由流动。

---

① 郑杭生主编《社会学概论新修》（修订本），中国人民大学出版社，1998，第 323 页。

引起非结构性流动的主要原因是个体的流动意识和职业竞争，从某方面来说，它是社会分层体系的开放程度和社会地位获得的平等程度的体现。结构性流动和非结构性流动是教育社会学研究强调的一部分，现已取得一些重要的理论成果。

（二）垂直流动与水平流动

在不同社会阶层之间，个体社会地位的上下移动被称为垂直流动，也叫作纵向流动，因此，垂直流动也分为向上流动和向下流动两种。向上流动（Upwardly mobile）是指个体由较低社会阶层流入较高社会阶层；向下流动（Downwardly mobile）正好相反。在开放性的社会分层中，更容易出现垂直流动。

与垂直流动相反，水平流动是指某一社会阶层内部，个体社会地位的平行移动，其也被称为横向移动。① 通常情况下，科技发展以及其造成的社会职业的结构性变化是导致大规模社会流动的主要原因。举一个典型的大规模结构性水平社会流动的例子：大量从业人员，因逐渐进入后工业社会，由第一产业（Primary industry）和第二产业（Secondary industry）逐渐转向以服务业为主体的第三产业（Tertiary industry）。能够导致个体地位在社会分层体系中排序的变化，这是垂直流动与水平流动的最大区别。相比较之下，垂直流动和教育之间的关系更为教育社会学家关注。

（三）代内流动与代际流动

代内流动以个体最初的社会地位为参照基点，指一生中个体社会地位的移动，也被称作同代流动。其体现的是如升降、平移等个体一生中社会地位的变化轨迹。

代际流动以父辈在同一年龄段的社会地位为参照基点，指相比于父辈个体所发生的社会地位的移动，也被称作异代流动。在异代之间家庭的社会地位的变化轨迹，即个体与父辈之间的社会地位差异和变化轨迹是其突出体现。代内、代际垂直流动与教育之间的关系是教育社会学研究的侧重点。

---

① 也有社会学家（如吉登斯等）将水平流动定义为"个体或群体从一个区域到另一个区域的物理运动"（〔英〕安东尼·吉登斯：《社会学》（第4版），赵旭东等译，北京大学出版社，2003，第901页）。

二　垂直流动与教育

垂直流动分为代内垂直流动和代际垂直流动两种。代内垂直流动是指个体在生命历程中发生的社会地位的垂直移动；代际垂直流动是指与上一代相比个体所发生的社会地位的垂直移动。

个体的个人特征、财产状况以及受教育情况是个体垂直流动的主要影响因素。其中，个人特征主要包括成就动机、智力特征、身体健康状况以及其他非智力因素等；财产状况主要包括经济收入、家庭经济地位（Social Economic Status，SES）等。个体的财产状况和特征也是教育影响个体垂直流动的重要因素，所以，教育与社会流动的一个重要研究方面，就是分析个体在不同的社会政治制度和教育体系中，个人特征、财产和教育对代内和代际流动的影响。

（一）代际垂直流动与教育

1967 年，美国社会学家布洛（Blau，P.）和邓肯（Duncan，O. D.）出版《美国的职业结构》一书，他们以路径分析的方法研究了父亲职业对儿子教育和职业的影响。这两位是美国第一批分析教育的代际流动功能经验的学者。他们的研究为说明教育在社会阶层代际转换中的重要性奠定了基本模式，众多国家的相关研究由此衍生。[①] 父母资源、受教育水平、子女学习能力等因素对代际流动的影响是代际流动与教育关系研究的重要方面。

关于父亲职业对于儿子职业的影响，布洛和邓肯将其分为直接影响和间接影响两种，其中，后者主要是指父亲职业通过对儿子受教育程度的影响进而影响儿子的职业。

布洛和邓肯研究发现并得出结论：在美国，父亲职业主要通过间接方式影响儿子的职业，即美国社会中，父亲职业主要通过影响儿子的受教育水平影响儿子的职业。

英国社会学家哈尔西（Halsey，A. H.）于 1977 年对英国社会中父亲

---

① 〔瑞典〕T. 胡森、〔德〕T. N. 波斯尔斯韦特总主编《教育大百科全书》（第 2 卷），张斌贤等译，西南师范大学出版社，2006，第 308 页。

职业与受教育水平对代际流动的影响进行了研究，其所采用的便是布洛和邓肯在美国研究中所运用的基本模型。哈尔西收集了 1 万名英格兰和威尔士成年男子的数据，分别量化父子的职业经历和教育资格，之后以回归分析法分析了这两组数据的相关性。分析结果显示，"二战"以后，英国家庭的阶级等级制对教育机会和文凭的直接影响在不断增长着，同时持续增进的还有教育与首次职业的联系。也就是说，教育逐渐扮演着代际地位传递的中介角色。"1972 年英国男性的职业地位更多地依赖于教育资格，而较少依赖根据父亲的职业地位所测定的出身。确实，观察到父子地位的相关性大部分是通过正式教育的地位传递的"①。

再向后发展的研究，其关注点逐渐转变为"父母资源"（包括父母亲的经济收入、居住地、受教育程度、母亲的职业等）对代际流动的影响。研究发现，在社会阶层体系中母亲职业影响着其子女的教育水平和代际流动。《出身与地位获得：现代英国社会中的家庭、阶级与教育》一书是哈尔西等人于 1980 年出版的，在他们看来，在现代英国社会中，家庭经济收入并没有对子女的职业水平产生直接影响，对代际流动的影响也不再那么重要。然而，在经济因素更多地制约着受教育机会和程度的国家和社会，父母经济资源的影响力一定程度上提高了。②

在 1972 年和 1979 年，美国社会学家詹克斯（Jencks，C.）等人分别出版《不平等：重估美国社会中家庭和学校教育的影响力》和《谁会出人头地：美国社会中经济成功的决定性因素分析》两本著作。他们对智力水平和学习能力对美国代际流动的影响展开了分析，在他们看来，在某些方面，儿子智力水平和学习能力能够为教育与职业的关系做出解释。之后的众多研究显示，子女的学习能力与父母资源的关系愈加紧密，扮演着父母资源和子女教育成就的中介角色。然而，就职业方面来说，子女的学习能力并未对其有太大的直接影响。③

---

① 〔英〕A. H. 哈尔西：《趋向于能人统治吗？——英国实例》，载张人杰主编《国外教育社会学基本文选》，华东师范大学出版社，2009，第 140 页。
② Halsey, A. H., Heath, A. F., Ridge, J. M., Origins and Destinations: Family, Class, and Education in Modern Britain. Oxford: Clarendon Press, 1980: 157.
③ 〔瑞典〕T. 胡森、〔德〕T. N. 波斯尔斯韦特总主编《教育大百科全书》（第 2 卷），张斌贤等译，西南师范大学出版社，2006，第 309 页。

（二）代内垂直流动与教育

一般情况下，社会学家标识代内垂直流动的距离和程度，采用的方法是学生离校后的首次职业与目前职业之间的差距。1977 年，哈尔西研究发现，在英国，儿子的教育与其首次职业之间有很大的相关性。并且他还发现首次职业在相当大的程度上影响着目前职业，且其影响力还在持续增长。通常来说，尽管将教育成就和学习能力变量控制，首次职业的等级也会对目前职业的等级产生较大的影响。相反，若将首次职业变量控制，教育成就和学习能力变量对目前职业的直接影响就变得很小。此研究结果表明，首次职业变量对代内流动的影响更多，而教育成就只能对代内流动会产生间接影响。

1989 年，瑞典学者忒季曼（Tuijnman，A.）在对部分瑞典人进行一项长达 50 年的跟踪研究（Longitudinal study）之后，出版了《回归教育、经济收入与健康状况》一书。这是关于教育对代内流动影响的一项重要研究，主要是为了探究成人教育或回归教育对瑞典人经济收入、职业成就以及健康状况和主观幸福感的影响。在对父母资源、初始教育（Initial education）、学校能力和首次职业等变量进行控制后，研究结果显示，成人教育对职业的正面影响一直在增加，但对经济收入却没有影响。此研究结果说明，虽然初始教育积极且强烈地影响着成人教育，并因此削弱代际流动，然而成人教育在促进代内流动方面，还是有可能的。[1]

经济合作与发展组织（Organization for Economic Cooperation and Development，OECD）《2003 年教育政策分析》在一定程度上修正了忒季曼关于成人学习的某些观点。OECD 2003 年的教育政策分析认为，经济因素是至关重要的，虽然不能只用其来衡量成人学习的好处，但它可以说明，在如今政策背景下，经济收益仅是成人，特别是在职成人进一步接受回归教育的中等程度的动因。[2]

与代际流动相比，教育社会学界还不够关注代内流动与教育之间关系

---

[1] 〔瑞典〕T. 胡森、〔德〕T. N. 波斯尔斯韦特总主编《教育大百科全书》（第 2 卷），张斌贤等译，西南师范大学出版社，2006，第 309 页。

[2] 经济合作与发展组织：《OECD 教育政策分析》，徐瑞等译，教育科学出版社，2006，第 80 页。

的研究，有代表性的研究成果不多。相信教育与代内流动之间的关系，会随着各国建立终身教育体系以及人们对成人教育重视度的增加，而得到更加深入的研究。

第二节　社会变迁与教育

教育与社会变迁的关系是一个现代性研究主题，属于教育社会学核心研究领域。在社会学刚建立之时，对这一现象，马克思、涂尔干、斯宾塞、沃德、帕森斯等社会学前辈们就给予过不同程度的关注，并建立相关的研究方法论和概念体系，从而形成了平衡范式与冲突范式这两大对立的宏观教育社会学研究范式。效力于不同范式的理论学家，均以各自研究的兴趣为基础，提出了教育的社会功能问题。

研究这一问题并不局限于单个理论学说，而是广泛涉及社会学、教育学和哲学等诸多社会科学领域，不同的人对教育与社会变迁的关系做出了不同的阐释和评价。有些学者支持涂尔干的观点，认为教育是社会变迁的结果，教育的目的和功能常常是一定社会的要求和规范的体现。也有一些学者强调教育具有相对自主性和独立性，教育的发展不一定是社会变迁的结果，在某种前提下，教育可以成为社会变迁的条件或原因。

不难想象，两种不同观点的相遇引起的是教育社会学界的一场论战，其结果是关于教育的社会功能出现了诸多阐释。而他们的研究也始终对后来的教育社会学研究者产生着影响，从而导致教育社会学家在解释教育与"全球化"的关系以及怎么确定教育的功能时，发现之前的诸多理论已不适用。因此，当今理论家便有了一项新任务，那就是寻找一种新的解释。

理论家这样做，原因在于其任务对教育改革的历史使命有重大影响，历史上任意一项重大教育改革，从传统社会向工业社会到后工业时代的社会变迁中，人们在观念上的启蒙运动始终比社会行动快一步，如"文艺复兴运动"和"现代化思潮"。在知识经济和全球化的现今，若我们解释和看待这一重大的社会变迁现象仍是参考过去的理论，我们最终只会走进迷茫和困惑。因此，我们必须跟随时代的步伐，对教育与社会变迁的关系进行新一轮的研究，努力找出两者之间真正的内在联系，不夸大也不低估教育的社会功能，只是在特定的情境中说明教育的社会功能，进而为解释教育与社会变迁之关系打下理论基础，拥有完善的、可参照的理论研究框架和实践基础，以便教育改革能够适应知识经济社会转型和全球化趋势。

一　教育与社会变迁的关系理论

教育与社会变迁的关系理论，可以从两个大的方面来看：一方面是从两者关系入手的一种界说。从已掌握的资料看，通常教育与社会变迁的关系理论包括三种不同的界说，每一种界说都与一种社会学理论的阐释相对应，可以将这视为对同一现象教育社会学家的不同关注，或对同一结果的不同理解方式和观念，由此形成特定的学说。另一方面，是对教育的社会功能进行的界说，教育对社会变迁的作用有"人力资本理论"（human capital theory）和"现代化理论"（modernization theory），这两种理论基本肯定教育对社会变迁尤其是经济发展的"正功能"（positive function）；另有"配置理论"（allocation theory）和"合法化理论"（Legitimation theory）与这两种理论相反。笔者会在后文的叙述中对这两个相对的理论进行分析，在此之前，我们先对教育与社会变迁之关系理论进行简单介绍。

（一）教育与社会变迁的"结果说"

在最开始的教育社会学研究中，通常人们比较认可功能主义的假设，也就是认为教育是社会系统中的有机组成部分之一，其功能便是协同其他社会系统，一起维持整个社会的发展，若其不能正常发挥功能，就将被看作一种"功能失调"，需要接受调整以满足整个社会系统的需求。社会生命体的每一次变化都会赋予其组成部分新的要求，从而使得各个亚系统进行调整。教育也不例外，它的每次改革无不是为了适应社会变迁的需要。比如，得益于现代化运动，人类社会从农业、游牧业社会迅速转向工业社会和后工业社会，社会也逐渐提高对人的识字率和科学知识的要求，为了达到这种要求，中等教育和培养专门人才的高等教育日益扩张并受到普遍重视。

如今一种明显的客观社会变迁事实就是社会的信息化，这种事实对人类关系及职业结构都产生了影响，当然也包括教育措施。当今社会的快速变迁，总是引起教育内容和方法的改变。发明是造成社会变迁的重要因素，而信息时代的发明持续增多。在一些科学领域，仅 10 年左右的时间，知识的总量增加了 1 倍；仅 25 年左右的时间，人类知识的总量就增加了 1 倍。面对如此社会变迁的事实，学校和教师都被赋予了新功能。学校不再以教授已知事物为主要职责，而是鼓励和教育学生去探索未知的事物，并储备已知的事物和原则，以便在将来未知的情况中应用。教师强调的重点由稳定性、权威和同质性转向适应、流动、知识生产和创新以及自然、社会与人之间相辅相成的关系。这些教育的策略和改变都被视为社会变迁所致，因此应该从社会变迁中去寻找教育的发展和变化。

如今看来，这种"结果学说"仅仅阐释了传统社会向现代社会转变时期的教育功能，已与现在的社会情况格格不入。事实上，在目前的社会变迁中，人们不需寻找教育与社会变迁之关系的解说，因为这种关系的变化清晰明了，正如下文学说所提到的。

（二）教育与社会变迁的"条件与原因说"

教育的功能，尤其是在社会、经济、文化发展中的重要作用，伴随着社会进步和发展而愈加明显，长期的教育效果可以推动社会变迁。

其一，政治方面。任何一个国家都在利用教育手段，实现其政治功能，达到其社会目的。以美国来说，可以将美国教育视为一个"大熔炉"，利用教育的功能，不同移民的子女逐渐美国化，与原本的美国人共享习俗、语言、意识形态或政治信念。美国的学校教育尤其看重政治生活的重要性，学校文化的重点是学习该国的生活方式并养成民主意识，而并非传授知识。在这样的教育形式下，学生重视的是社会化过程中的人际关系和政治关系，而并非学业成就。美国因教育这一变迁条件而能够在建国之后两百多年间，就形成了目前社会形态。

其二，经济方面。当社会迈入工业化时代，大批训练有素的技术工人为生产领域和市场所需，由此，教育得到快速普及。教育使人的素质得到提高，并掌握新的技术条件，极大地提高人的生产能力，进而促进经济的增长。这就致使在全球化的今天，越来越多的国家将教育的质量和人才视为国际竞争力的重要因素。教育已经成为直接造成经济结构变化的条件，所以也愈加成为社会变迁的主要原因。

其三，文化方面。众所周知，教育来源于文化，其是文化传承、理解、应用与发展的渠道；然而教育是有选择地对文化发挥功能，并具有对经过选择的文化进行扬弃和创造的功能。在这个前提下，纵观历史中的教育变迁，无论是哪个时期的，都不可避免地对部分社会文化造成冲击，甚至导致重大的文化变迁。运用新马克思主义教育社会学的观点来分析，教育既促进了文化再生产，也为各种文化冲突提供了场所，教育领域里发生的文化冲突有可能造成一种文化变迁现象，这种文化变迁一般会与政治需要联系起来。

由此看来，人们在一定程度上已经认可，教育是能够造成社会变迁的，不同的是如今其对社会的功能已不再"隐形"，而是明显且直接的。

（三）教育与社会变迁的"交互说"

在人们认可教育能引起社会变迁后，便有部分学者提出教育与社会变迁的关系应是交互的观点，也就是社会变迁与教育发展是互为因果和影响的。社会发生变迁能够冲击和改变任何领域，教育自然也包括在其中。但是，教育领域的变化或发展，也会对社会变迁的速率、广度和强度产生影响，甚至可能再形成某种社会变迁或造成另一种社会变迁。例如，信息时代所出现的社会变迁赋予教育新的要求，为满足要求教育便开展适应性的改革，其结果是既生产出大量的相应的知识和课程结构，又大量革新了方法和技术，并积极探索适应新经济形态的教育结构和制度。

这些在教育领域出现的改变，在很大程度上改变了人才的知识结构和素质特点，当新经济形态社会引入新的人才后，高效率的生产作用给以发挥，而且，这些人才所具备的适合于新经济社会的知识结构和素质，又成为引导社会生活观念和方式变迁的主要条件，所谓"时尚"便由此产生。事实上，就社会向文明发展来说，其本身就是一场大的社会变迁，教育为文明社会培养公民，从而使公民通过教育具备文明人的素质，这在促进文明社会发展的同时，也会使政治、经济和文化状况发生改变。所以说，教育发展与社会变迁是互为因果的，当社会变迁成为原因时，教育发展便是社会变迁的结果，反之亦然。这种理论的好处在于，应当认可教育对社会功能的重要性，在一定的程度上，教育发挥着主要作用，因此，在整个国家甚至人类社会的发展中，应该重视教育的作用，这具有重要的意义。当然，我们同样也可以说，这种理论存在着危险，那便是会将教育的作用过分夸大，使得教育像"军备竞赛一样"快速扩张，这对社会发展是不利的。

二 教育在社会变迁中的地位与功能

20 世纪 70 年代，历史上第一次石油危机爆发，西方社会由此经历了一个社会、政治和经济的转型时期。全球经济一体化格局的形成就是这场转型的核心，加剧了各公司、国家和地区间的经济竞争。作为一种社会变迁，率先出现在西方社会的是经济全球化，为西方民主国家怎么重新定位角色和确保经济增长以及分享经济增长的利益等方面提出新的问题。人们也对教育在经济全球化中的地位与作用进行了新的评估。

事实上，当西方众多国家进入工业化社会之后，就逐渐意识到教育的作用。① 很长时间以来，许多经济学家和社会科学家均认为解决许多社会问题，如不平等、经济增长、生产效率、参与政治、人口膨胀、减少犯罪行为、健康状况以及福利依赖等问题，最好的方式便是教育。教育被视为人力资本投资，其对个人和社会的回报是难以估计的。20 世纪 80 年代，教育被美国视为经济复苏的重要途径，美国教育部派出的国家专门研究小组的报告甚至明确指出，"我们的国家处在危机中，教育变革势在必行""因为我们没有培养出能够适应其他国家学校教育体制中严谨的教育要求的学生"。在结论中这一报告指出，只有我们提高美国学生标准化考试的成绩，美国的经济才能够与西欧、日本相匹敌。建立在高水平的中学毕业考试、延长学习时间和年限的教育，是促进经济复苏的重要途径。从美国忧虑自身教育我们能够看出，就美国本土的压力和提高国家经济竞争能力而言，经济全球化所提出的要求。因此，国家将教育放在优先发展战略的特殊地位，可以说是将教育的作用夸大了。

经济学家将教育看作一种投资，说具体点，即学校教育的生产价值，就是在未来进行生产、获取收入能力上的一种直接投资。这种假设的结果无疑将教育对社会变迁和发展的作用夸大了。众多学者都开始对教育的经济价值和教育与经济发展之间的关系进行论证，目的是证明这种假设。在

---

① David N. Ashton and Johnny Sung, Education, Skill Formation and Economic Development: The Singaporean Approach, In A. H. Halsey, Hugh Lauder, Phillip Brown, Amy Stuart Wells, Educ. a – tion – Culture Economy Society, Oxford. New York, Oxford University Press, 1997.

《教育的经济价值》一文中，当代西方人力资本论的奠基者西奥多·威廉·舒尔茨认可了投资教育对于个人和社会经济增长的作用，尤其是将教育视为经济增长的主要源泉。为此舒尔茨提出了教育机构的五个主要功能。[①]

其一，研究是教育机构的一个传统功能。格里历彻斯（Griliches）关于研究对经济的价值，曾进行了一项典型研究，研究结果表明，在杂交玉米研究上的投资，美国经济每年获得的利润率高达700%（以1955年计）。丹尼逊（Denison）认为，"知识的进展"使得美国1929～1957年经济净增长率达到18%左右。然而，却没有准确的数据能说明研究在"知识的进展"中所占的分量。但是，基础研究收益率很高，并且其是许多极为有用的知识的来源，这样的直观信念已被人们广泛认可。

其二，教育机构发现并培养人的潜能。只有通过教育机构发现和培养，才能看得到学生的各种能力。如此说来，以建立教育制度方式来发掘人的潜能，是一种合算的投资。

其三，根据经济增长带来的工作机会的变化，学校会适时提高人的能力。在一定的情况下，相比于只读过四年或是更少时间的书的人来说，具有小学八年级学历的人更容易更换工作，更容易适应新的工作要求。也就是说，受过更多教育的人要比接受更少教育的人更能适应问题的处理和工作的要求。

其四，学校招收并培养学生，使其具备教学能力。哪怕整个学校教育都仅是服务于最终消费，也还是需要教育的。换言之，那些具备专业知识的人，如科学家、哲学家、从事高校教学活动的学者以及中小学教师也都是不可缺少的。

其五，一个国家教育制度所承担的部分责任，包括满足未来社会对于具有高级知识技能人员的需求。哈比森（Harbison）强调了在经济增长中（特别是低收入国家的经济增长中），"高级人力"发挥的至关重要的作用。

在教育社会学和教育经济学领域，如此支持人力资本理论的研究者的研究著述并不少，人们都以舒尔茨持有的教育乐观态度为动力，将教育对

---

① 〔美〕西奥多·威廉姆·舒尔茨：《教育的经济价值》，载张人杰主编《国外教育社会学基本文选》，华东师范大学出版社，1989，第1页。

经济增长的作用延伸进具体的领域。尤其是将学生的考试成绩、学业成就与未来的收益率和生产率相联系。其实这些观点在产生之初就为一些学者所质疑，然而在当时并未引起注意。

直至 20 世纪 80 年代以后，人们并未看到教育对经济增长的持续作用，它也不能挽救经济的衰退。因此，人们才逐渐关注对该观点的批评和质疑。对于肯定教育的经济价值的结论，当时持批评意见的人们至少从两个方面进行了质疑：一方面，关于学校教育中的考试成绩与收入和生产率之间的紧密联系，从未表现出来过，理论上的可行与实践中的可行并不能等同；另一方面，研究中夸大了教育的作用，而将其他补充收入的成本忽略，这样的结果不仅不可预测，并且相当危险。我们将以事实来证明这两方面。①

第一方面是考试成绩与生产率之间的关系。就工人的生产率而言，纯粹提高劳动力或至少增加那些刚就业的劳动力的考试分数，对其是有很大影响的，这样的观点总是轻易地吸引人们的目光。就像《国家处于危机中》所指出的，必定是因为联邦德国和日本的学校的学生，在考试成绩方面远远高于其他国家，并在学习时间和年限方面长于美国的学生，从而使得两国的经济处于强劲的地位。

这是两种直接的证据，它所证明的是考试成绩与生产率之间存在正相关的关系，此观点太过片面，缺乏普遍性。事实上，关于此观点，经济学家已经能够估算包括工人的考试成绩作为解释变量在内的收入函数。多年的研究已经能够证实，当教育水平达到一定程度，工人的考试成绩与收入之间的关系非常有限。更值得注意的是，就算是在教育水平和种类相同的前提下，彼此之间考试成绩差异较大，工人的收入差异也不会很大。因此，若以考试成绩作为衡量雇员收入的依据，并由此总地评价教育对国民经济的影响，且将其用来支持人力资本论者和工业心理学家对于经济增长的解释，这是一种极端夸张、漏洞百出的行为。

比如美国采用"一般能力测试题"（GATB）来对服务部门将来雇用的雇员进行归类。这种测试是以包括语言表达能力、智力、数学能力和其他范围等在内的一些分类测试为基础的测试。国家研究委员会小组对 GATB

———————————

① 参见 Henry M. Levin and Carolyn Kelly. "Can Education Do it Alone" 一文。

的研究文献进行调研后发现，就算调整抽样的误差和可靠性之后，在不同的工作中，这种 GATB 与雇员的收入分级的相关度只有 0.25，这表明管理者所观察到的与考试成绩相关的生产率变量只有 4% ~ 9%。

在美国，这种测试已经成为预测几种职业中工人的生产率水平以及几百个工作岗位中对工人的管理分级的直接预测方法。然而，这对于只有学生学习成绩的提高才能带来未来劳动力生产率的提高这一观点，并不具有很大的证明作用。不过，根据对雇员的实证研究结果，为了更好地适应工作，工人确实需要达到一种最低限度的能力，然而我们还不清楚这个最低限度到底是多少。总的来说，美国为了保持其经济的竞争性地位，试图将考试成绩作为与他国学生竞争的标准的想法，看起来是幼稚的，并且在已经掌握的实证数据中也难以找到相关支持。

目前社会上有这样一种看法："信息经济"时代的工作对劳动者认知能力的要求越来越高。而对于从事工作技能要求改革的综合研究来说，大部分的观点是与此观点相左的。关于 1960 年和 1985 年间对于劳动力技能要求的变化，学者豪威尔（Howell）和沃尔夫（Wolff）以研究职业构成的细微变化和《职业资格词典》中的技能要求为主要方式对此做出了评价。他们的研究结果显示，自 20 世纪 60 ~ 70 年代，经济中职业所要求的认知技能的平均增长率由每年增长约 0.7% 下降到不足 0.5%，而到 80 年代前半期已持续下降至不足 0.3%。

第二方面是就美国工厂的生产率和经济竞争的问题，教育能完全凭一己之力解决，这一观点是危险的。假如不考虑其他补充收入成本，只侧重研究考试成绩和收入以及生产率之间的关系，就统计学来看，是没有意义的。例如，对更先进的生产方式和技术的利用，新的投入是必需的，在美国，新的投入率和资本构成率只是其竞争的一小部分；同样必需的还有新的工作组织方法对受过教育的工人发挥最大的生产能力的利用。比如革新参与方式，在决策方面工人具有一定的自主性，并为这些参与方式提供信息、责任心和积极性支持；新的管理方式既要能使职工参与管理，又应探索集研究、培训、产品开发、生产、销售和财政方面于一体的综合化途径。目前存在的危险仍旧是，美国的公司依然相信劳动力受教育不够是阻碍他们成功的最主要因素。这样的结果只会使他们不仅不去寻找为提升公司竞争力而需要的改革措施，相反还会产生"只有在其他国家生产才能为跨国公司提供高生产率的劳动力"这样一种自我满足的想法。如此一来，认为要提高生产率只有提高教育水平和考试成绩的看法，既危险又缺乏根据。我们首先要认清这样一个事实：提高生产率需要全面改革，在整个改革策略中，不应认为教育的作用比其他环节的作用大，应该将教育视为一个相关的、补充的因素，教育的改革要与其他方面的改革结合并同时进行。事实上，非洲的一些发展中国家自20世纪60年代刚刚获得独立之后，就着手了雄心勃勃、振兴发展经济的计划，而教育便是优先发展的战略之一。许多国家逐渐构建起高等教育体系，大学机构是重点发展对象，将经济专业的人才扩大培养。最终只用了很短时间，这些国家便迅速培养出众多工程和医学博士，然而，现实情况是，这些高级人才的前途堪忧，他们不仅对经济发展毫无帮助，甚至连寻找合适的工作也成问题，这使他们被"依次降格使用"，技术员被工程师替代，技术员无奈只得"接手"技术工人的工作，而技术工人或半技术工人面临的只有失业。这种现象一方面造成了社会问题，另一方面使得刚刚建立起来的高等教育陷入危机。① 因此，片面夸大教育的作用，其结果是造成投资浪费和社会问题。

三　中层理论对教育与社会变迁关系的分析框架②

通常，人们更习惯线性地描述教育与社会变迁的关系，也就是教育发展对社会变迁有积极作用，能在一定程度上促进社会的政治、经济和文化的变迁。近期，某些学者根据关于社会学对所有社会行动可能具有"反功能"（又称负功能，dysfunction）的观点的强调，开始关注教育对社会变迁的"负功能"，也就教育与社会变迁的关系提出了一些具有价值的思考命题，如下文所述。

其一，有条件。教育必须具备先决条件才能履行其正功能。

其二，有限度。教育正功能具有有限性，不应该认为社会变迁或稳定（当然也包括社会弊端），完全是由教育造成的。

其三，双重性。教育是兼具正功能和负功能的。③ 功能主义社会学家

---

① 钱民辉：《发展中国家高等教育的危机、改革策略及启示》，《高等教育研究》1995年第4期。
② 〔美〕乔纳森·特纳：《社会学理论的结构》，邱泽奇等译，华夏出版社，2001，第23页。
③ 张人杰：《教育与社会变迁的关系的理论之质疑——兼论教育的负功能》，《华东师范大学学报》（教育科学版）1992年第3期。

墨顿的研究是其负功能或反功能概念的来源，正是得益于"反功能"的概念，人们才逐渐将注意力放到社会变迁的原因上来。怎么以社会学的角度去看教育与社会变迁的关系，这可能是一个方法论问题。功能主义社会学为此提供了一个尤其广泛的视野和分析架构。反功能的概念在针对社会问题和社会变迁提出一种功能方法时发挥了作用。反功能带来的结果是使系统的适应能力减弱，最终造成系统显著的紧张和崩溃。因此可能需要建立补偿机构来善后、中和或消除反功能的后果。事实上，这就是结构变迁的代表。这些新建立的结构自身也许会逐渐产生反功能后果，而由此会刺激并引起另外的结构变迁，以此类推。

　　功能后果和反功能后果，显功能（manifest function）和潜功能（latent function），当将这两组关系之间的区别相结合之后，就能有效应用功能后果和反功能后果之间的区别。有大量的实例能够证明这个命题，其中某些显功能或某些种类的行动路线或制度性结构的目的，明显是要对其自身或系统的一部分有帮助。除去这些显功能外（事实上也许是故意完成的），总是会有出乎预料的反功能的作用出现，当然这些作用对同一个系统或别的系统也是反功能的。[①] 由上述观点，我们可以用一分为四的立体观点来分析教育在社会变迁中的功能问题，也就是以"正功能和反功能""显功能和潜功能"十字相交所构成的四个维度的变化来对教育在社会变迁中的社会后果和未来效果进行阐释。这样做是为了将一种较为客观、全面且长远的分析思路和方法提供给教育决策部门和研究人员。需要注意的是，分析包括对教育的社会功能在内的任何社会事实时，必须强调教育中的"潜功能"[②]，这是对现行的政策或制度在未来可能出现的结果的一种预期。

（一）"显－正功能"维度

　　也就是对于教育与社会变迁的关系的研究，是从外显的、积极的功能入手，用信心支持决策部门，将决策变为可能，我们可以从各种媒体中找到相关例子证明，如大力促进高等教育发展是经济增长的需要。因此，近几年高校扩招这一社会行动发展迅速。相关学者认为，这样做能够将人们

---

① 〔美〕D. P. 约翰逊：《社会学理论》，南开大学社会学系译，国际文化出版公司，1988，第 555～558 页。

② 李强：《论教育的潜在社会功能》，《社会》1989 年第 6 期。

接受高等教育的需要与高等教育不能满足这种需要的矛盾适当地解决；高校扩招能够拉动经济内需，从而刺激经济增长；为知识经济时代提供高素质人才。从这一维度入手，众多专家针对上述巨大的市场需求，以定量经济学的方法对高校扩招进行研究，其研究出的很多成果都能够对未来某一时期内高校扩招带来的经济效果有一个具体预测，然而，在这种乐观的景象中我们却不能预见到将产生怎样的社会后果，也就是一种负功能效应。但因高等教育发展产生的负功能，也许还能在教育史的记载中找到踪迹。自 20 世纪 60 年代之后，在一些获得独立的非洲国家，对高等教育扩张所造成的持续性的社会后果，尤其是所估计的反功能效果不足，所以，在 80 年代，各种由高等教育扩张所导致的社会问题逐渐凸显，高等教育因而陷入危机中。① 在后面的维度中本文会对这种已经显现出来的负功能进行分析。

（二）"显 - 负功能"维度

从字面看，我们会以为这种分析是消极的，其实并非如此，它是一种对已显现出来的问题进行分析的维度。许多学者的研究已经逐渐趋向这方面，如"容纳"趋于紧张这一高校扩招所导致的直接问题，由此产生了很多"床铺生"与"非床铺生"；还有教师、教室与教学设备的紧张，造成教学质量下降，这种现象在许多，尤其独立后的一些非洲国家等发展中国家已有体现；另外，校园文化对一名大学生的成长也具有非常大的影响，其人格与行为都会带有校园文化的特点。然而，"非床铺生"只是走读，只有有课时才会处于学校，其他时间就可能在家里或社会中，因此校园文化功能对他们没什么作用。还有，正在发展中的职业教育，尤其是高等职业教育受高校扩招的冲击较大；其也将高考的压力延伸到中考，由此加重了中小学生的课业负担等，像这样的例子还有很多，这种"显 - 负功能"是很明显的，在进行决策时，若对这一维度估计不足，就会导致众多问题。对"显 - 负功能"进行研究，目的便是有效且合理地解决这些问题，使正功能的效果扩大。

---

① 钱民辉：《发展中国家高等教育的危机——焦点、问题、限制和改革》，《外国教育资料》1994 年第 6 期。

（三）"潜－负功能"维度

对这一维度深入而细致的研究，是在所有决策中必需的。原因是这一维度的负功能效果兼具隐蔽性和延迟爆发性，如由于高等教育是适应社会经济的发展而发展的，若高校扩招不将社会经济发展水平和对人才的实际需求状况纳入考虑范围，就会使劳动力市场和职业场所的紧张度增加；遇到学位贬值时，会造成"有学位的失业者"和工作场所"依次降格使用人才"的问题，因此，为了获得找到好工作的资格和机会，大学毕业生纷纷攻读更高的学位等，都造成过度教育与浪费了教育投资。

另外，由于通过学校教育获得的学历与实际的工作岗位数不成比例，不需要学历资格的岗位也必然会开始注重学历，这就造成这样的现象：半技术或非技术的工作被有学历的人担任，而无学历的工人只能面临失业，再次增加了城市贫困人口，从而形成恶性循环并使社会负担加重。近期，有的学者在调查劳动力市场时发现，事实上，学历与就业机会呈现一种"n"形的关系，低学历与高学历一样，就业机会都很少，而本科生的就业机会最高。但进一步分析显示：在一个国家中，高等教育对经济的发展的促进率只有3%，可以将经济增长视为中等教育普及的结果。在各个国家，教育对经济增长的作用差异较大，如美国教育对经济增长的贡献率是15%，加拿大高达25%，而当时的联邦德国却只有2%。其他学者以同样的模式测量发展中国家，差异同样很大，阿根廷为16.5%，而墨西哥只有0.8%。如此便能看出，教育对经济发展的促进作用不仅很小，或许还有许多未见到的或潜在的负功能存在。所以，研究教育"潜－负功能"就变得很有必要。在社会学中，是以现行的社会经济的发展趋势，推测未来可能出现的各种偏差而研究"潜－负功能"，这样做就是为了将社会行动的负功能降到可控制的范围。

（四）"潜－正功能"维度

从这一维度对教育与社会变迁关系研究，是从积极的、潜在的和预期的方面入手的。它将帮助"显－正功能"效果的增强，是许多的教育决策中都不可忽视的一种研究。比如高校扩招提高国家经济竞争能力；提高国民的认知和掌握科学技术的能力以及人文素养；促进大众化高等教育的实现；促进人才合理的社会流动；增加公众接受高等教育的机会平等性。从大学内部来看，大学扩招能够减轻政府对教育投入的压力，使高等教育走上内源型改革发展之路；能增加高校内部经济效益，改善高校教师的生活待遇和工作环境。研究"潜 - 正功能"将有一种预期的积极效果，能够强化社会行动的正功能，促进社会行动的发生。

四　教育作用的条件

经济学家似乎更加肯定地研究了教育与社会变迁的关系，Todaro 就指出，"大多数经济学家可能都会同意，最终决定一个国家的经济和社会开发人的技能和知识的主要制度化机制，是正式教育系统"。因此，关于教育对社会变迁（国家发展）的促进作用，经济学家曾想从理论上来证明，"人力资本理论"是最先为此命题提出支持的理论。若说承认教育对社会变迁尤其是经济发展的促进是人力资本理论的侧重点，那么"现代化理论"就是与其相照应的理论。该理论以社会心理学为视角，对教育促进社会现代化的功能，尤其是教育如何促进现代化个人的特性，也称"现代性"（modernity）①展开了探讨。这两种理论分别从不同方面对教育在社会变迁中的积极功能进行了论证，为"教育是社会变迁的条件与原因说"和"交互说"提供了直接的理论支持。

通常认为是在 1980 年开始了对上述两种学说的质疑。事实上，这种质疑最早出现在 20 世纪 60 年代末的教育危机时，如 1968 年 Philip Coombs 出版了《全球教育危机》，20 年后，他用同样的名字出版了另一本书，只是副标题改为"八十年代的观点"，该书中所陈述的是他在 20 年前提出但并未得到改善的问题，政府仍未对教育对社会的负功能给予应有的重视。然而在学术圈内，已有很多学者关注起教育对社会的负功能，1970 年代以后，伊万·伊里奇（Evan Illich）和保罗·弗莱雷（Paulo Freire）相继出版了《非学校化社会》和《被压迫者教育学》两部著作，这两位作者的观点都是质疑和批判教育的社会功能，影响极大。后来众多经济学家也逐渐

---

①　羊忆蓉：《教育与国家发展：台湾经验》，台北桂冠图书股份有限公司，1998，第 3 ~ 4、18 ~ 19、20 ~ 22、38 ~ 39 页。

反思和再探究教育与经济发展的关系，如学历与生产率的关系、学业成绩与收入的关系等。在美国，经济学家始终致力于证明教育在社会变迁中的无限潜力，社会和科学界都充满热情。原因在于国家发出的信号是国家权威部门的政策预测，考试成绩的提高能挽救国家经济的衰退。不难看出，直接由研究考试成绩与生产率之间的联系推论出教育对经济增长的作用，其实这种假定存在很大问题。克拉克·科尔（Clark Kerr）对教育能否保持国家竞争力的观点展开了广泛的研究，他得出这样的结论：在美国制定政策的过程中，很少有像这么多确定无疑的信念（教育促进经济发展）建立在毫无证明的基础之上[1]。

当然，任何事物都是具有两面性的，就像中层理论所提出的分析框架一样，任何社会行动都会有正功能和负功能、潜功能和显功能。在对具体事物进行分析时，有必要考察事物的背景和特殊性。比如日本和新加坡经济发展的例子显示，教育对经济发展的促进作用可能有，也可能没有。在工业社会，尤其是在 20 世纪 90 年代以前，教育对于日本和新加坡经济发展的促进作用确实存在，且很明显。但在其后的知识经济时代，人们的思想观念、生产实践和生活方式都有了巨大的变迁，尽管整个教育领域也受到影响，但并未及时跟上这一变化，从而导致教育未有效地发挥经济功能，始终在进行着各种改革。[2] 因此，社会变迁是教育改革的主要动因，说得具体点，就是经济领域发生的变迁引起了教育领域和其他社会领域的变迁。假如从普遍性来看，那么所有的社会经济变迁会对教育的改革与发展产生双重性的作用。所以必须兼顾分析双重性的作用，如此研究者才可能为教育改革提供合理、科学且客观的依据。

这样看来，以中层理论对教育与社会变迁的关系进行分析，目的便是更加全面地、有预见地来看待这对关系。尤其是负功能的概念，引起了我们对教育行动自身的检审和修正的重视，并将教育的社会功能视为一种仅有的社会因素，可能是重要因素。比如面对经济变迁的事实，一定要综合

---

[1] 转引自 Henry M. Levin and Carolyn Kelly. "Can Education Do it Alone" 一文。

[2] David N. Ashton and Johnny Sung, 7th Education, Skill Formation, and Economic Development: The Singaporean Approach. In A. H. Halsey, Hugh Lauder, Phillip Brown, Amy Stuart Wells, Education – Culture Economy Society, Oxford. New York, Oxford University Press, 1997.

考虑决定生产力和经济竞争水平以及犯罪、公共资助、政治参与、健康和医疗保障等各方面的条件，而后对教育的功能进行辨别。假如支持条件和投入资源合适，那么，教育便具备对这些领域都产生有力影响的潜力。但即便如此，教育也只是社会变迁的一个条件，无论社会发展到哪种程度，教育也是与其他领域一起对社会变迁产生作用的，反之亦然，社会变迁会同时影响教育和其他领域。目前我们需要纠正的错误是，在政策制定和我们的研究中都将这样的事实忽略：我们将教育对改善社会的潜力夸大了。只有具备一定条件，教育才能发挥改善社会、促进变迁的社会功能。反之，其他条件的支持也是教育发展所必需的。总的来说，若夸大教育的社会功能，就会使教育的发展不切实际，最终只会加大社会的"负功能"。当然，关于教育与社会变迁的关系理论还会有许多种，不管是已经知道的，还是未知的，若忽视了分析限定条件，就不能客观、合理地对这对关系进行说明。

第三节　社会互动与教育

18 世纪末到 19 世纪近代资本主义大工业迅速发展，从而导致教育陷入困境，教育社会学的诞生也与此关系紧密，社会背景的剧变引起人们对学校教育的社会制约性及教育的社会功能的思考。由此，探讨教育社会背景就成为教育社会学的一个重要研究方面。一般说来，政治、经济、文化对教育的制约、规定与要求，以及教育的反作用，是人们所理解的教育的社会背景。也就是说，人们对教育的运行的理解，常从教育与社会互动的角度入手。

一　教育与政治互动

（一）政治对教育的控制

政治与权力的分配、运作关系紧密，而为了方便政治权力的运作，不仅需要将合法的体制作为实施政治权力的载体，还需要意识形态话语来保证其运作的合理性，政治体制和政治意识形态是组成权力运作的主要部分。作为政治再生产的一条重要途径，教育的各个层面都受到政治体制和政治意识形态的制约。

1. 政治体制对教育的控制

以宪法和法律规定为依据建立起来的一套政权机构，便是政治体制，它在社会中拥有最高权力，对社会进行政治治理是其主要职能。因为不同社会的政治体制存在差异，因此其政治结构类型运作也不尽相同，从而对教育的影响也存在差异。根据已有的政治结构及其运作，"中央集权"、"地方分权"和"集权与分权结合"为三种主要结构类型，其对教育的控制各具特点。

（1）"中央集权"的政治结构及其对教育的控制

一般这种类型的政治结构表现为：全国有一个统一的立法机关和政府，制定单一的宪法；国家内部划分为若干行政区域，最高国家权力机关和行政机关实行中央集中统一领导，由中央支配地方当局的绝大多数重要事务，就算个别地区享有一定的自治权，这种自治权也仍受统一的国家权力的限制。代表国家有20世纪80年代之前的法国以及90年代之前的不少社会主义国家。

"中央集权型"政治结构对教育的控制具有全面、集中、划一等特点，以法国为例。法国的中央权力机构是教育部，其全面而直接地领导着全国教育。从纵向来看，大学区、省以及市镇村的教育都在它的控制范围内；从横向来看，它所管辖的全部公立与私立教育机构都在它的领导和监督范围内。它既拥有发布命令、提出教育法案、确定教育经费的权力，又具有规定学校的教育方针和原则、制定教学大纲，甚至是规定教学方法、考试的内容和时间，过问公立学校教职员人事等权力。另外，地方教育行政机构也完全受它的垂直领导和监督。[①]

在法国"中央集权型"政治结构的影响下，不同区域、相同层级的教育权力和学校之间表现无差异且刻板划一，从而降低了地方和学校的教育主体性的发挥。法国在意识到这些问题后，自20世纪80年代以来，在教育方面进行了一系列分权和放权的改革。

（2）"地方分权"的政治结构及其对教育的控制

大多数联邦制的西方国家拥有这种政治结构类型。在这些国家中，除了有国家宪法、法律、法令以及最高立法机关和政府外，每个联邦主体

---

① 吴康宁：《教育社会学》，人民教育出版社，1998，第76页。

（共和国、邦、州等）都拥有自身的宪法、法律、法令以及最高立法机关和政府。联邦与联邦之间划分权限，依联邦宪法的规定，各联邦主体内外享有一定的独立权。代表国家有美国、加拿大、德国及澳大利亚等国，其中最典型的是美国。

"地方分权型"的政治结构对教育的控制具有分散性。在美国，尽管有中央教育行政机构，然而层次最高的教育领导权力却是"州"而并非"国家"。联邦教育部与州教育当局之间及州教育当局同地方教育当局之间，没有直接领导与被领导关系，只有间接影响。所以，除了立法机关的直接制约，美国的教育控制呈现"多元"、"多中心"或"无中心"的特点，而得益于美国教育控制的"多元"特点，其培养人才的规格、类型、模式等方面才有了多样化的平台空间，从而使美国的学校教育相对充满了地方性、灵活性和个体性。

（3）"集权与分权结合"的政治结构及其对教育的控制

在世界范围内，存在着政治结构权力的集中与分散兼有的国家，这里称之为"集权与分权结合型"的国家，如日本、德国等。因为这种类型的政治结构并不统一，部分侧重"集权"，部分侧重"分权"，我们在这里就不一一举例了。

总的来说，政治结构类型决定着教育的控制模式。作为政治再生产的主要渠道之一，教育是不可能脱离"政治"的控制的。不仅是在"体制"方面，"意识形态"方面也不例外。

2. 政治意识形态对教育的控制

学校教育所培养的人才应具备的政治思想观念和相应的素质要与主流文化保持一致，目的是维护统治阶层统治的稳定性和合理性，促进其理想诉求的实现，从而达成"国家"的愿望。简单来说，就是统治阶层希望培养的人才"听话"而"有用"。教育目的的定位取决于意识形态，教育内容以及教育方式也受其控制，不同国家在不同历史时期对教育的控制内容和方式也不尽相同。

自新中国成立至今，我国的教育目的虽然表述不同，但将中国作为社会主义国家的政治思想特色及在其影响下对教育目的的定位体现了出来：要求教育培养社会主义的接班人和建设者，坚持政治思想素质、文化素养和道德品质的统一，这是我国教育价值取向的核心内容；要求人才德智体美全面发展以及脑力与体力协调发展，是规定的教育对象所应具备的各种素质及其结构；越来越重视受教育者独立个性和创造精神，体现出教育目的的时代性，是坚持了我国的改革开放政策及其对人才的需要。

课程是意识形态控制教育的中介，原因在于教育需要以课程为载体来实现教育目的。从课程的内容结构及其分等、选择课程内容的价值取向，到课程的实施与管理，都反映出意识形态对教育的渗透和影响。关于这部分内容，本文将在下一章的第四节中进行详细描述。

（二）教育对政治的影响

教育政治功能的发挥是教育对政治的影响的体现。也就是学校教育有意识、有计划、有目的地将参与政治和政治过程所应具备的知识、价值、态度和技术传授。以此意义为基础，教育进行的是政治再生产。教育主要通过以下几种途径发挥政治功能。

1. 以开设政治课程及学科渗透为途径[①]

第一，设立专门的政治课程。比如美国的学校，设有"政治学""政府和管理""美国总统制""美国政府""领袖和领导"等课程；在德国，设有"社会科·政治"或"政治"课程；在英国，设有"政治常识"课程等。第二，设立包含政治教育内容的综合课程。西方国家不仅设立专门的政治课程，还设立了综合政治教育内容与其他方面教育内容的课程，如美国的"公民科"和"社会科"，法国的"公民"等课程。第三，学科渗透。一般情况下，各国都非常重视将政治教育渗透各门学科。如德国教育制度委员会在《关于政治教育和社会化的报告》（1955 年）中明确提出，"每一门学科……在不放弃本身特点的情况下，都能对政治教育做出自己较高水平的贡献"[②]。

2. 以考试－评价强化政治思想规训为途径

在霍斯金看来，18 世纪后出现的考试、评分和书写这三种新的教育技

---

① 范树成：《西方国家政治教育与政治社会化理论与实践》，《比较教育研究》2003 年第 2 期，第 34～39 页。

② 〔美〕摩里斯·贾诺威茨、〔美〕斯蒂芬·韦斯布鲁克：《军人的政治教育》，谭晓雯、郭力译，解放军出版社，1987，第 192 页。

术，将学生的学习方法以及教育者与学生的关系改变①。这些细微的教育实践改革，使教学双方都要经常面对监视和评断，从而逐渐懂得对自我做出规训，经常检查、衡量和评核自身的思想，进而与主流意识形态的要求保持一致。

3. 以控制教育者的影响为途径②

西方国家及其学者将教师的思想政治状况和言行视为学生政治观的重要影响因素。德国学者埃尔文指出，"只有当全体教师本身从思想上接受了民主准则……政治教育才是有效的"③。为了使学生具备美国统治阶级所需要的政治观，避免共产主义的影响，美国政府严格甚至苛刻地要求教育者的政治学习，大力强调全体教师和行政管理人员均为思想政治教育工作者，他们要以自己的政治态度确定对学生的政治观的影响。在"二战"刚结束时期，美国禁止共产党人担任教师以及在学校中讲授共产主义。

4. 以学校的各种活动促进个体的政治社会化为途径

学校经常通过组织各种活动来进行政治爱国主义与民族精神的教育。比如美国学校通过唱国歌、对国旗宣誓尽忠、节日庆典等普及"美国精神"，唤起并加深学生"强烈的对国家的忠诚感"。我国学校教育通过组织少先队活动，入团、入党和升旗仪式，开学和毕业典礼等活动，为培养和锻造祖国未来"接班人"提供支持。

二 教育与经济互动

（一）经济发展水平对教育的制约

人力、物力和财力是兴办教育所必需的条件，因此，社会的经济发展水平对教育发展的规模、速度以及教学手段都有着直接的影响。然而，经济发展对教育的影响不止于此。作为未来的劳动力，受教育者的素质要适

---

① 〔美〕华勒斯坦等：《学科·知识·权力》，刘健芝等译，生活·读书·新知三联书店，1999，第43～84页。

② 范树成：《西方国家政治教育与政治社会化理论与实践》，《比较教育研究》2003年第2期，第34～39页。

③ 〔德〕卡扎米亚斯、马西亚拉斯：《教育的传统与变革》，文化教育出版社，1981，第185页。

应生产力的发展水平。所以，人才培养的规格受经济发展水平的制约，进而教育的内容、组织和结构等方面也受其极大的制约。

不同社会的经济结构和发展形态对教育的制约、要求也存在差异。比如以手工工具为主的农业社会的经济，科学技术含量低；农业劳动人口在全部人口中所占比例较高，体力劳动者要比脑力劳动者多很多；法定的或准法定的特殊社会阶层或社会集团存在于生产资料所有制的形式、生产组织结构及收入分配中。在这样的前提下，学校采取的是精英教育，规模相对较小；教育内容多以维护统治阶级地位所必需的一套文化为主，几乎不含生产知识。18 世纪工业革命出现，工业社会降临，众多劳动力由农业转向工业，脑力劳动成分在生产中所占的比重相应增加，经济发展的基础由劳动密集型持续转向资本密集型并逐渐向知识（技术）密集型转变，经济结构打破稳定不变局面。由此，教育开始以所有社会阶层的子女为对象，以培养科学素养为教育的主要目标，并逐渐关注效率及其相应的规章制度，如服从、守时、重复作业等成为学校教育日常生活的重要组成部分。如今，随着一些国家、地区进入知识经济时代，经济对教育的影响也日益加深，并逐渐提高对教育的要求，学校教育改革的侧重点也变成了实践与创新能力。

（二）教育对经济的作用

教育除了适应经济的发展，还以间接作用和直接作用两种形式实现对经济发展的促进作用。

1. 教育对经济的间接作用

教育通过劳动力再生产方式产生经济效益，便是教育对经济的间接作用。生产力的众多要素中的劳动力，是具备一定生产经验、劳动技能和知识的人，其素质对生产力的水平和经济的发展具有直接影响。教育担负着生产劳动力的主要任务，将潜在的劳动力变成现实的劳动力。

关于经济、劳动力、教育之间的相互关系，亚当·斯密、配第、马克思、恩格斯、舒尔茨、李斯特等都有自己的观点。得益于他们思想上的启发，人们对经济增长与发展教育之间的关系有所了解，从而为国家、地方投资教育以发挥其生产功能提供了理论支持。

配第是英国古典政治经济学的创始人，曾撰写《政治算术》和《爱尔兰的政治解剖》等著作，在这些著作中，他指出复杂劳动者所创造的劳动价值比简单劳动者更多的观点，认为除了土地、资本、劳动之外，还有第四种生产要素——"技艺"。亚当·斯密是英国古典政治经济学的奠基人，《国民财富的性质和原因的研究》是其代表作，在书中，他将人的知识、经验和能力看作国民财富的主要内容和生产要素，这在学术界是首次的。李斯特是德国历史学派的先驱，19世纪40年代，他在自己的代表作《政治经济学的国民体系》中，对教育在经济发展中的作用进行了分析，而后提出与"物质资本"相对应的"精神资本"的概念。在他看来，就生产发展而言，"精神资本"具有重要作用，对教育、科学、宗教和艺术的培养和促进的人，其精神劳动具有生产性；另外他还指出，对后一代的教育以及国家未来生产力的促进与培养，应占一国消耗的最大部分。马歇尔是19世纪庸俗经济学集大成者，他在代表作《经济学原理》中，认识到教育的经济价值。在他看来，一个伟大的工业天才的经济价值，足够与整个城市的教育费用相抵。在马克思、恩格斯看来，教育会生产劳动能力，一定的教育和训练使一般人掌握一定劳动部门的技能和技巧，成为发达和专门的劳动力的决定要素。

进入20世纪五六十年代，在深入和扩展认识教育经济功能的前提下，人力资本论产生，舒尔茨是其代表人物。舒尔茨认为，在影响经济发展的众多因素中，人是最关键的因素，是人的质量的提高，而并非自然资源的丰富或资本的多少决定了经济的发展。人们通过自我投资的方式来提升生产和消费能力，而学校教育是人力资本的最大投资。人力资本投资是效益最佳的投资，而人力资本投资的核心是教育投资，舒尔茨对1929～1957年美国教育投资与经济增长的关系进行的定量研究为其材料提供了支持。他对美国各级教育的收益率进行了测算，得到的结果是：初等教育为35%，中等教育为10%，高等教育为11%，整个教育的平均收益率为18.7%。并由此估算出美国1929～1957年国民收入增加额1520亿美元中有近33%是由劳动者受教育程度的提高所带来的。

以"人力资本论"为基础，有关教育对经济、国家的作用学界逐渐达成共识，教育投资也成为国家相关制度、政策和法律的重要组成部分。

2. 教育对经济的直接作用

在一定条件下，学校卷入产业化之中，对经济的发展产生直接影响，便是教育对经济的直接作用，主要在高等教育领域有所体现，"教学、科研、生产一体化""勤工俭学""产学合作""学生雇员"和学校对经费的分配与使用是其主要表现形式。

如今，社会已处于知识经济时代，作为一种知识资本相对集中的场所，人们越来越重视高校的作用，教学、科研、生产一体化，"产学研合作"逐渐成为高校发展的一种趋势，所产生的经济效益也受到人们越来越多的重视。比较成功的两个案例，是美国在波士顿地区和加州地区所形成的教学、科研和生产的紧密体系。

在哈佛大学、麻省理工学院、耶鲁大学的协助下，波士顿地区由一个以传统工业为主的地区发展成"科学工业综合体"地区；而在斯坦福大学、加州理工学院、加州大学的协助下，加州地区从一百多年前的荒凉之地发展成为全球闻名的"硅谷"电子业基地。以大学为主导，协同科研和生产的紧密联合体的构建，已成为各国高等教育改革和发展所普遍采用的模式。在如此的联合体中，教育活动直接创造了财富。在我国，比较好的实例是近年兴起的北京中关村电子一条街和西安市的电子城。

将学生的学习活动和社会生产密切地融合，是"产学研合作"的另一种客观效果。在国外，有些学校把教学和生产劳动中的实训交替进行，甚至还出现了一定数量的学生"雇员"。"学生-雇员"的出现使潜在劳动力与现实劳动力之间的界限变得不明显。教育与生产劳动，以及学生的实习、毕业设计等教学实践环节与生产资料的结合，带来了一定的社会财富，使学校成为现实生产力的组成部分。

教育对经济的直接作用的又一种形式便是学生的"勤工俭学"活动。虽然这类活动的目的是教育自身，但我们不能否认它所带来的经济效益。勤工俭学活动兼具教育性质和经济性质，说准确点，应是教育性的经济活动。尽管其中的教育作用是占首位的，但它的经济效益也不容忽视。这一点必须承认。

另外，教育自身的效益，也就是通过提高教育投资的效益，合理分配和使用经费，在教育过程中，尤其要充分发挥人，即教育者和受教育者的主观能动性，将拥有的人力、物力和财力作用发挥到最大，从而取得最好的成绩，这是教育发挥直接作用的一种形式。

三 教育与文化互动

对文化的理解并不单一枯燥，因为文化的概念在人文、社科研究和日常生活中都有体现。这里对文化的理解取其狭义层面的概念，主要是指一定共同体在生存、生活和生产实践中，长期积淀而成的，涵盖思维模式、价值观念、道德情操、审美情趣、民族性格和宗教情绪等的一种精神和心理状态。各个文化的构成要素之间具有密切的关系，它们根据"家族相似"的方式结合成不同模式。比如在我国的传统文化中，整体的思维方式、他人取向的价值关怀、感性的审美情趣、内敛的汉民族性格等，不是单独拥有的，而是相互纠结于一体的。原因在于，若是从伦理道德价值取向出发是"他人优先"，那么就很难有个性张扬性格的形成；以大局为出发点、着想于他人就慢慢地成为人们的行动选择，进而造就了汉民族从大局着眼思考问题的整体思维方式。

众所周知，人类创造出了文化，且文化是发展变化的。由于社会群体和社会阶层在文化建构中起到的作用存在差异，文化的传递、主流文化所代表的群体也存在差异。而为了避免主流文化代表的社会统治阶层的文化，与论述的"政治与教育互动"相关问题重复，本文将主要以文化的不同传递方式来论述文化与教育的互动。美国人类学家米德以人类文化传递的方式为基础，将整个人类的文化划分为后喻文化、前喻文化和并喻文化三种基本类型，其各自与教育的关系如下。

（一）后喻文化与教育传承

对那些以重复过去为使命的文化类型，米德用"后喻文化"（post - figurative culture）的概念来论述。缺乏对变化的认识，每一代儿童都能对文化形式进行不走样的复制，是这种文化的全部特点。三代人的实际存在是后喻文化存在的依据。原因是后喻文化完全由世代相传，它同时需要依靠老一代的期望和年轻人复制老一代的期望来实现延续。在复制过程中，人们需要持久地、毫不怀疑地认同现存的生活，认可普遍的正确性存在于已知生活的每一方面。缺少质疑和醒悟，是关乎后喻文化保存的两个关键条件。在米德看来，可以用与世隔绝、原始的文化来形容典型的后喻文化，[①] 但那些非常复杂的文化也可能是"后喻型"的。根据米德所分析的后喻文化，可见中国传统文化在一定程度上也具备后喻文化的特征。侧重

---

① 〔美〕玛格丽特·米德：《代沟》，曾胡译，光明日报出版社，1988。

稳定，拒绝变化，形成了一种师授学承的模式；强调师道尊严，不重视批判、反思与创新，是其主要特点。这样的结果，培养出来的人才大多为"积累型"和"继承型"，而"发现型"和"创造型"人才很少。也"得益"于教育的"继承型"特点，后喻文化存在的合理性更增加了，两者之间相互影响，且互为循环。

（二）前喻文化与教育创新

"前喻文化"（pre - figurative culture）的文化概念与后喻文化相对应，是指那些以开拓未来为使命的文化类型。[①] 在米德看来，技术革命、现代交通、通信等快速发展，加剧了社会变化，而前喻文化就是社会急剧变化的结果。对年青一代来说，在前喻文化中，不允许复制前人，也没有老年人能为年青一代所遇到的新问题提供有效的帮助；他们可以以自己的首创精神为指导自由行动，甚至在未知的方向中引导长者；对于各种观点相互冲突的局面，人们基本能认可且接受，而不会像之前那样只有正统观念；未来的代表并非父母和祖父母，而是孩子。[②]

我们刚刚提到，前喻文化的产生与技术革命分不开，在一些国家或地区，若其经历了由前现代社会转向现代社会又转向后现代社会的过程，那么其文化在不同程度上都会具有前喻文化的特色。事实上，仅有少数国家的整个文化结构能够称得上是"前喻型"，美国便是其中比较典型的一个。在对教育提出的要求方面，前喻文化与后喻文化是存在差异的，它要求教育在传承文化的基础上还要创新；打破封闭固守，提倡开放和变通；师生之间的关系不是权威型的，而应是民主型的；授受式的教育教学方式应被"师导生创式"替代；开拓未来的勇气和能力成为衡量人才的新标准。在米德看来，介于后喻文化与前喻文化之间的是一种"并喻文化"（co - figurative culture），它是指同代人的行为是社会成员的主要模式。但是，并喻文化成为唯一的文化传播形式只存在于非常少的社会中。[③] 因此，本文不再详细介绍。

---

① 　吴康宁：《教育社会学》，人民教育出版社，1998，第 98 页。
② 　〔美〕玛格丽特·米德：《代沟》，曾胡译，光明日报出版社，1988，第 67～89 页。
③ 　〔美〕玛格丽特·米德：《代沟》，曾胡译，光明日报出版社，1988，第 43 页。

第一节 社会民主与教育

一 民主、民主教育与教育民主

尽管我国古代也有"民主"一词，但是它的意思一般是"民之主"或"为民做主"，与西方从古雅典以来的"人民的统治"或"多数人的统治"的意思不同。因此，在我国，"民主"一词是一个舶来品，中国古代和现代都没有完全的民主制度或民主国家。新中国成立后，经由社会主义改造才开始运行社会主义民主制度。然而，受政治、经济和文化各方面因素的影响，我国公民的民主素质仍然有待提升。

教育推动社会发展的基础作用的发挥和战略地位的凸显，有助于对公民较高社会主义民主素质的培养，从而使公民在民主知识、民主态度和民主能力等方面能够满足建设社会主义民主政治的需求，这将有利于社会主义民主政治的发展和社会主义政治文明的构建和实现。

（一）民主的概念

"民主"（democracy）的初始含义发源于古希腊，16 世纪的英语由法语的 democratie 引入。demos 和 kratos 两个词根组成了 De‐mocracy。在希腊文中，demos 是雅典各选区基层单位的名称，因此有"人民"和"地区"的意思，而 kratos 是"权力"和"统治"的意思，两者合在一起便是"人民的权力"或者"由人民直接地或通过分区选出的代表来治理、统治"的意思。现代民主政治思想便是主要来源于雅典的民主思想和实践。历史上雅典著名政治家伯里克利（Pericles）和古希腊的著名哲学家亚里士多德（Aristotle），是对雅典民主政治进行过精彩阐述的两位著名人物。在为雅典阵亡将士举行的国葬典礼上，伯里克利曾为其发表一场著名的演讲。在演讲词中，他表述了雅典民主所包含的人民主权、公民平等、法治、自由、积极参与自我管理以及决策民主等含义。

虽然亚里士多德本人并不认可民主制度（他认为民主政治是平民主义政体），但他仍是在其著作《政治学》中，恰当而简洁地描述了古希腊民主政体的主要特点。他的描述是对古代民主最杰出的描述。

亚里士多德的描述传递出这样的信息：自由是民主政治的基本精神，其在政治生活中的体现便是"轮流统治"原则，而在私人生活中的体现是"按照自己意志生活"的原则。自由的实践基础是平等。在雅典，公民的投票权利是平等的，从原则上来说每个人都有担任官职的机会，值得注意的是，这里所说的平等并非个人能力的平等，而是"数量上的平等"，否则多数人都能成为主宰者，因此就有了民主的"多数主权"原则。从亚里士多德的描述中我们还能知道雅典民主制度在行政、议事和司法等方面的特征，我们在这里就不再多说。雅典民主模式的遗产极大地影响了西方民主思想和民主实践的发展。

（二）民主概念的"窄化"和"泛化"

"民主"的概念于20世纪的政治学中得到更深的研究，出现了两条民主内涵的路线："窄化"和"泛化"。

1. 民主概念的"窄化"

"窄化"论者将民主视为一种程序。代表人物有马克斯·韦伯（Max Weber）、约瑟夫·熊彼特（Joseph Schumpeter）和塞缪尔·亨廷顿（Samuel P. Huntington）。马克斯·韦伯认为，从承担选择功能和（通过选举）合法化选择者的角度来说，民主是一定必要的。然而其最多只可以被看作政治和国家领袖拥有效率提供保障的重要机制，而并非作为全体公民向前发展的基础。以此为出发点，韦伯提出了一种新的民主模式，即民主的功能只是提供确定合格政治领袖的方法，而选民的作用只是可以淘汰失败的领袖。在韦伯看来，选民拥有对可能的领袖的部分选择权，但不能一般地区分政策。所以，他所认为的民主是可能的领袖人物的检验场所，确立了一种"选举的独裁"是民主过程的重要性所在。民主就像是"市场"，就像是一种制度化的机制，它将竞争选票和权力斗争中的失败者淘汰掉，脱颖而出最强的成功者。①

约瑟夫·熊彼特对马克斯·韦伯的观点做了更进一步的阐述，在他看来，"民主方法就是那种为做出政治决定而实行的制度安排，在这种安排中，某些人通过争取人民选票取得做决定的权力。"② 熊彼特认为，民主其实是一种政治方法，也就是由实现政治到立法和行政，再到决策的一种制度安排，某些成功地赢得人们选票的特定个人会被这种制度安排赋予决定一切事务的权利。公民可以用一个政府取代另一个政府，以防止政治决策者出现独裁专政现象，进而杜绝暴政危险的发生，这是民主的本质。民主并非平等承诺下的一种生活方式，也并非通过广泛参与促进人的发展的最好条件，民主制度下公民的选票，就像是将代表他们行事的权利，定期选择并赋予政府。民主是一种策略，它能够为各种目的提供服务。

在塞缪尔·亨廷顿看来，"民主政治的核心程序是被统治的人通过竞争性的选举来挑选领袖"③。他认为，"二战"以后，人们界定民主的方式绝大多数是选举。民主制度中，一种是与直接民主相似的，人民兼具统治者和被统治者双重身份，一种是被统治者选举产生统治者，这与其他政治体制中，通过出身、强制、考试、任命和财富产生统治者不同。在他看来，民主的本质是选举，民主制度的其他特征来源于这个本质。

2. 民主概念的"泛化"

代表人物是约翰·杜威（John Dewey），他把民主视为一种生活态度，认为"民主主义（democracy）不仅是一种政府的形式，它首先是一种联合生活的方式，是一种共同交流经验的方式"④。在杜威眼里，相比于政治民主中最好的范例所展示的内容，民主作为一种社会理念，要更广泛和完备。在他看来，民主并非局限于一种政治生活方式，更是一种普遍的生活方式。杜威的这一观点使得其民主理论与其他许多自由主义民主理论存在差异。

---

① 〔英〕戴维·赫尔德：《民主的模式》，燕继荣等译，中央编译出版社，1998，第216～219页。

② 〔美〕约瑟夫·熊彼特：《资本主义、社会主义与民主》，吴良健译，商务印书馆，1999，第396页。

③ 〔美〕塞缪尔·亨廷顿：《第三波——二十世纪末的民主化浪潮》，刘军宁译，上海三联书店，1998，第4页。

④ 〔美〕约翰·杜威：《民主主义与教育》，王承绪译，人民教育出版社，2001，第97页。

第一，杜威认为民主的存在是不断演进的。在他看来，对于民主的问题，人们无论是从它的观念上还是外部表现上，总是将其视为一种固定的东西，这是人们犯的最大错误。他认为，无法将民主视为历史上已经形成和存在的任何政治实体形式，它是社会共同体理想存在的方式。民主也是一种持续变化的实验，它可能会继续完善，但它不是最终的现实，而一直是民主化的进程和民主化社会的理想。

杜威认为，"倘有一个社会，它的全体成员都能以同等条件，共同享受社会的利益，并通过各种形式的联合生活的相互影响，使社会各种制度得到灵活机动的重新调整，在这个范围内，这个社会就是民主主义的社会。"① 民主主义社会包括两个基本要素。"第一个要素，不仅表明有着数量更大和种类更多的共同利益，而且更加依赖对作为社会控制因素的共同利益的认识。第二个要素，不仅表示各社会群体之间更加自由地相互影响（这些社会群体由于要保持隔离状态，曾经是各自孤立的），而且改变社会习惯，通过应付由于多方面的交往所产生的新情况，社会习惯得以不断地重新调整。这两个特征恰恰是民主社会的特征。"②

第二，杜威的民主概念与传统形式上的政治民主的概念不同，这得益于其民主概念中积极参与的多元模式的中心地位。包括柏拉图在内的专家治国论者或精英民主论者认为，只要是以善或正义为社会目的，对只经历过使用生活工具的教育的、能力低下的、无知的群体，一个小集团可以拥有统治的资格。杜威并不认同这个观点。他认为，正是由于阶级社会的需要对教育的严格限制，才产生了智慧的专家。杜威并不怀疑任何领域里的专家的治理能力，也认为并非只有专家才能对专家的建议做出评价，如果是这样，那么就不会有民主政治。杜威将民主的方法看作一种参与的、以同意为基础的方法。在他看来，强迫多数人向少数人屈服的方法应该被彼此协商和自愿同意的方法取代，这才是民主的发展。没有任何人或很少群体是尤其聪明和善良的，以及因此就忽略其他人的意见去统治别人；受社会制度影响的所有人必须共同参与到这些制度的创造和管理中去。

第三，杜威的民主理论尤其侧重民主的伦理价值。杜威以"彻底的道

① 〔美〕约翰·杜威：《民主主义与教育》，王承绪译，人民教育出版社，2001，第109～110页。
② 〔美〕约翰·杜威：《民主主义与教育》，王承绪译，人民教育出版社，2001，第96～97页。

德理念"视角看待民主的基本原则、实践方式和社会目的，民主理论的基础选用政治哲学和哲学人类学。前后两者关注的根本问题分别为"什么是道德的政治"和"道德政治之所以可能的人性根据为何"。杜威民主思想之所以独具特色的道德和人性，就得益于对这两个根本问题的分析。在他看来，尽管民主是一种社会组织方式、政治程序，也可以说是政权合法性依据，民主的要义也包括维护社会的稳定和有效发展，这些都是重要的因素，但都对"人的问题"缺乏直接的关注。杜威认为，民主关乎人的信念或信仰，且是一种成熟的信仰，信奉民主这种信仰相当于相信了只要有合适的社会条件，无论谁都能拥有理性思考、判断和行动的能力。民主不局限于眼前的形式，具有未来的长远发展目光，就如杜威所说，人人都持续地创造可以平等分享和贡献的，更加自由和人性的经验，是民主的任务，并且这经验为精英和每个参与民主的人拥有，而民主的终结只能是经验的终结。

本书中所提到的民主一词便是广义上的民主，也就是认同杜威的观点，将民主不仅视为一种国体和整体，更看作一种联合生活的方式。

二 民主教育与教育民主的区别和联系

关于民主教育（education for democracy），杜威并未下明确的定义，由其阐述的民主教育的基本精神和具体策略我们能够总结出，可以培养民主生活习惯和兴趣的教育就是杜威认为的民主教育，即可以创造适用于民主社会的公民的教育。在我国，陶行知对"民主教育"的概念进行明确且系统的总结和阐述，他认为"民主教育"即"教人做主人，做自己的主人，做国家的主人，做世界的主人"[①] 的教育。他还把林肯总统的话与教育结合了起来，也就是民主教育是民有、民治、民享的教育。在《实施民主教育的提纲》一文中，他更深入地指明："民主的教育是民有、民治、民享的教育。'民有'的意义，是教育属于老百姓自己的。'民治'的意义，是教育由老百姓自己办的，'民享'的意义，是教育为老百姓的需要而办的，并非如统治者为了使老百姓能看布告，便于管理，就使老百姓认识几个字。由此可见有了民有、民治、民享的政治，才有民有、民治、民享的

---

① 陶行知：《中国教育改造》，东方出版社，1996，第201页。

教育。"①

我国台湾学者卓播英的观点与陶行知的观点大体上相似，认为民主教育就是民有、民治、民享的全民教育，民主教育的目的就是为人民提供把握"民有"、参与"民治"、拥有"民享"的条件。②

石中英认为民主教育应被划分到政治教育，它是将民主理想传递给人们尤其是青少年一代，培养他们健全的民主意识，协助他们掌握合理的民主知识结构，引导他们在民主实践中形成一定的民主生活能力，并树立某种程度的民主信念，从而最终督促他们成为合格的社会主义民主公民。③

我们在这里使用的"民主教育"一词，是基于民主教育作为一种向公民传播民主理想，培养并提高民主素质，养成民主习惯的社会活动的意义来展开阐述的。民主教育以培养民主意识和态度，增进民主知识，提高民主能力，树立民主信念等为途径，提升公民民主素质，最终达到使他们成为民主社会合格公民的目的。

民主教育与公民教育之间，区别和联系并存。香港学者李正义认为，教育一个社会的公民拥有公民意识，清楚自己的权利和义务，成为有理性、有身份感和责任感的公民，这就是公民教育。④台湾学者卓播英认为，面向本国国民，培养对国家有用的公民，就是公民教育；现代公民教育就是教育人民，使其成为健全公民的教育。他的研究表明，西方各国的公民教育存在两个共同点：其一，强调培养爱国意识，世界各国现代公民教育基本将培养爱国公民作为目标；其二，强调追求民主理想，民主引领了现代世界的潮流，其力量势不可当。现代公民树立民主理想、培养国民道德、扩大团体生活，以及侧重公民责任等，无一不是追求民主政治的理想，创造民主生活的人生的体现。⑤

综上所述，与民主教育相比，公民教育的概念居于上位，将民主教育的内容囊括其中。广义上的公民教育不仅包括对公民进行政治教育，还包括进行"科学教育""法制教育""公德教育"。在卓播英看来，就算是以

① 陶行知：《中国教育改造》，东方出版社，1996，第193页。
② 卓播英：《现代公民教育的发展趋向》，台北正中书局，1980，第65页。
③ 石中英：《教育哲学导论》，北京师范大学出版社，2004，第322页。
④ 李正义：《从几个其他政府的公民教育政策看九七后的香港》，载李正义、田林竹著《从理论到实践：大陆、香港、台湾公民教育政策研讨会论文集》，诚兴印务公司，1998。
⑤ 卓播英：《现代公民教育的发展趋向》，台北正中书局，1980，第1、2、22页。

政治教育为主的狭义公民教育，也包括培养爱国意识和民主素质两方面内容。民主教育是指"为了民主的教育"（education for democracy），而教育民主则是"民主的教育"（democratic education），相近的两个概念总是让人分不清。民主教育是一种政治教育，与科学教育等相平行，与专制教育相对立。教育民主则是达到民主教育的一个重要策略，与教育专制相对立。教育民主不仅是实现民主教育的一种方法，也是民主社会中教育的一个追求目标，一种理想状态。

三 民主素质及其基本构成要素

制度就像是民主产生的根基，因此要实现政治和社会的民主，必须构建一套完善的制度，为民主的发展提供保障。然而，世界各国民主化历程的教训告诉我们，只关注制度上建设的民主并非真正的民主，很大程度上会变成形式上的民主，根本上的伪民主。法国著名学者托克维尔认为，民情、法治和自然环境帮助美国维护民主制度。从做出贡献的程度来看，自然环境逊于法治，法治逊于民情。所以他认为，对于墨西哥照搬美国宪法却仍然没能使本国出现民主安定的局面，可以用缺乏民主的民情来解释。判断"民情"是否民主的一个关键指标就是公民民主素质，其也是实现民主的根本条件。

（一）民主素质的概念

资料显示，尽管对于民主素质（democratic dispositions），很多学者都展开过分析阐述，但是关于其概念，国内外学者仍未给出一个明确的解释。约翰·杜威关于民主素质的描述有些抽象，需继续推向细致化和具体化。因为他仅是认为"民主素质"是公民对于社会关系和社会控制的"个人兴趣"，还有能够推动社会变化但又不会造成社会混乱的"心理习惯"，却并未对提到的"个人兴趣"和"社会习惯"作更深入的分析和阐述。由于杜威的影响，帕特丽夏·怀特（Patricia White）也将民主视为一种社会生活的方式，共同交流经验的地方，打破了壁垒并将利益共享。以此为出发点，他的分析把人们联系在一起，讲究文明以及以一种民主的生活方式共同生活、彼此影响的一些民主素质。在他看来，信任、自尊、依赖、希望、正派、勇敢、自爱和诚实等是民主社会所需要的公民素质。怀特所阐述的民主素质存在很多不足的地方，没有严密的理论分析和严格的分类标准，这些素质偏向于公民应该表现出的民主态度的素质，而并未真正地体现公民民主素质的整体结构。只有具备民主态度、民主知识和民主能力等各方面，才是一个完整的现代公民民主素质。

在石中英看来，民主离不开教育，培养"民主公民"是教育所能为民主做的事情，而搞明白民主公民的素质结构是培养民主公民的前提。他认为，公民的民主素质有民主意识、民主信念、民主知识、民主态度和民主能力这几方面。人们对于民主最基本的认识，以及以这种基本认识为出发点的行为偏向，包括公共意识、平等意识和参与意识，就是民主意识；民主公民毫无怀疑地相信民主制度的一种思想或精神状态就是民主信念；包括"民主的知识"（knowledge of democracy）、"关于民主的知识"（knowledge about democracy）和"为了民主的知识"（knowledge for democracy）三类在内的就是民主知识。一个人经营民主生活时需要具有的相对稳定的思维和行为习惯就是民主态度，而一个人有效地发挥表达、沟通、辩护和协调这四方面民主实践的能力，就是民主能力。

笔者认为，公民所具备的民主素养就是民主素质，其主要包括民主知识、民主态度和民主能力等。民主知识包括"民主本身的知识"和"实施民主的知识"，是公民用来进行民主实践的必备知识。其中"民主本身的知识"包括民主的本质、含义和历史等方面的知识；"实施民主的知识"包括关于公民权利和义务的知识，对人治与法治关系、政治结果与过程关系的认识等。民主态度包括"对待民主的态度"和"为了民主的态度"。其中"对待民主的态度"是指公民对民主的价值判断和感情倾向，涉及对民主的价值评价和对参与民主政治的态度等，公民喜爱或憎恶、支持或反对等对待民主的不同的情感和态度是其具体表现。"为了民主的态度"是指公民用来从事民主实践而需要具备的态度，包括批判的态度、妥协的态度、容忍的态度等。民主能力，即前文说到的，一个人有效地发挥表达、沟通、辩护和协调这四方面民主实践的能力。

民主知识、民主态度和民主能力共同构成了公民的民主素质。民主知识为公民进行民主实践提供了基础。民主自身便是一个很复杂的存在，而人们也不是生来便了解民主，所以人们需要一定的知识作为基础去进行社会政治实践——民主。然而，民主知识仅回答了民主表面的问题，即"你对民主知道什么",另外真正具备民主知识的人也不一定愿意参与到民主实践中去。这时候就需要民主态度来体现人们是否愿意参与或参与什么样的民主实践,而人们的意愿则是由人们对待民主的感情倾向和价值判断决定的。在掌握民主知识并拥有民主态度后,还必须具备有效从事民主实践的能力,这个民主能力对其参与民主实践的效率和效果有直接的影响。

(二) 民主素质的基本构成要素

由前述可知,民主素质的基本构成要素是民主知识、民主态度和民主能力,本文将分别对这三个要素进行简单的阐述。

1. 民主知识

本文将以信息加工心理学为视角来分析民主知识。信息加工心理学将知识分为陈述性知识和程序性知识。其中前者又叫作描述性知识,是个人以言语方式进行直接陈述的知识。这类知识的主要用途是回答事物是什么、为什么和怎么样的问题,可用来对事物进行区别和辨别。后者又叫作操作性知识,即对个体的陈述必须借助某种作业形式间接推测其存在的知识,它主要用来回答做什么和怎么做的问题。前者的表现形式主要是命题或命题网络,直接通过"陈述"或"告诉"的方式便可测量,而后者的主要表现形式是产生式或产生式系统,仅可以通过观察人的行为进行间接测量;前者主要通过记忆掌握,要求原样复制,是相对静止的,而后者主要通过个体进行一定的认知加工来掌握。

由上述来看,民主本身的知识应该属于陈述性知识。民主本身的知识即关于民主的本质、含义和历史等方面回答"民主是什么"的知识,这些知识符合陈述性知识命题或命题网络的表现形式,且同样具有相对静止性。然而,这些知识对于公民的民主态度和民主能力起到基础性作用,是公民民主素质的重要组成部分。而民主实施的知识是属于程序性知识的,一个人想要进行民主实践,经营好民主生活,就必须具备这些知识。

2. 民主态度

关于民主态度的整体我们在前文已经介绍得比较详细,这里只对民主态度包括的"对待民主的态度"和"为了民主的态度"两个部分分别进行阐述。总的来说,"对待民主的态度"是基础,它一定程度上决定了"为了民主的态度"。

（1）"对待民主的态度"

公民表达、维护、实现个人及团体利益的方法就是政治参与，民主态度的一个重要组成部分就是参与民主政治的态度。民主体制与专制体制的根本区别就是公民对政治过程的广泛参与，而广泛的政治参与就是民主的内涵所在。美国学者罗伯特·达尔（Robert A. Dall）曾将政治参与列为解决"民主是什么"的问题的首要标准。[1] 最早以严谨态度分析公民政治参与的实践和理论意义的一个近代观察家是法国政治思想家夏尔·阿列克西·德·托克维尔，他主要侧重公民参与对民主政治重要性的研究。他认为，正是美国的公民（白人成年男性）获得前所未有的经济、政治和社会平等权利，并在各个领域都有着广泛的政治参与的权利和机会，因此才能在 19 世纪成为世界上最民主的国家。从某种程度上来说，广泛的政治参与实践是维持和享有平等权利的动力和后果。[2]

广泛的政治参与有利于民主价值的深化，现代公民的培养以及民主文化的创造。以发展理论来看，理想的公民应当积极参与政治，参与不仅是公民的社会责任，也有助于培养和增强其自身权利义务意识。"参与型民主"理论把参与看作实现自由平等权利和自我发展的基本方法，该理论的代表人物是帕特曼（Carole Pateman）和麦克弗森（Macpherson，C. B.），其中帕特曼认为："参与型民主能促进人类发展，强化政治效率感，弱化人们对于权力中心的疏离感，培养对集体问题的关注，并有助于形成一种积极的、具有知识并能够对政府事务有更敏锐兴趣的公民。"[3] 他更进一步根据出现在众多自由民主国家的，对政治效率的冷漠和麻木，以及与较低的社会经济地位之间的相关关系指出，要打破这种困境，就要扩大民主控制的范围，直到这个范围涉及大多数人生活的那些关键制度，使民主能够在人们的日常生活中发挥作用。总的来说，政治参与是民主实践的重要形式，是现代公民民主素质的培养、民主文化的营造的重要策略。

（2）"为了民主的态度"

前文提到，"为了民主的态度"是指对民主具备较高价值评价和积极

---

[1] 〔美〕罗伯特·达尔：《论民主》，李伯光、林猛译，商务印书馆，1999，第 43 页。

[2] 〔美〕安东尼·M. 奥勒姆：《政治社会学导论——对政治实体的社会剖析》，董云虎、李云龙译，浙江人民出版社，1989，第 324 ~ 325 页。

[3] 〔英〕戴维·赫尔德：《民主的模式》，燕继荣等译，中央编译出版社，2004，第 337 页。

情感倾向的公民，用来从事民主实践而需要具备的态度，包括批判、妥协和容忍等态度。

民主制度促进并保护个人的自由，鼓励和提倡个人的自主性，同时接纳个性的多样性，因此宽容的态度是成为一名民主的公民需要具备的条件。宽容是民主社会公民的德性，民主原则是构建社会生活制度的基础。在民主社会中，也需要理智的批评的态度去对待权威，需要愿意、善于妥协的态度和民主素质。在民主的政治和社会生活的有序进行中，妥协发挥着非常重要的作用，在人们共同生活的社会中，个体之间难免会产生宗教文化的差异、价值观念的纷争、观点意见的分歧和各种利益的冲突。对于这些问题，民主和专制两种制度采取的解决措施各有不同。前者总是采用妥协的方式，而后者总是采取简单的压制方式。卡尔·科恩（Carl Cohen）认为，"妥协是民主程序的核心"，"没有妥协就没有民主"，可见妥协与民主关系的紧密。也因此，民主国家的公民必须愿意接受用妥协的方法来解决他们的问题，并认为与民主所有条件相比，这是最重要的条件。

专家学者已经认可妥协在民主政治中的重要地位，由罗伯特·达尔（Robert A. Dall）"民主依赖妥协"的观点便可看出。缺乏协商和妥协就不能达到任何共识和公共利益，更不用提民主。因此政治学家常常强调妥协在民主社会中的重要性，而且为了维护正常的民主生活，妥协的态度是现代社会的公民应该具备的。

3. 民主能力

前文已经说到，一个人有效地发挥表达、沟通、辩护和协调这四方面民主实践的能力，就说明其具有民主能力。然而除了这四个主要能力，民主能力还包括公民对于政府影响意识、政治效能感、社会参与能力。

（1）政府影响意识

政府影响意识是重要的主观政治能力之一。公民主观能力上的差异体现在政府影响意识的不同，而公民的参与行为又受这种差异的影响。现代政治学将政治视为一个"输入－输出"系统，这一系统的组成部分是"输入程序"和"输出程序"。"从社会向政体流动的要求以及这些要求向官方政策的转化"，便是政治的"输入程序"，而"官方政策赖以贯彻和实施的程序"便是政治的"输出程序"①。简单点说，社会对政府提出要求并施加影响的过程就是政治系统的"输入"过程。这里的社会要求和影响是由政党、公民、其他社会团体和利益集团提出的。而政府将社会要求和影响转变成政策，并对社会产生影响的过程就是政治系统的"输出"过程。通俗点说就是，输入是公民参与对政府的影响，而输出则正好相反。

公民意识到政府对自己的影响，这是公民参与政治活动的前提，而后才会调动参与政治活动的积极性，并在参与时进行政府的"输入"过程，从而期望政府的"输出"过程更合理化。实际上，政府的影响和公民的意识都是客观存在的，然而，公民的意识却有很大差异。就拿对政府的影响来说，有意识到和没意识到之分，而在意识到的人群中，也有意识到的充分程度差异。主要是公民的主观能力不同，才造成公民对政府影响意识的差异。②

（2）政治效能感

个体对自己是否具备以及在多大程度上具备影响政治事务的能力的信念或信心，就是政治效能感。③ 与政府影响意识是公民对政治"输出"系统所产生的影响的主观感知能力相对应，政治效能感是测量公民对政治"输入"系统施加影响的主观感知能力。

个体时常会对他的国家、国家象征、国家制度等产生强烈的归属感，是政治效能感强的体现，而个体由此会积极参与选举、集会、投票、发表政治意见等各种政治活动，并极大地认同国家的方针、政策和路线等。这在很大程度上反映出一个国家政治文明的程度。相反，低政治效能感的个体时常表现为否定政党和政治制度、漠视政治活动、低估国家的合法性、置身于政治过程之外等，这样的结果是使国家失去监督和制约领导阶层的群体。人民的监督是杜绝腐败、独裁专制等盛行的有力手段，能够促进国家的政治稳定和政治民主化。所以，政治效能感是民主社会的公民必须具备的基本民主素质之一。

---

① 〔美〕加布里埃尔·A.阿尔蒙德、西德尼·维巴：《公民文化——五国的政治态度和民主》，马殿君、阎华江、郑孝华、黄素娟译，浙江人民出版社，1989，第17页。

② 张明澍：《中国"政治人"：中国公民政治素质调查报告》，中国社会科学出版社，1994，第31页。

③ O. Lc. Hilov, Political Socialization and Schooling Effects among Lsraeli Adolescents, Comparative Education Review, 1991, 35（3），pp. 430 – 446.

（3）社会参与能力

民主生活需要广泛参与，也就意味着公民需要社会参与能力，这是民主能力的重要组成部分。公民的民主能力一定程度上体现在政治参与和社会参与的方式与程度上。积极参与民主有利于政治效能感的强化、权力中心疏离感的弱化，对集体问题关注的培养，以及积极的、具有知识并对政府事务更感兴趣的公民的养成。

参与能力可以分为"泛目的的参与行为"和"特定目的的参与行为"两种，这是以参与行为对政治过程影响的目的是否明确为依据划分。① "泛目的的参与行为"通常是指那些如谈论政治、关注政治等行为，对政治过程的目的并不明确的参与行为。"泛目的的参与行为"尽管只是体现出一个公民对政治感兴趣，但是并不影响政治过程的明确目的，然而其对民主的意义却非常重要。所以，谈论和关注政治是政治学家都认为的公民积极参与政治的一个重要体现。

与"泛目的的参与行为"相反，"特定目的的参与行为"通常是指那些如对某项政府决策具有特定影响的参与行为等，具有非常明确的政治过程目的的参与行为。"特定目的的参与行为"包括两种：其一是选举，也就是"普通方式"。选举是公民影响政府政策的基本手段，是一种最普通的、定期的参与行为，从这个层面来说，我们将选举视为公民参与民主生活的"普通方式"。其二是除选举之外影响政府决策的因素，也叫作"特别方式"。现代的民主政治国家，除了选举之外，还为公民提供一些如以传媒为表达自己意见的手段等方式，或者即使没有法律规定，但是从法律规定的公民的权利和自由中引申出来的非正式的方式，目的是方便其能够影响政府的政策、追求或保护自己的利益和愿望。整体来说，公民的民主能力一定程度上体现在"泛目的的参与行为"和"特定目的的参与行为"上。

表达、沟通、辩护和协调这四方面民主实践的能力也同样重要，因为民主需要参与，而参与就需要交流。

四　学校民主教育与学生民主素质关系的实证研究

现代社会教育和政治关系的重要问题便是民主问题，而现代教育最突

---

① 张明澍：《中国"政治人"：中国公民政治素质调查报告》，中国社会科学出版社，1994，第73页。

出的政治功能便是公民民主素质的培养和促进政治民主化。公民是民主社会的基本组成要素，因此民主社会的建设和发展都需要高素质的公民来推动，而学校教育便是培养和提高民主素质的有效途径。现在我国各级各类学校的政治责任和政治使命便是培养社会主义民主公民。

由于学校民主教育被大部分的国外学者视为学校政治社会化的重要组成部分之一，在对学校民主教育与学生民主素质的关系进行实证研究时，大多数学者以政治社会化的观点来指导。整体上来说，学校教育的政治社会化理论主要包括社会化观点（socialization perspective）和分配观点（allocation perspective）两种。

1. 社会化观点

在社会化观点看来，为学生提供学习经验，使学生通过学习这些经验掌握应对生活的各种知识、技术、价值观念和行为模式，进而拥有个性的自我，扮演好自己的社会角色，维系和再生产社会关系，这是学校的主要功能。从民主政治方面来说，社会化就是学校给学生提供社会化的经验，学生通过学习经验养成与政治相关的知识、态度、行为模式和价值观，从而适当地发挥其在政治系统内作用的过程。这个过程维持了国家或社会的政治系统，延续和发展了如民主价值等社会的政治文化。

在过去的30多年里，社会学者、教育学者和政治学者始终将学校教育对学生政治态度和行为的影响作为研究的重点。原因是依据学生的个体政治社会化，学校发挥着非常重要的作用。1969年，道森（Dawson，R. E.）和普雷威特（Prewitt，K.）从两方面分析了学校在学生政治社会化过程中的功能：正式的课堂教学和非正式的课外活动。[①]

在他们看来，在现代社会中，课堂教学是政治学习的主要途径，课堂教学中的课程、教师、仪式性活动等是学生政治态度形成的主要影响因素。课程是学校政治社会化的一个重要手段，课程中会融入很多的社会基本价值，学校以课程学习的方式将公民教育和政治的内容传递给学生。教师是面向学生的首个政治权威模式，是社会的代言人，是学生政治社会化的重要他人（significant others），由此可看出教师在学生政治化过程中

---

① Dawson，R. E. & Prewitt，K.，Political Socialization. Boston：Little，Brown and Company，1969，pp. 143 – 180.

的重要性。仪式性活动的功能与课程相差无几，也是向学生灌输特定的政治价值观念，包括向国旗致敬、歌颂民族英雄和政治领袖、唱爱国歌曲等。

学校政治团体或课外活动是为学生提供学习社会知识与技巧的载体和机会，为学生将来适应社会生活打下基础。学校的社会气氛主要指学校成员的社会背景，学生与不同种类的人相识、接触，将有利于学生各方面的成长，比如了解和合作，而这正是民主政治所必需的。

由此可总结出持社会化观点者的民主教育：学校通过课程、教师的举止、仪式等正式的课堂教学，以及各种如学生政治团体的活动、课外活动等非正式活动，向学生提供学习民主生活的经验，学生由此掌握民主知识和正确的民主态度，培养并提高参与民主政治的能力，从而在未来能更好地参与成人社会的民主政治生活。从此观点可看出，学校内部的教育直接关系学生民主素质，学校内部教育质量的不同直接体现在学生之间民主素质的不同。

2. 分配观点

在学校教育的分配观点看来，在现代社会中，对成人角色分配的依据是个人学习的学校、所修课程的类型、学习年限的长短，而并非学校学习的内容。以分配的观点来看，就个人的社会身份而言，教育的标签是尤为重要的。并非教育分配内在体系所提供的社会化经验，而是其所建立的外在机构权威是学校社会化过程中的力量之源。

梅耶（Meyer, J. W.）总结出分配观点的三个基本命题：其一，在现代社会中，在学校内所学的东西保持不变的前提下，一个人的成功取决于其所受教育的类型和年限的长短；其二，根据社会赋予学校的地位，学生可以表现出适合此地位的人格和社会特质；其三，根据自身由社会成就所得到的角色和期望，成人可以表现出适合这些角色和期望的社会特质。[①]在此观点看来，单从是否接受学校教育来说，就对个人以后的整个社会生活有极其重大的影响，"就学"本身就象征着某种社会身份；另外，在不同的学校学习、学习不同课程的学生，对未来的期望也有明显的不同，因

---

① Meyer, J. W. The Effects of Education as an Institution, *American Journal of Sociology*, 1977, 83（1）, pp. 55 – 77.

为社会给予不同类型的学校和课程的社会地位也不同。

分配观点由于其质疑和反对传统的社会化观点而成为我们研究学校民主教育的一个新视角。分配观点把学校看作选择者（selector）、分类者（sorter）和分配者（allocator），这方面与把学校看作学生的社会化者（socializer）的社会化观点不同。由此可总结出分配观点中的民主教育：学生民主素质的差异与学生就读学校的类型以及所学课程的类型有直接关系，而与学校内部教育关联性不大。

第二节　社会分层与教育

如果要用动静态来形容对于社会分层与教育关系的研究，那么其属于一种静态结构的社会学分析。它是教育社会学的经典研究领域，不论是什么时期的教育社会学，对此关系的研究都是不可避免的。原因在于，自工业社会建立至今，教育系统和劳动领域的筛选、训练，个体在经济、成人职业以及身份地位中的分配、社会流动都有紧密的关系。

众多研究证实，教育系统被人们视为能产生社会变化或是促进社会分层和稳定的一套制度，原因是在教育系统内，已经形成获得成人地位的流动和非流动渠道。接下来，本文将对社会分层与教育的关系展开集中的探讨，尽力说明这种关系的形成和变化的方法。

一　关于社会分层的研究

社会学家对社会差异现象的关注衍生了社会分层研究，其是现代西方社会学界的一个重要研究领域。从封建主义式的不平等体系过渡到资本主义式的不平等体系，关于分层的众多奠基性研究起到桥梁的作用。社会学对于封建制下的社会分层主要有两种解释。一种源自韦伯，他以"等级"（estates）或"地位群体"（status groups）来看待封建制下纷繁的级别。贵族、农民和教士（神职人员）是其中主要的三种级别。等级成员资格具有继承性，不能更换，某等级成员也不能与其他等级的成员通婚。然而，另一种马克思主义立场的解释却与此相反：贵族和农民都属于阶级，是他们之间的相互关系而并非分开他们的界限构成了界定的依据。

西方工业资本主义的发展促进了一些新兴制度的确立，这些制度对分化造成两方面的结果：一是技术劳动分工的逐渐精细，不仅使工人的劳动效率提高了，而且使所有者对工人的监视能力也得到增强。二是得益于经济组织规模的扩大，经济权力逐渐集中，以此为前提，劳动的社会与功能分工都走向精益。一套更复杂，但也更具活力的分层体系逐渐取代封建制下固定的地位秩序。

（一）社会分层的早期界说

人们总是以自己的界说为出发点来给社会分层下定义，然而到现在也未看到一个公认的使人满意的界说。尽管"社会分层是依据一定的标准把人们划分为各种不同的社会集团或阶层"[①] 这样的说法已被人们认可，但由于人们一直以自身的研究目的为出发点去研究社会分层，对人们在社会中差异性和共同性进行阐释和界定，因此很难统一此所依据的标准。

1. 三重标准说

德国社会学家韦伯是最早提出社会分层理论的人，他提出"财富——经济标准、威望——社会标准、权力——政治标准"这三重划分社会层次结构的标准。在韦伯看来，这三重标准是独立划分社会层次的标准，而且三者之间彼此联系。之后，大多数的西方社会学家按照韦伯的这个社会分层标准来研究社会分层。另外，人们还以此为出发点，抱着不同的研究目的，运用多种而并非某一特定的指标来对社会分层进行研究。教育程度、财产、收入、声望、权力、技术、职业等是社会学家侧重关注的指标，而族群、种族、信仰、可教育性和接受教育的条件等，是人类学家关注的指标。由于在社会分层三种标准中的任何一种标准中，不能缺少的指标之一就是教育程度，因此将教育作为社会分层的重要指标之一，是社会学家和人类学家都认可的。

2. 阶级体系说

马克思阶级体系的分层理论来源于社会生产关系，在该理论看来，确立阶级的首要基础是产权，社会逐渐被划分为资产阶级和无产阶级这两大

---

① 王康主编《社会学词典》，山东人民出版社，1998，第229页。

阶级。众多西方社会学家受马克思阶级体系说的影响,提出的观点和学说,都是相似的,如把人分成上、中、下三个等级的三个阶级理论;林德的如企业家阶级和工人阶级,前者的组成人员是商业和企业管理者,还有一般被称为专家的人,除此之外都是工人阶级等这样的两个阶级模式;还有米尔斯把工人分成白领和蓝领两个阶级,前者指包括管理者在内的从事脑力劳动的技术熟练工人,后者指非熟练的体力劳动者这样的阶级模式等。现代资本主义社会的阶级结构逐渐趋于多元化,一个庞大的中间阶级,也就是所谓的管理者阶级出现了。但是在社会主义社会,阶级结构遭遇重大变化,工人阶级、农民阶级和知识分子逐渐一体化的观点出现在某些社会主义国家,原因是生产力得到发展,变革了生产关系。教育的普及对这种趋势有着极大的影响。

3. 多重标准说

美国社会学家 W. L. 沃特等人曾于 20 世纪 40 年代提出六层次划分法,依据是多重标准。事实上,不过是将上、中、下每个阶层分成两层,也就是:上上层,成员是世代拥有无数物质财富和特属于上流社会的生活方式的富裕者;下上层,他们的财产与上上层不相上下,不同的是他们没有上流社会的生活方式;上中层,成员主要是一些成功的企业家和专业技术人员,拥有属于自己的、位于环境良好的郊区的舒适住宅;下中层,成员主要是一些小店员、神职人员等;上下层,成员的收入并不少于上中层和下中层的人,只是其从事的主要是体力劳动;下下层,主要包括从事一些非熟练劳动的人、无固定收入者和失业者。

4. 续谱排列说

续谱是指将社会成员划分为连续排列的多个小层,划分依据是人们在身份声望、职业分工和工资收入等各方面具体而细致的差异。在美国社会学家 T. 帕森斯看来,职业是美国社会中最重要的分层标准,财富与声望的获得都离不开职业。社会分层的原因在于社会犒赏分配制度,而职业的等级不仅代表了个人成就,也代表了社会对个人成就的一种认定和犒赏,因此,帕森斯主张将职业当作社会分层的标准。

运用职业续谱排列对社会分层进行研究是我国社会学者经常采取的一种方法。现在,中国内地公开发表的文献中可考察的研究有:1982 年对上海高中生的职业声望调查,谢文先生于 1983 年在北京市城区做的调查,北京大学社会学系洪彪于 1985 年在北京市区的调查，蒋来文等于 1990 年对北京、广州两城市职业声望的研究。值得一提的是，中国人民大学李强教授于 1997～1998 年专门在北京地区展开的两次职业声望调查，从而得出北京市居民职业声望的续谱排列，得分最高的依次（从高至低）是：科学家、大学教授、工程师、物理学家、医生、经济学家、社会学家、法官等；得分最低的依次（从高至低）是：传达室人员、人力车夫、废品收购人员、包工头、保姆、搬运工、进城做工的农民、单位保安人员、进城经商的农民、列车乘务员、汽车修理工、时装模特、种田农民等。

在对调查结果的分析中，李强提出："人们在评价职业声望时，首先考虑的是高知识、高技术、高教育因素，凡是与这些因素联系密切的职业，人们往往给打很高的分数。在这点上，各阶层的看法具有很强的一致性。"[①]

（二）社会分层的研究方法

从现有的文献中看，国外社会学者主要运用主观方法、客观方法和声望方法这三种方法对社会分层进行研究。

1. 客观方法

学历、职业、收入或正式的权威地位等，是客观方法所采用的一些指标。这些指标的依据不是人们的主观意识，而是客观事实，因此其具有客观性。并且，这些指标能够进行更精确的测量，经常被用来抽样检查大量人口和社区研究。

在某一特定的社会等级中拥有同等收入或学历水平的个人或家庭，组成一个社会阶层。如此一来，所有收入保持在一个确定范围内的家庭，都属于同一收入阶层，所有接受完确定年限的学校教育的人，则属于同一学历阶层。研究者在确定学历阶层时，对个人的分组或许会按受教育时间的长短，或以个人拿到的是哪种毕业文凭为依据。如今的趋向是，职业阶层与学历阶层愈加相对应，"好""坏"职业以受教育程度为分水岭。受教育程度自然也就与收入建立起密切的联系，教育也就在社会分层中担任着前

---

① 李强：《职业声望研究》，"走向 21 世纪的中国社会学人类学"第六届现代化与中国文化研讨会，1999。

所未有的至关重要的角色。

2. 主观方法

研究者采用主观或自我评价方法，旨在弄清楚个人把他们自己归到社会阶梯的哪一级，而后置身其中来说明。研究者可以向他们询问：在所有的社区中，他们的受教育程度低于、持平还是高于平均水平？甚至还可以问一些更精确的问题：按照经济地位、声望等，他们会如何确定自己的等级。

人们自己的参考群体，也就是能够拿来相比较的群体，在很大程度上决定了他们把自己放在阶级体系中的哪一个位置。

自我评价研究注重考察被研究的个人的参考群体。拿一个大学生来说，若他生活在工人和小商贩集中的地区，又恰好受过高等教育，那么他对自己的评价就会相当高。但是，若他把自己的学历相比较于更高的专业人员，那么他所受的教育程度毋庸置疑是很低的。这样看来，他的客观教育程度并没有改变，只是考虑同一个问题的方式发生了变化。

另有一种主观测定技术也使用得比较普遍，那就是让人们自己主动说出所处的阶级，或者在标有社会各阶级的名单中挑出自己所属的阶级。但此技术的使用有所限制，即只有在阶级标签是人口中大多数熟悉的且这些标签的意义具有普遍约定的时候，其才能发挥有效作用。

3. 声望方法

声望主要是指按一定的范围和标准，通过询问一些人对另一些人所划分的等级来进行测量，也可以通过对社会的实际的相互作用的观察来展开测量，原因在于声望是由人们对其他人的判断构成的。举例来说，研究者可以在一个小城镇挑选一批长住居民作为样本，让他们当评价者或鉴定人，并且询问评价者是怎么按照一定的范围和标准由高到低划分社区内的声望等级的，以及怎么对社区内不同的社会地位进行识别，还要说出某一等级地位中的一些人的身份。

评价者清楚大部分被评价者的社会等级或声望，并且所使用的范围和标准相似或相同，若符合这两个条件，那么这种方法就适合用来测量声望。群体内不同职业的种类和角色的相对声望也可以用声望方法来决定。举例来说，大学里，通常可以按照一种得到认可的声望范围或标准来划分俱乐部和大学生联谊会的等级。另有一种相似于此的技术，可用来对掌控学生事务的个人或群体进行识别和分类。

采取这种方法的社会学家认为，此方法不适用于社区之间的比较，最适用于人们都互相认识了解的小社区，原因在于能够对一个特定社区中的实际社会阶级结构了如指掌的，只有"内部人员"。

（三）社会分层的理论

商品和劳动服务在社会内没有得到公平分配是造成社会分层化的根本原因。教育机会不均等是基本原因，即要追问得到高等教育的人和其得到高等教育的原因。但这些问题的存在与阶级、生产组织结构、文化价值观，还有社会中不同个体和群体如何追求社会目标等多种因素有关。社会学家在对社会分层化问题的探讨中，提出功能论和冲突论两大主要的理论观点。

1. **功能论**（functionalism）

美国社会学家 K. 戴维斯和 W. 穆尔在研究后，于 20 世纪 40 年代提出著名的"戴维斯－穆尔"分层理论。在该理论看来，人们在社会中所占据的位置决定了其社会地位的高低。一个社会位置的功能与可以匹配此位置的人员是成反比的，但与此位置的报酬却是成正比的。支持这个学说的理论主要包括以下几点。

第一，生存是众多社会需求中最基本的需求。

第二，通过扮演各种社会职业的角色从而实现生存需要。

第三，这些职业对社会生存的价值不等。

第四，某些重要职业需花费不短的时间进行培训和教育，它们的功能运转对社会生存具有直接的影响。

第五，社会创造出各种形式的报酬刺激，推动某些人自愿，甚至是乐于接受对重要职业的培训和教育，目的是生存。

第六，各种特殊形式的社会分层是由报酬的不平等造成的。从某方面说，社会分层的形式与历史背景、社会价值等因素关系紧密。

第七，一般来说，一个职业与社会生存的关系越紧密，从事这一职业的人获得的报酬就相应地越高，他们在阶级结构中的地位也就越高。

第八，一个职业对社会生存的价值高低，以及"人才匮乏"的程度决定了报酬的多少，只有极少数人可以承担的重要职业，报酬要高，反过来，若一种职业并不缺人才，那么报酬就无须太高。

第九，简单来说，社会分层是社会进化的一个渠道，它为社会生存的机会提供了保证。

第十，在复杂的社会中，分层是肯定的，它有利于社会的生存。[①]

关于社会分层的功能理论者认为，一定要建立一套完善的赏罚制度，才能保证在任何复杂的社会中，选拔出智力最发达且训练最有素的人才来担任最合适的工作，进而最大限度地为社会做出贡献。以这样一个假设为例：若教授和门卫所得到的酬劳相同，那么就不会有人去当教授了，原因是一名教授需要具备多年的专门培养和教育，且承担的责任非常大。

2. 冲突论（conflict theory）

美国普林斯顿大学社会学系教授 M. 图明是首先向戴维斯 - 穆尔分层理论提出挑战的人。他揭露了社会分层功能的弊端，因此对戴维斯 - 穆尔关于社会分层有利和必要的观点做出否定。

第一，他认为，若一个聪明的孩子只是因为穷困而辍学，最终没有成才并服务于社会，那么就不能说社会分层是对社会有利，这样的一种分层说到底是不能给社会带来好处的！因此在他看来，社会分层严重限制和阻碍了那些非特权阶层的机遇，以及大规模地开发和利用社会智力。

第二，图明认为，社会分层维持现状的功能一直存在，包括社会发展与进步受现状阻碍的时候。受这种功能的影响，特权阶层允许把他们的观念强加给社会。用一些规范的形式使人们认可并接受社会存在不平等现象是合理的，不论从逻辑上还是道义上，都不能有异议。图明肯定，这种功能只会阻碍社会的进步。

第三，在图明看来，社会分层总是会引发非特权阶级与特权阶级之间，尤其是前者对后者的怀疑、不满和对立情绪，最终造成整个社会的动荡和混乱。原因是社会分层制度便是来源于不公平的报酬分配制度。

支持冲突论的学者认为，人类社会完全需要冲突和变化，其能促进人类社会的进步。因为追求进步而并非维持现状（功能论者的有序、安定）是人类存在的目的，社会的进步依赖于正常的冲突。

---

① 何建章主编《当代社会阶级结构和社会分层问题》，中国社会科学出版社，1990，第 8 ~ 10 页。

实际上，在社会分层理论上，以戴维斯－穆尔为代表的功能学派与以图明为代表的冲突学派的争论，一方面，使得人们对社会分层的了解更加深刻。图明对戴维斯－穆尔社会分层理论的逻辑结构所做出的一些合情合理且有效的质疑和否定，开阔了人们的视野和思路。另一方面，图明提醒人们，在对社会分层理论展开分析时，要同时兼顾分析其积极功能和一些消极功能。由此看来，这场关于社会分层理论的否证与反否证争论，对于社会学学术发展，作用不可估量，且具有深远的意义。

二　教育与社会分层的关系

（一）教育在社会分层中的作用

20 世纪 80 年代，中国社会出现的社会成员构成的日益分化，事实上是一种社会阶层的"再分化"[1]。笔者在研究社会分层和社会成员分化产生的原因时，不能忽略了教育的社会功能问题，因为在达到职业成就的过程中和推动社会成员构成的分化中，教育的重要影响已不容忽视。

1. 教育的重要性

在美国，一个人能否取得职业成就，取决于其所受教育的年限和社会出身。有研究显示：社会出身同时影响着一个人的教育成就和完成教育后职业成就的获得。[2] 而在我国，教育程度是影响职业成就的一个重要因素。不管是专门职业还是最平常的职业，都需要相应的教育资格，甚至是更高的教育条件，可见各种职业对教育程度的要求日益提高。

以对上海的调查来说，没有学历和职业资格的人要找一份满意的工作是一件很难的事，原因是人才市场对学历和专业的要求都特别高。近些年对研究生的需求逐渐增多，从而导致高学历人才占据了好的职业，而即使是在劳动力市场，也逐渐要求应聘者接受过职业教育和职业培训。在这个现实面前，很多学生都会理性地选择接受大学教育并努力攻读更高的学位，他们已自知，只有拥有高学历才有可能获得好职业。那些即使未接受高等教育的人，也必然会选择接受职业教育，以便于为将来谋求出路。因

---

① 朱光磊等：《当代中国社会各阶层分析》，天津人民出版社，1999，第 5 页。
② 张人杰：《国外教育社会学基本文选》，华东师范大学出版社，1989，第 43 页。

此近年来，上海的高等教育和职业教育的扩展势头正猛，不仅是为了满足大众对教育的不同需求，更是为了满足劳动力市场对教育层次的需要。

近年来，上海的经济类型逐渐由政府干预转向市场经济，这不仅需要政府尽快加强市场的力量，同时也对教育提出了新要求和期待，其曾想在教育领域构建一个市场，该市场的组成便是相互竞争的中小学、学院和大学，并实行适者生存的竞争政策。在高等教育和职业教育中，为了适应劳动力市场的需要，人们大多会选择偏向市场需求的学科和课程，致使教育更加趋于市场化，教育也逐渐成为影响人们获得职业和职业成就的主要因素，所以，教育成为推动社会分层（差异）的一个机构已毋庸置疑，而在社会分层的过程中，教育也逐渐开始分化。

由上述分析我们不难看出，在劳动力市场上比较占优势的是重点或名牌大学的毕业生，然而并非每个人都能进入此类学校就读。在教育市场化的现实面前，教育选择的能力标准逐渐被市场标准取代，学校也开始有了重点校、名牌校和一般校、普通校之分，因此从不同学校走出的学生也被标注三六九等，而劳动力市场也必然按等级聘人。经过教育，学生走向不同的职业层次，而不同职业层次在收入、地位和声望等方面的差异不断扩大，也就不可避免地出现了社会分层。

2. 教育的技术–功能论

教育的技术–功能论已经是一种对于教育在社会分层中的作用比较普遍的解释。可以将这种理论的基本主张归结为以下几方面：第一，在工业化社会中，工业得益于技术的突破和进步，其要求也相应地逐渐提高。而且，工业所包含技术要求低的工作减少，技术要求高的工作增加；同一工业技术要求逐渐提高。第二，正规教育为针对性技能或一般能力提供训练，这对于从事技术要求高的工作来说是必备的。第三，就业要求的教育条件不断提高，因此更多的人选择在学校接受更长时间的教育。[①] 教育的技术–功能论的阐释实际上反映出职业结构的变化，而正是职业模式的变化，造就了教育系统中教育扩张和文凭贬值的新趋势。

在精英式的高等教育系统中，拥有大学文凭就相当于拥有了进入专业和管理职业的通行证。以英国为例，其推行的大众化高等教育逐渐解决了

---

① 张人杰：《国外教育社会学基本文选》，华东师范大学出版社，1989，第45页。

中产阶级家庭进入高等教育系统的问题，它为工人阶级、少数民族学生提供了获得高等教育资格的新机会，并且还出现了两性之间激烈竞争的现象。随着这种竞争的增长，雇用者却遇到难题：现有的工作职业已不需要如此多的高学历人才。有资料表明，未找到工作的大学生比例上升。这种毕业生过剩的局面，使"文凭贬值"问题加剧，导致很多雇用者原本不需要雇用大学生却雇用了大学生的现象。

文凭贬值也使得对名牌大学文凭的竞争更加激烈，因为一个人获得的学历以学术为依据，学历和社会价值是同属一个序列的。当劳动力市场膨胀时，雇用者会根据文凭的地位"择高聘用"。与那些不知名的学校相比，那些来自哈佛、剑桥等一流大学的文凭拥有者当然更有文化资本，也就更受欢迎。

（二）教育与职业结构间的关系

教育和职业结构间的关系始终是社会学家所关注的，与此有关的教育机会、工作选择和社会流动被用来研究社会公正问题。"技术统治论"和"社会排斥理论"是这方面最有影响力的两个理论。

技术统治论顺应于社会流动的自由主义理论。一个社会的技术发展水平与技术的、科学的和专业的工作需求是成正比的，高等教育在20世纪后半期的极大扩张，便是为了顺应这种快速增长的需求；工业化导致社会流动率提高，从而反对以阶级、种族、家庭和宗教为基础的传统和地位，追求弹性和竞争。这是以技术发展水平描述社会特征所得到的结论。在工业社会中，为了获得经济效率和社会公正，政治决策侧重机会的均等。在"以绩效为中心"理念的影响下，劳动力市场逐渐调节对技术和能力的供需，技术的进步逐渐打破少数精英从事专业的、技术的、管理的、工作的局限，更多的工人也开始从事这些工作。

社会排斥论的看法与技术统治论相反，其认为，关于社会排斥的特征，在西方资本主义社会有一个基本的转变：贵族阶级逐渐将控制社会排斥的权力转给中产阶级。而中产阶级的产生和维持需要基于财产的拥有、学术和专业的资格这两个主要机制。拥有财产能够排斥大众生产工具和成果的获得，拥有学术或专业资格能够控制劳动分工中的关键位置。

柯林斯认为，之前的经验研究表明，对于20世纪后半期技能水平的极大上升，以及受过大学教育的人的生产效益要高于其他人这些观点，缺少足够的证据来证明，因此不能简单地用"工业化逻辑"来解释教育和职业结构之间的关系，而是应从竞争稀有资源的群体冲突方面来解释两者关系的变化。由于中产阶级在实现其社会地位和优越的生活方式的代际再生产方面，越来越依赖专业性职业的获得，所以各个层次的职业招聘也越来越依赖由正式考试所获得的资格认可。有人曾说，20 世纪更多的人接受高等教育并非反映专业、技术、管理工人阶级的发展，而是文凭膨胀的先兆。然而正是得益于这种科层式的职业结构，那些拥有管理和专业知识的家庭背景的孩子才更有机会进入高等教育系统。但受最近的经济重组、教育变迁和职业结构的影响，这种情况正在逐渐改变。

整体来说，最近出现的有关教育、劳动力市场和就业的趋势，极大地冲击了科层式的职业结构。近二十年来的经济组织重组，向有弹性的、分散的结构转变是其共同特征，这就使得人们习惯的科层式职业模式遭到破坏，几乎不能保证中产阶级在所从事的职业中长期受聘和晋升，也就是说在公共或私人组织的所有受雇用者，都面临着岗位调整，甚至是失业的可能。欧洲和美国的经验研究都表明，专业的管理人中，平行或向下流动的人增加，调换工作的人比例升高。人员调动、解雇和过剩等，以及企业的合并、重组和倒闭等，都使得很多从事专业、技术、管理的工人都经历过失业。

尽力将企业文化的因素融合，侧重技术变革和组织理念的变化，是"有弹性的"组织模式的共同特征。相比于"科层式的事业"，"有弹性的职业"要更流行，对受雇用者来说，科层式的职业的提升过程是呈线性的，而有弹性的则是由不同的实际情况决定。为了获得增长的机会（薪金、资历、车等）而需要不断转换职业也包括在其中。

缺乏安全性是"有弹性的职业"模式的一个特点，人们的关注点已经从获得更高的职位方面转向怎么确保或维持受雇用状态方面。人们一定要通过取得职业训练、有效资格和社会网络等，才能适应工作市场内外部的需求变化。这也造成对学术和专业资格的侧重加剧，并将此作为获得和维持职业稳定的方法。劳动力市场的这一趋势不仅说明了义务教育需求过分增加的原因，而且也体现出家长对孩子教育的焦虑。在中产阶级看来，以物质财富为手段获取事业进步无疑是冒险的做法，我们应该相信和支持通过获得文化资本，尤其是从有口碑和声望的大学获得学术资格的方式。

三 教育中的社会选择与分层

(一) 教育中的社会选择

在职业专业化的发达社会，一定要具备一种对每一代新人进行加工的策略，学校不仅提供受过各种专业训练的人才，并且努力保证这些人才大致上能够满足社会的需要。教育的每个阶段都会在一定程度上根据学生的学业成绩提供教育水平。然而，教育就像是一张巨大的网，在每一个水平阶段都会筛选出值得被鼓励继续学下去的学生，从而适应职业等级中不同水平的需要。[①]

一般来说，我们都清楚，教育能够使人受益，即具备更高教育水平的人，能得到更高地位的工作，能赚更多的钱。不同的研究都显示，教育与收入之间并非线性的，与中学学历比起来，大学学历更有价值。假如一个人待在大学的时间长到他足以获得一个学位，那么四年制的中学毕业生比小学毕业生的收入要高出大约40%，而四年制大学毕业生的收入要比高中毕业生高出将近50%[②]。

然而，并不是每个人都能拥有进入大学的资格或机会，众所周知，家庭背景同时影响才能和接受正规教育的时间。我国过去的几十年中，致力于改善人口中各部分人的教育水平，其结果堪称奇迹。几乎没有人中断小学教育，完成中学教育的人达80%以上。那些没有继续接受教育的人组成了一个庞大的工人群体，他们的工作和收入不再依靠受教育的程度，而是更加依赖于家庭背景、个人才能和独一无二的工作经验。但在体系的最高层次，基本是那些接受了完整大学教育的人们胜任了为数不多的好工作，其中包括1/4左右的年轻人。家庭背景或测验的分数在这个经过选择的群体中，只在很低程度上影响了他们获得的工作和收入，发挥关键作用的是学位。

---

① 〔美〕戴维·波普诺：《社会学》，刘云德、王戈译，辽宁人民出版社，1987，第294～296页。

② 〔美〕丹尼斯·吉尔伯特、约瑟夫·A.卡尔：《美国阶级结构》，彭华民、齐善鸿等译，中国社会科学出版社，1992，第218页。

在获得学位的机会方面，背景发挥了很大作用，由此可得出一个双重结论。一方面，大学学位为上层阶级人的特权提供了保护；另一方面，它也为出身于下层阶级的众多人提供了跃居高位的条件。得益于近年来很多国家的高等教育扩张，人们尤其是居于下层阶级的人们有了更多的教育选择机会，然而这并非代表着获得大学文凭就能够成为上流社会一员，这种情况在不同的国家是存在差异的。曾有学者将这方面的研究归纳为五种结论。①

第一，高等教育的快速扩张减少了公众社会选择的机会，弱势群体的选择无任何变化。高等教育在吸收新生和就业安置上，与高级服务阶层和专业服务阶层关系紧密。这种现象说明了欧洲能人统治社会的本质，以及高校扩张和庞大复杂的社会中所扮演的角色。缪勒（Muller）以英国和法国为例来对这种现象进行阐述。在他看来，在法国，相比较于其他社会背景的儿童，那些高级服务阶层和专业服务阶层的子孙，能够享受到选择体系所提供的进入高等教育的更好的机会。在他选择调查对象的几个国家中，服务阶层的子女在初级教育中所占比例不到10%，而在高等教育中的比例能达到45%。

第二，阶级经济的分配在计划经济的国家并非最平均的，匈牙利便是一个典型的代表，它把多数的社会机会都给了高级社会阶层。

第三，在沿用欧洲大学教育体制的国家，普遍适用的有两种教育体系。一种体系是为有能力继续深造的学生完成每个教育阶段的学习提供条件、设施。另一种体系是以社会选择的方式进行淘汰。一般将前者视为"赞助式的选择"，是由被认可的精英，以精英们的标准进行选择，英国是其中的代表；后者通常被视为"竞争性选择"，以统一、普遍的标准进行选择。这两种体系紧密联系、相互作用和影响。教育政策的扩张将持续促进高等教育普及化、公平化，而选择机制的压力使学生的组成成分不断地变化着。

第四，在每个转折而又有连续的阶段，能够继续读书的人有多少？众多欧洲国家都各不相同。早前的威斯康星州的研究以在上中学高年级的

---

① A. H. Halsey, "Trends in Access and Equity in Higher Education: Britain in International Perspective", in Oxford Review of Education, 1993, 19 (2), pp: 129~140.

9000 名学生为研究对象，其中多数人被追踪到七年之后。最终得出的结论是：全部男孩中，已经上大学的占 44%，而女孩只占 31%。男孩中，只有 21% 出身于低地位家庭的孩子可以继续接受教育，而出身于高地位家庭的孩子则占 73% 之多。研究还发现，来自最低能力群体的孩子，只有 15% 的人在高中后设法继续上学，而来自高能力群体的孩子则占到 73% 之多。当然，能力和地位的联系也是不容忽视的。

举例来说，在最高能力的群体中，所有人的智力决定了其能继续接受大学教育，来自最低地位层次的最聪明的孩子中只有 1/2 的人能够获得进入大学的机会，但来自最高地位的孩子则占到 91%。相比较之下，在最低能力群体中，来自低地位家庭的孩子获得继续学习的机会只占 6%，来自高地位家庭的孩子则占到 39%。显而易见，地位和能力都有各自不同的影响，即使其中一个变量保持不变，另一个变量仍能产生较大的差异。所以，若掌握了两个变量并同时占据优势的人，毋庸置疑可以上大学，相反则几乎与大学无缘，而占据一个变量优势的人们，上学的可能性在 40% ~ 50%。当然，这并不是一个绝对的情况，在早期的研究中，缪勒提出一个双重模式。具有相同模式的有英国、瑞典，而匈牙利、波兰和德国都存在差异。而法国和德国的差异最大。法国能够获得学位证书的只是一小部分人，会在义务教育后继续接受教育的也只有 30% 的人，而在德国，这一比例达到 85%。

第五，阶级选择具有独特性。在缪勒看来，高级服务阶层已经将优越的升学机会提供给了其子女，不是只凭教育背景就可以进入英国上流社会。整体来说，美国的情况比较复杂，相关的研究都被用来支持两种相反的意识形态。一方面，美国高等教育相当庞大和开放，这就为出身于贫穷家庭却身负才华，同时又想从事超过其父母层次的成功职业的年轻人提供了重要的机会；另一方面，已将美国的高等教育体系充分地划分了层次，这就导致孩子中的每一代自出生起便拥有了其父母所占据的地位。因此，美国的高等教育体制既促进了流动，也推动了继承。[1]

---

[1]〔美〕丹尼斯·吉尔伯特、约瑟夫·A. 卡尔：《美国阶级结构》，彭华民、齐善鸿等译，中国社会科学出版社，1992，第 229~230 页。

（二）公众对教育市场的选择

假如有一个完全竞争的教育市场存在，家长可以选择他们认为"最好"的学校让孩子就读，以家长的视角来看，一系列市场信号的价格和质量参数决定了什么是"最好"。若一所学校教育投入低，学术质量和声誉都很好，而其他条件与别的学校并无差异，那么家长都会选择这所学校。根据这个原则，市场上"好"的学校能吸引更多的学生，而差的学校只有两条路径：努力改善或是倒闭。然而这毕竟只是假设，现实中的教育市场并非如此。学校要反映出教育市场特性的转换是需要较长时间的，并且在这个不短的服务期内，买卖双方需要根据一定的契约来建立和维持关系。这种契约在教育市场中并不清晰，声誉和传统决定了教育的保证，传统总是传达给家长一个这样的信息：通过买进学校的声誉，他们将尽力保证其孩子教育的成功。如此一来，教育价格就与学校的声誉和质量有了直接关系，即使好的学校增收费用，家长也会心甘情愿支付来增加双方的保险。

事实上，家长心甘情愿支付教育费用的主要原因是保证孩子在进入劳动力市场以后所处的阶级层次或地位较高，用阶级文化的术语来说就是公共教育场所是阶级分层的场所。阶级文化背景的差异，而并非教育市场化的影响造成了教育系统中效率和收益的提高，这在一定程度上解释了公共教育不遵循完全竞争市场原则的原因。关于教育市场可能取得的效果，不同人有不同看法。教育自政治领域转向经济领域能够提高教育的成效，然而并没有足够的案例证明在决定教育后果的因素中市场更占优势。可将教育市场成效的核心问题总结为：怎么在政治上和文化上构建市场的问题。根据社会的分层和民主公民权教育的目的，至少可以从三方面预测教育可能带来的成效。第一，在市场体系导向中，家长是否会加强选择；第二，市场导向体系是否会产生平衡良好的混合型的社会阶层；第三，教育的市场化体系是否会推动更为民主的公民教育。

越来越多的现象表明，教育成效的取得已经很少是因为教育市场导向体系。而教育整体水平的下降则更多是因为教育的市场化。在"自由市场"中，通过物质资本向文化资本的转化对教育成就的取得更有帮助，学校有好坏之分是其最终结果，而混合的社会阶层通过教育文凭和成就将进一步极化。

大部分自由市场经济主义或制度经济学的学者支持教育市场化改革，针对以及纠正公共选择领域过分扩张的问题。哈耶克认为，教育活动的基础和依据是市场，应当在教育领域采取市场的竞争原则，市场公平是唯一的平等形式，也就是竞争的权利要在教育市场中实现，用双方交易代替公共选择。哈耶克进一步提出，可以说只有一个人的决定和努力才能为他自己带来好的生活，这也有利于社会的运行。然而他也提到，由于教育的、政治的观点支持和鼓舞这些信念，因此过分相信这些信念是很不安全的。现在的问题是，如果那些在教育或职业上没有成功的人认为自己与那些成功的人一样具备能力，就会导致一系列的失衡。在哈耶克看来，目前的难题是，我们该怎样强化并使年轻人相信，机会是公平的，只要努力就会成功。

然而，在教育系统中，所有的孩子们努力，结果却是只有一小部分人获得成功，较高程度的分化持续着是社会变迁导致的，而且这种分化有更长远、更广泛的意义。虽然制度改革和教育机会扩张并未中断，但是教育系统中阶层/阶级的分化也在持续着。原因在于教育系统中，不同因素以及对未来成功期望的差异都限制了个人的决定。出身于不同阶层的孩子会用不同的"代价－收益"来评估他们的教育未来，相比于家庭背景占据优势的人来说，在逆境中的孩子更不容易取得教育的成功，甚至要为教育的失败付出更大的代价。

第三节　社会阶层与教育

我们在这里分析社会阶层与教育的关系，主要是从社会阶层与教育机会均等的关系来说的。布尔迪厄以文化再生产理论为视角，长期调查研究法国当代社会阶层与教育机会均等问题，其研究成果是公认的该领域的经典研究，他是法国当代著名的社会学家、教育社会学家，其相关研究成果主要集中发表在《再生产——一种教育系统理论的要点》（1970）、《继承人——大学生与文化》（1985）、《国家精英——名牌大学与群体精神》（1989）等著作中。

一 社会出身与受教育机会

针对法国不同社会阶层在接受高等教育方面的不平等问题,布尔迪厄等在《继承人——大学生与文化》一书中展开了专题研究,① 其依据是欧洲社会学中心的系列调查结果、法国国家统计与经济研究所和大学统计局提供的数据(法国大学生 1960～1963 年的统计数据)以及一些专题研究和初步调查。

(一) 教育机会不均的显性表现与隐性表现

在布尔迪厄的研究中,法国不同社会阶层接受高等教育的人数比例存在非常大的差距。教育系统客观地施展了淘汰功能,社会出身地位越低的群体越是会被严格地淘汰,而来自就业人口中人数最少的社会属类的人,在大学生中占到最大比例。这由关于父亲职业与儿子进大学机会关系的统计数据就可看出:在法国,只有 1% 的农业工人的儿子上大学,有 70% 的工业家的儿子上大学,而有超过 80% 的自由职业者的儿子上大学。

虽然事实是这样,但是在布尔迪厄看来,这只是部分地体现出教育机会的不均等,是教育机会不均的显性表现。他认为,除此之外,还要关注教育机会不均的隐性表现,这样才能全面地认识社会阶层与教育机会均等之间的关系。所以,布尔迪厄从主观愿望、专业选择和学业成就等方面,调查研究并比较分析了不同社会阶层子女在接受高等教育时的状况。

在法国,高级职员儿子进大学的机会,是农业工人儿子的 80 倍,是产业工人儿子的 40 倍。不同社会阶层在实际接受高等教育机会方面的差距悬殊,通过各种渠道影响着各社会阶层主观接受高等教育的意愿,使得不同阶层对高等教育的看法莫衷一是,"正常的""可能的""不可能的",都是不同社会阶层对接受教育的感受。就社会最底层来说,相比于客观机会,其接受高等教育的主观愿望更小。

通常情况下,在选择专业时,社会下层比社会上层受到的限制更多。即使高等教育选拔制度对下层社会子女的淘汰手下留情,下层社会的子女

---

① 〔法〕P. 布尔迪厄、J. C. 帕斯隆:《继承人——大学生与文化》,邢克超译,商务印书馆,2002。

也会在选择专业时遭遇很大限制，通常会在进入高等教育机构后被迫选择文学院或理学院。在学习医学、法律或药学方面，高级职员子女的机会要比工人阶级子女多很多。文学院对下层社会和上层社会子女的意义不同，假如其对于前者来说是"强制选择"的无奈结果，那么对于后者来说，其就是一个"避难所"，文学院及其中的语言学、心理学和社会学等具有一定社会声望的专业，是那些渴望上大学却没有学习动机的上层社会子女最普遍的选择。

社会出身与接受高等教育机会不均等的正向关系还反映在入学年龄与学业进步速度不同等方面。来自社会下层的学生一般入学晚、进步慢。在整个大学学习期间，尤其是面对学业上的重大转折时，社会出身都会有一定的影响，有些学生顺风顺水，而有些学生却难以适应。所以，布尔迪厄等认为："来自家庭环境的一整套爱好和知识造成了大学生之间的差异，他们在学习学术文化方面只是表面上平等。""对于一些人来讲，学到精英文化是用很大代价换来的成功；对另一些人来讲，这只是一种继承，它同时包含着便当和便当的诱惑。"①

（二）大学生的社会出身与文化行为

根据对社会出身与戏剧知识之间关联的调查，布尔迪厄研究了大学生的社会出身与文化行为的关系。研究结果表明，在法国，不管大学生出身何处，他们知道得最多的都是著名的戏剧作品，特别是获得学校认可的名作。然而，来自不同社会阶层的大学生所感兴趣的戏剧作品也有所不同，来自工人、农民等下层社会的大学生比较感兴趣的是学校文化推荐的戏剧名作，包括古典戏剧（雨果、马里沃、莎士比亚、索福克勒斯的戏剧作品）和近代著名作品（加缪、克洛岱尔、易卜生、蒙代尔朗、萨特的戏剧作品），对于与学校联系较小的戏剧作品，包括先锋派作品（布莱希特、贝克特、约内斯库、皮兰德娄的戏剧作品）和通俗戏剧（阿沙尔、艾梅、费多、卢森的戏剧作品）兴趣不大。而这两种对戏剧作品兴趣的差距会随着社会出身的升高而逐渐缩小，最小的是在出身于高级职员的大学生中。

---

① 〔法〕P. 布尔迪厄、J. C. 帕斯隆：《继承人——大学生与文化》，邢克超译，商务印书馆，2002，第24、28页。

另外，布尔迪厄发现，以听音乐方式来了解音乐作品的人数随出身的升高而增加。

布尔迪厄分析了不同社会出身的大学生在文化行为方面存在不同的诱因。在他看来，一些人在接受文化方面没有选择权，即只能接受学校传播的文化而不是其他文化，主要是由其社会出身决定的。来自中下层的大学生主要通过学校组织的渠道接触戏剧，并且大多数是以阅读剧本而并非观看演出的方式，这便是他们喜欢和熟悉学校认可的戏剧作品（主要是古典的和近代的戏剧名作），而对先锋派作品和通俗戏剧作品陌生的原因。不管是在什么教育中，学校都是来自最底层的大学生接受文化的唯一渠道。资产阶级出身的大学生接触到除学校之外的其他文化活动的方式和机会有很多，如进入剧院、音乐厅和博物馆等，因此对学校教育的依附性并不大。

布尔迪厄等由此做出总结："文化方面的不平等，在某些不存在有组织教学的领域更为明显：文化行为受到的社会因素的制约，大于个人的兴趣和爱好。"[①]

二 选择面前的不平等与选择的不平等

布尔迪厄等以词汇检测的方式调查研究了大学生理解和使用教学语言的能力，调查结果显示，高等教育中存在很严重的语言隔阂问题，大学生理解和使用教育语言的能力取决于语言遗产。其中引起他注意的一个重要现象是：在巴黎，来自不同阶级的大学生好成绩比例由高至低顺序为下层阶级、中层阶级和上层阶级。这好像与他认为的文化再生产理论不相符，原因是从文化再生产理论来看，学校文化几乎相同于上层社会的文化，因此上层阶级的大学生取得学习上的成功可谓易如反掌。但对于这一"反常现象"该怎么解释？布尔迪厄等在《再生产——一种教育系统理论的要点》一书中，运用"语言资本"和"选择程度"两个概念做出了回答。[②]

---

① 〔法〕P. 布尔迪厄、J. C. 帕斯隆：《继承人——大学生与文化》，邢克超译，商务印书馆，2002，第21页。

② 〔法〕P. 布尔迪厄、J. C. 帕斯隆：《再生产—— 一种教育系统理论的要点》，邢克超译，商务书馆，2002，第86页。

（一）"过分选择"与"选择不足"

布尔迪厄等认为，来自下层阶级的大学生进入高等教育是遭遇了"过分选择"，而来自上层阶级的大学生进入高等教育却是"选择不足"。由此看来，在之前的教育中，来自不同社会阶级的大学生早已遭遇"不平等的选择"。对于来自社会下层（包括农民、一般雇员和小商人）的学生来说，了解学校文化相当于是经历"文化移入"的过程，因为从本质上看学校文化就是一种精英文化。来自中下层阶级的大学生为了实现学校在语言方面的最低要求，也为了不被学校淘汰，就一定要成功通过这场"文化移入"的过程。在法国，来自中下层阶级的子女要通过严格的选择标准即语言能力，才能进入高等教育。语言已不是简单的交流工具，它还创造了一个不同复杂程度的类别系统，目的是希望在一定程度上，使家庭传授的语言的复杂性能够成为分辨和掌握像逻辑学或美学方面复杂结构的能力的决定因素。"这样，随着一个阶级与学校语言的距离的增加，它在学校中的死亡率也必然增加。"[①]

所以，就"最学校化"的语言能力而言，通过"过分选择"而"幸存"的下层阶级出身的大学生，总是要多于上层阶级出身的大学生。在理解和使用教学语言方面，就取得的成绩来说，通过严格选择的下层阶级的大学生与选择程度稍有放松的上层阶级的大学生整体上是相同的，但要比和他们同样没有语言或文化资本，但选择不如他们严格的中层阶级大学生要高。语言检测成绩的顺序和社会出身等级的关系，会随着对处在不利地位的阶级越来越严格的选择而逐渐发生颠倒。

然而，语言能力是自由化或学校控制最间接的方面，因此学习成绩与社会出身之间的直接关系仍然没有消除。"越是远离学校直接教授和完全控制的领域，比如由古典戏剧转移到先锋派戏剧，或由学校文学转移到爵士音乐，上层阶级出身的大学生的优势就越明显。"[②] 因此，在理解和使用教育语言方面出现文化资本占有与成功程度之间正比关系的颠倒或消失，

---

① 〔法〕P. 布尔迪厄、J. C. 帕斯隆：《再生产——一种教育系统理论的要点》，邢克超译，商务书馆，2002，第87页。

② 〔法〕P. 布尔迪厄、J. C. 帕斯隆：《再生产——一种教育系统理论的要点》，邢克超译，商务书馆，2002，第87页。

也就不难解释了。出现这一现象，不仅没有违背文化再生产理论，反而更加证明了其正确性和解释力。

（二）"选择的不平等"模糊了"选择面前的不平等"

在法国，接受下层阶级学生和中学现代科或二流中学的学生的比例最大的学科有：理学院的化学或自然科学、文学院的现代文学或地理学。来自下层阶级的大学生最有可能选择的就是这些学科，而来自上层阶级的大学生大多会选择文学院中的古典文学或社会学等专业。

面对这种状况，布尔迪厄认为大学生的社会出身一定程度上影响着其在高等教育阶段的专业选择意愿。在他看来，人们的学习前途已被社会出身以最初的向导方式预定了。社会出身先影响不同阶段子女对中学的选择，进而对随后的一系列的学业选择和成败机会产生影响。

然而，对于已经经过严格选择的群体来说，选择的不平等能够促进选择面前不平等的影响逐步减少，甚至是消除。教育兼具选拔和淘汰功能，随着淘汰标准的持续变化，那些可以接受高等教育的"幸存者"的结构也在不断变化，这样就使得社会出身与语言能力或其他学习成功的因素之间的直接联系逐渐减弱。对于那些经过"过分选择"后才能够留在高等教育系统中的来自下层社会阶级的大学生而言，对于曾淘汰他们的学习过程，他们已很少表现出这方面的特点，而是已经逐渐具备被学校教育认可的学习过程的特点。从某个层面来说，这些幸存者的精神气质和文化资本已经转变成某种形式上的学校资本。

"学习一种专业是一系列选择的产品"，"事实上，只有按社会出身不同进行的有区别的选择，尤其是对下层阶级出身的大学生的过分选择，才可以系统地解释语言能力随社会出身不同而发生的所有变化，尤其是解释一种文化资本的占有（根据父亲的职业判断）与成功程度之间正比关系的消失或颠倒。"[①] 在学习过拉丁文的学生组中下层社会出身的大学生比较占优势，原因在于对于他们的家庭来说学习拉丁文是一个例外，而这一领域对于他们这个阶级来说发展的可能性不大，他们只有表现出特殊的素质，

---

① 〔法〕 P. 布尔迪厄、J. C. 帕斯隆：《再生产—— 一种教育系统理论的要点》，邢克超译，商务书馆，2002，第87、97页。

才能进入这一方向并坚持下去。

三　才华型学科、自由文化与国家精英

以权力场域理论为指导，通过对全国中学优等生、会考优胜者社会出身差异以及关于预备班和名牌大学生生活经历的材料等资料的分析，布尔迪厄在《国家精英——名牌大学与群体精神》一书中调查研究了法国精英的产生过程，进而对名牌大学与国家精英之间的内在关联做出了解释。

布尔迪厄的这一研究毋庸置疑是社会阶层与受教育机会均等的又一经典研究案例。在差异化社会中，两个基本的分化原则即经济资本与文化资本产生了社会空间结构。所以，教学机构就成为人们争夺垄断霸权位置的关键，因为其决定了文化资本分布的再生产，从而决定了社会空间结构的再生产。布尔迪厄认为，教学机构本身就是社会霸权形式之一，也是一种奠定霸权合法化的重要基础，所以精英学校并非所谓的"救世学校"，更无法促进社会公平。这样说来，只有不迷信"救世学校"的神话，才能对教学机构的社会功能产生正确的感知。

（一）才华型学科与努力型学科

由于学科与文化联系方式所反映出的如学习所需的知识储备、学科使命的确定性、学习效果的可衡量性以及成败的征象等某些现象的不同，学科主要分为才华型学科与努力型学科两类。

才华型学科主要有哲学、法语和数学等，它们是强调天赋和才华的学科，这些学科与拥有众多的由继承得来的文化资本关系紧密。学习这些学科总是需要事先储备无法确定的知识；学科使命具有模糊性和不确定性；学习效果难以衡量；学习成败的征象既不明显又不稳定等是其主要特征。而这些学科特征总是难以使人们忠诚和热忱于这些学科产生的学业。努力型学科主要有地理学和自然科学，它们是强调后天努力和学习的学科，在这一点上是与才华型学科相反的。有明确使命、容易衡量学习效果、成败征象稳定等是其主要特征，对这些学科的学习使人觉得"有把握""有收获"。而介于才华型学科和努力型学科之间的学科，是历史和语言（包括古代语言和现代语言）等学科，或被称为中间型学科。

布尔迪厄认为，不同学科类型具有不同的社会地位，学生的社会出身和文化资本又在很大程度上影响着学生学科类型的选择。出身于社会空间中支配区域的学生，主要是才华型学科的生源，而出身于社会空间中被支配区域的学生，则主要是努力型学科的生源。然而，借助学业分类学，教学机构却想"在教育学和政治学的警戒线下，行使其社会歧视的权力。"①所以，布尔迪厄认为："学科之间的差异在双重意义上掩盖着社会差异：像法语或古典文学、数学或物理学这样的在社会上被认为是最重要、最高贵的标准学科，神化了这样一些学生：他们常常来自社会地位和文化资本都相对优越的家庭；从比例上来说，从六年级到中学毕业，他们中更多的人是循着中学教育和古典文化教育的康庄大道走过来的，而且在中学教育阶段跳过级；关于可能的专业方向和职业生涯，他们往往有条件获得更多的信息。"②

（二）自由文化与学校文化

在对 1966 年、1967 年和 1968 年法国全国中学优等生会考中的优胜者进行问卷调查的基础上，布尔迪厄比较研究了法语、哲学和数学的优胜者（才华型学科的优胜者）和历史学、地理学和自然科学的优胜者（努力型或中间型学科的优胜者）。结果显示：法语和哲学的优胜者比历史学、地理学和自然科学的优胜者阅读面要广，即使是学校不直接讲授的学科，他们也掌握了广博的知识；法语和哲学优胜者将教师看作"创造者"，而历史学、地理学和自然科学的优胜者则将教师看作"认真负责的人"；法语优胜者经常以"天赋"作为自己成功的原因，而历史学、地理学和自然科学的优胜者则认为自己成功是因为"有条不紊、持之以恒的学习"。

在布尔迪厄看来，才华型学科能够为继承所得的文化资本带来最高的投资回报。他把通过家庭教育的影响得到的，也可说是继承得到的"文化资本"叫作"自由文化"，是指来自资产阶级的大学生身上反映出的，能够帮助其在大学某些专业取得成功的隐蔽条件。在《继承人——大学生与

---

① 〔法〕P. 布尔迪厄：《国家精英——名牌大学与群体精神》，杨亚平译，商务印书馆，2004，第 37 页。

② 〔法〕P. 布尔迪厄：《国家精英——名牌大学与群体精神》，杨亚平译，商务印书馆，2004，第 32～33 页。

文化》一书中，布尔迪厄等阐述了"自由文化"的特点及其与社会出身和教育成功的关系。"处于最有利地位的大学生，不仅从其出身的环境中习得了习惯、训练、能力这些直接为他们学业服务的东西，而且也从那里继承了知识、技术和爱好。一种'有益的爱好'对学习产生的间接效益，并不亚于前面那些因素。"[①] 他认为，"自由文化"和"学校文化"是对立的。

另外，学校把最高价值给了与学习分数和课程并无太大关系的技术，也是不合常理的做法。所以，在大学中，来自资产阶级的大学生对学校教育的依赖性不大，而安全感较多；对与教学计划有关的书本和学校的书籍了解很少，而对与本专业相去甚远或其他学院的多种课程了解较多；在大学生活中，他们多以潇洒、超脱、自信、自如的态度示人，较少涉及学校课程，更多的是涉猎和认识学校教学之外的文化领域。

对于这些资产阶级的大学生来说，不费吹灰之力就能掌握学校的文化，不用担心自己的现状和未来，附庸风雅或是卖弄技巧都可信手拈来，博物馆、电影院、音乐厅或剧院也可随意进出。但对于来自最不利地位的大学生来说，情况却恰恰相反，他们的社会出身决定了他们更大地依附于学校的教育，他们不能接受除学校之外的其他文化，这也是他们接受文化的唯一渠道，他们只能在更偏向于学校文化的行为中，如阅读剧本等，尽力弥补对他们不利的条件。

（三）教学机构预言与国家精英

在区分才华型学科和努力型学科、自由文化和学校文化的基础上，布尔迪厄将在产生国家精神中作为教学机构的学校的作用及其基本机制也明确阐释出来。在布尔迪厄等看来，对于人们在文化面前的最初不平等的问题，形式上公正、中立、客观的学校学业评判体系并没有尽力解决。相反，像抱怨学校工作过于"学校化"等这样加剧文化面前的最初不平等，以及贬低所传授的文化的行为，学校时常为之。那些貌似中立化的学业分类形式，事实上是建立在品行等级之上的，粗俗、迟钝、卑屈、平庸、笨

---

① 〔法〕P. 布尔迪厄、J. C. 帕斯隆：《继承人——大学生与文化》，邢克超译，商务印书馆，2002，第 20 页。

拙等品行一般被归类到被支配者（民众）群体，平凡、小气、认真、狭隘、规矩等被归类到中间阶层（小资产阶级）群体，而丰富、真诚、自信、广博、优雅、敏锐、创造性、聪明、善于解决问题、有教养之类则是属于优越阶层的品行。对于社会关系上霸权者所具有的社会品行，学业分类学将其视为卓越的品行，并将他们的存在方式和身份神化。

法语优胜者将理想学生类型的所有特征集于一身，而正是凭借这些特征，法国教育体制寻找到优秀群体中的精英，并确认优秀者的行为方式，哲学优胜者只在一定程度上略低于法语优胜者，其他并无什么不同。

在法国的学校教学机构中，经常用一个二元对立的类别表来评判学业：优异/平淡；杰出/一般；轻松/勤奋；优雅/笨拙；有个性/平庸；有独创性/普通；反应强烈/沉闷；细致/粗糙；活跃/死板；敏锐/迟钝；学识渊博/囿于课本；令人注目/一无是处等。这些类别适用于教师和学生，以及他们的学业、作品、功课、思想和话语。教员以中立自我麻痹，而后讲授着学业评判的准则。但是，如暗喻和形容词的选择所证实的那样，这种学业评判实际上并不能将社会偏见掩盖。"在学校引以为评判依据的所有对立当中，最有说服力的或许就是博学和才华之间的对立，博学总让人联想起勤奋索取，而与才华相关联的则是大文化的概念；这一对立面也是那些被认为是仅仅需要记忆的学科之所以威信扫地的根源，因为记忆是所有才能中最受轻视的。""学业评判常常用带有'天赋'字眼的语言陈述出来，它能够产生和强化一种信念——一切都是命中注定的，而这种信念对于确定'志向'起着极为重要的作用；因而这种信念是实现教学机构预言的一种途径。"①

事实上，由于社会结构在组织教学机构，特别是以学科和专业的划分方式来组织教学机构，因此学业分类形式是社会结构混合后的产物。形容最高荣誉的词也随着学生社会出身和分数的提高而使用得更加普遍。

---

① 〔法〕P. 布尔迪厄：《国家精英——名牌大学与群体精神》，杨亚平译，商务印书馆，2004，第 30、32 页。

第六章

社会学视阈下的媒体素质教育

　　媒体素质教育是英国学者和丹麦教育工作者于 20 世纪 30 年代率先提出的一种教育主张。当时，以电影和广播为媒体的大众文化在欧美各国日渐流行，它所传播的价值观和审美情趣与传统的文化理念多有抵牾和冲突。1933年，英国学者利维斯（E. R. Leavis）和他的学生丹尼斯·桑普森（Denys Thompson）发表了文化批评论著《文化和环境：培养批判意识》（*Culture and Environment：The Training of Critical Awareness*），首次就学校引入媒体素质教育的问题做了专门阐述并提出了系统的教学建议。利维斯和桑普森认为，新兴的大众传媒在商业动机的刺激下所普及的流行文化，往往推销一种"低水平的满足"，这种低水平的满足将误导社会成员的精神追求，尤其会对青少年的成长产生各种负面影响。因此，教育界应以系统化的课程或训练，培养青少年的媒体批判意识，使其能够辨别和抵御大众传媒的不良影响。

　　与此同时，丹麦的一些教师开始倡导并尝试在中、小学开设媒体素养课程或讲座。他们认为，教育学以往有关文化素养的认识，主要着眼于学生的文字识读及创作能力，由于电影、广播等视听媒体的普及，传统的文化素养概念亟须增加新的意涵。一个有文化素养的人，不仅应当具备文字阅读和表达能力，还应在视、听音像方面表现出良好的欣赏和判断素养。1960 年之后，人们开始反思对大众媒体的批判。学者著文抨击对大众媒体的贬抑。随之兴起了大众文化运动。媒体素质教育的观点也发生了根本转变：由抗拒观点转变为培养辨别能力的观点。

　　研究者在回顾媒体素质教育的发展时，认为这是一个从家长制（parentalism）到赋权（empowerment）的过程。人们开始认识到媒体教育者不应该以自己的体验来代替学生的体验，并粗暴地以自己的判断代替学生的判断而把媒体素质教育作为一种免疫工具。新世纪，媒体素质教育被定义为一种 21 世纪的教育方式，它为获得、分析、评价和制作各种形式的媒体信息提供了一个框架。这些媒体形式可以是印刷媒体也可以是视频媒体或互联网媒体等。媒体素质教育使我们理解媒体之于社会的意义，同时也培养我们作为一个民主社会公民质疑和利用媒体的能力。

第一节　国际媒体素质教育发展及理论

虽然媒体教育的概念经过几十年的演变，不断增添着新的内容，但其术语至今尚未统一，例如欧洲一般称之为 "media education"（媒体教育），而美国、加拿大等国则称为 "media literacy"（媒体素养）。在我国港台地区也称 "媒体素养"。美国著名学者霍布斯对此曾有一个形象的比喻："它是一个有着一千个名字的孩子：批判性阅读（critical viewing）、视觉认知能力（visual literacy）以及更多。"①

一　各国媒体素质教育发展概况

随着电视的出现和其他媒体渠道的更新，特别是 20 世纪 70 年代以后，无论是在发达国家，还是在发展中国家，人们接触和享用传媒资源的机会和时间都在增加，越来越多的国家和地区感觉到发展媒体素质教育的必要性。

在欧洲，一些国家的政府部门对学校实施媒体素质教育做了规定，要求小学、中学乃至大学开设媒体素质教育课程，或在有关学科中增加媒体素质教育的内容。1986 年，英国教育和科学部与英国电影学院合作成立了全国初级媒体素质教育工作小组委员会（National Working Party for Primary Media Education）。1988 年，该委员会在一份名为《面向 5 岁至 11 岁学生的英语教学》的文件中明确指出，媒体素质教育 "对于英语教学的传统目的和关注的问题是至关重要的"。1990 年，这个委员会在其提交的《11 岁至 16 岁学生的英语课程设置》报告中，提出了同样的建议。到 1997 年，英国已有将近 2/3 的学校开设进阶式媒体研究课程，并有超过 1/3 的中学毕业生参加媒体研究学科的中等教育证书考试。现在，英国许多大学，如伦敦大学和南安普敦大学等都设有媒体素质教育的教师培训项目。

在德国，有关媒体素养的知识通常被放在政治、社会常识和社会研究等课程中讲授，并且是师范院校、成人教育机构、宗教团体和社区工作者

---

① 卜卫：《大众媒介对儿童的影响》，新华出版社，2002。

的经常性的讲演和宣传内容。美因茨大学出版研究所曾对部分中学的媒体教育普及情况做了一项考察，在接受调查的 199 名教师中，91% 的人曾在课堂上讲过有关大众传媒的知识，其中定期涉及这类题目的人占 72%。这些教师从事媒体教育的目的，不仅是发展学生的交流技能，更主要的是帮助学生树立公民意识，引导学生以更积极的态度参与社会的决策过程。

法国早期的媒体素质教育，尤其是有关电影的美学欣赏教育是由电影协会、学校俱乐部和青年活动团体实施的一种课外活动。20 世纪 60 年代中期，里昂的总体语言研究所（Institute du Langage Total）同里昂天主教大学合作率先提出了一套媒体素质教育方案，这套方案已被法国 200 多所小学和 100 多所中学列为重要的教学参考资料，并为欧洲、拉丁美洲和非洲地区的一些国家所借鉴和引用。

1979 年，与青年教育工作有关的几个法国政府部门——农业部，教育部，家庭、文娱、青年及体育部——联合开展了一项名为"主动的青年电视观众"（Young Active Television Viewers）[1] 的教育活动，这项持续数年的全国性教育活动，目的是"培养青少年积极主动的电视收视习惯"，活动组织者呼吁所有负有教育责任的人，包括家长、教师和青年俱乐部组织者、社区工作人员等，都应充分考虑到电视对青年所产生的影响，力求将音像教育升格为学校教育的一个有机成分。

该活动实施两年以后，有关部门对儿童与电视关系的变化进行了调查和评估。结果表明，中小学生掌握的有关电视的知识有所增加，对电视传播的认识力和观察力也有提高，孩子们对自己观看的各种电视节目有了更多的审视和研究意识。

大洋洲的媒体素质教育也颇为发达，澳大利亚被认为是当代西方最重视媒体素质教育的国家。在澳大利亚，绝大多数州将媒体素质教育单独或放在英语课中作为学生的必修内容。

1973 年，西澳大利亚州开始实施一项媒体研究计划，有 60% 的学校为 8 年级到 12 年级的学生开设了媒体教育课程。1978 年，这一计划又扩展成一个新的项目："媒体启蒙"，意思是在小学讲授媒体知识和影视扫盲课程。到 1985 年，该州多数小学都不同程度地开展了媒体教育活动。1995

---

[1]　蔡骐：《论媒介认知能力的建构与发展》，《国际新闻界》2001 年第 5 期。

年，澳大利亚教材公司出版发行了《视听教育课本（第二版）》，内容主要包括有关视听行为对于学生教育发展的价值和相关性的信息，有关视觉语言教学活动的实用设计和建议。该教材被各州学校用来指导教师培养学生理解和表达可视形象语言的技能。

1996年，南澳州和维多利亚州在修订学校课程指南的时候，都进一步强调了媒体素质教育的重要性。在西澳大利亚州和维多利亚州，为了支持教师从事媒体素质教育，已设立媒体素质教育学位。澳大利亚的全国性教师组织"澳大利亚媒体教师"（Australia Teachers of Media）每隔18个月由各州的成员组织轮流主持一次全国性的会议，讨论有关媒体素质教育的问题。

在新西兰，媒体素质教育一般合并在语言课程中讲授。在中学教育的最后两年，电影、新闻学和其他媒体课程明显增多，大学则提供各种媒体教育的本科和研究生课程。该国眼下正在施行两个媒体素质教育文件。第一个文件是1994年由新西兰职业资格管理局制定的，它设定了一套媒体教育的基本原则。第二个文件是1995年3月由全国媒体教育协会（the National Association of Media Educators）拟订的"媒体研究"课程实施草案，它对媒体研究的核心领域与重大问题做了说明，还阐述了学习方案设计、课程结构和资料评估的某些基本原理和规范。

加拿大是另一个媒体素质教育广为普及的国家，由于媒体素质教育协会（the Association for Media Literacy）的努力，安大略省最先将媒体素质教育引入课堂教学。到1987年，加拿大已有50家大专院校提供90多个媒体素质教育项目，其中包括单个短期课程和完备的4年学位课程。至20世纪90年代初期，全国大部分省份成立了媒体素质教育协会。

如今，加拿大教育界已普遍接受这样一种观点：青少年要想成为一个具有文化素养的人，就必须具有视读、理解不同形式的信息的能力，此外，他们还应当具备健康的批评思维技能。这种观点在"加拿大西部协议组织"和"大西洋沿岸省份教育基金会"[①]两个教育公会制定的新英语语言艺术课程方案中得到广泛的反映。以"加拿大西部协议组织"于1997

---

① 〔英〕大卫·帕金翰、宋小卫：《英国的媒介素养教育：超越保护主义》，《新闻与传播研究》2000年第2期。

年拟订的"加拿大西部基础语言教育与艺术教育合作协议"为例，签署这一协议的各省有责任根据协议制订本省的课程方案，或向教师提供教学指导和思路。协议的英语语言艺术学科教育部分，将学生对媒体文本的理解作为语言艺术学科教授的一种重要的基本技能。该协议指出，大众传播时代的文本（text），不仅是指印刷的文字，还包括口头语言和视觉语言，后者也应成为课堂讨论、研究和分析的对象。文本的传播方式——是通过电脑传播，还是通过电视、广播或书籍传播，也会对文本产生影响。学生需要掌握各种语言的知识、技能、对策以便制作、理解和应答所有的文本形式。协议的基本结论第2条指出："学生应当通过聆听、谈话、阅读、写作、观看和表现（represent）对口头的、印刷的和其他形式的传媒文本进行自主的、具有批评意识的反应和理解。"协议对这一基本结论的解释是：通过口头的、印刷的和其他媒体文本的形式来传情达意，对于生活在一个民主社会的人来说，是一种至关重要的素养。在一个高科技的社会，学生需要学会通过不断增加的、日益多样化的资源渠道来选择、理解和整理思想和信息。通过口头的、印刷的和其他媒体的文本学习，学生可以体验、了解和感知各种情境、人群与文化所透露的信息，并从中认识自我。

美国的媒体素质教育起步较晚，但自20世纪70年代末以来，建立和开展媒体素质教育的努力逐渐得到各方人士和团体的支持与响应。加利福尼亚、夏威夷、新墨西哥等州已将媒体素质教育的内容列入学校教育大纲之中。至于如何将其转变为具体的教学实践，则因地区的不同而各异。美国东部地区和北卡罗来纳州都举办有媒体素质教育的教师培训项目。有些州规定，要获得媒体教育的教学职位，应当具有学士以上的学位，再加一项授课认证（大约30个学分的证书），教师可以从提供教育学位的正式机构得到有关的认证培训。

全美有若干组织良好且参加者颇众的媒体素质教育组织及定期会议，如旧金山的"媒体素质教育方略"、洛杉矶的"媒体素质教育中心"（CML），麦迪逊的"全国电子传媒协会"和阿什维尔的"媒体素养公民行动"等都是美国颇有影响的媒体素质教育社团。

1994年4月，经克林顿总统签字生效的《2000年目标：美国教育法》（*The Goals* 2000：*Educate America Act*）鼓励学校在九个核心学科中制订自己的内容标准，这九个学科是：英语、数学、历史、科学、外语、公民教育、经济学、艺术和地理学。其中艺术学科的课程内容标准包含小学和中学各年级的媒体素质教育内容。加利福尼亚州已通过一项有关媒体素质教育的立法，以之抵制和抗衡电视暴力的影响。夏威夷州则通过媒体素质教育来防范和减少种族歧视与民族偏见。北卡罗来纳州、佛罗里达州和新墨西哥州也都通过了有关的立法来推行媒体素质教育。许多社会团体将媒体素质教育视为同媒体暴力、毒品、烟草和酒精作战的有力武器。

1988 年，国际天主教电影和音像组织拉美秘书处为拉丁美洲国家组织制作了一套电影和电视教育节目。该节目有两部分内容，第一部分是对影视语言和图像的讲解，第二部分则对孩子们的媒体参与活动进行指导。这套节目先后被玻利维亚、巴西、哥伦比亚、多米尼加、巴拉圭、秘鲁和乌拉圭等国用于小学生的媒体素质教育。

巴西还于 1989 年开始实施两个媒体教育项目。其中一个项目由巴西基督教社会交流联盟主持，目的是展示现代传播媒体的应用，促进对传播系统涉及的社会现象的研究和讨论。该项目包括三部分内容：传播系统分析、传播与教育、传播参与实务。

在智利，媒体素质教育的主要目标是帮助孩子发展批评思维和传媒产品的制作生产能力，以及个人在传播实践中的自我管理能力。智利媒体素质教育的主要发起组织是"基督教会和传播行为研究中心"以及"教育普及中心"。因此，智利的媒体素质教育大多见于教会办的私人学校和隶属于教会的社会团体。设在智利圣地亚哥的"文化、艺术表达与研究中心"是智利另一个倡导媒体素质教育的非政府组织，它出版的大量读物在国内和其他拉美国家的媒体教育中被广泛使用。

亚洲开展媒体素质教育较早的国家是日本。20 世纪 60 年代以后，日本国内开始有学校试行"屏幕教育"，内容包括电影评析和电视评析，目的是帮助儿童了解大众传播的特性和现实，培养他们对大众传播的正确态度，实施这类教育的学校有时还邀请家长到学校和教学人员一起讨论电视节目。70 年代中期，"儿童与公民电视论坛"等民间团体通过筹办会议、组织专题研究等形式大力倡导媒体素质教育，并将加拿大的"安大略媒体素质教育资源指南"译成日文介绍给国内从事教育和媒体研究的各方人士。最近，日本已经开始有媒体素质教育方面的教师培训，出版了若干有关媒体素质教育的手册和论著。

　　总的来看，媒体素质教育在世界范围的发展还是很不平衡的。较为系统的媒体素质教育大多集中在大众传播业高度发达的工业化国家，非洲（南非除外）和亚洲部分地区的媒体素质教育则仍处于萌芽状态或尚未开始。

　　值得注意的是，联合国教科文组织（UNESCO）自 1970 年以来为推动媒体素质教育做了积极的努力。例如，1978 年，它委托芬兰的媒体研究专家锡尔卡·明基宁（Sirkka Minkkinen）设计了一项国际性的媒体素质教育方案，明基宁于该方案中指出：在资本主义社会，大众传媒的消极影响是其积极影响所无法冲去的，这种社会环境里的大众传媒，有可能发展成为操纵公众舆论的重要工具。因此，媒体素质教育的目标，不仅是教会青年人应对各种大众媒体，而且要鼓励学生为建立具有真正民主精神的高质量的大众传播体制而努力。1982 年、1984 年和 1986 年，UNESCO 又依次出版了《将大众媒体用于公共教育国际研讨会的最后报告》《媒体教育》《了解媒体：媒体教育与传播研究》等三种读物。1989 年 UNESCO 在巴黎召开会议时，即表明支持媒体素质教育。在该组织 1989 年发表的《世界交流报告》中，也设专节对媒体素质教育的国际趋势和亚洲、太平洋地区、欧洲和拉丁美洲的媒体素质教育状况做了介绍。并且提供了 25 种媒体素质教育的论著索引。

二　当代媒体素质教育的主要理论

　　媒体素质教育经过近 80 年的发展变化，出现了大量的理论流派。这里介绍当前西方媒体素质教育界认同度较高的理论。它们分别是：媒体素质教育组织加拿大联合会（Canadian Association of Media Education Organizations）主席约翰·彭金特（John Pungente）提出的关于媒体素养的八大理念和联合国教科文组织及欧洲议会媒体素养问题咨询顾问莱恩·马斯特曼（Len Masterman）概括的媒体素质教育的十八项原则。

（一）媒体素质教育的八大理念

　　（1）媒体并不提供外部客观世界的简单映像。更准确地说，媒体向我们提供的是经过人工精心构建（Constructions）的产品，这种产品反映着媒体生产者的各种选择和判断，是多种因素影响的结果。

媒体素质教育致力于解剖（take apart）和分析（analyse）媒体的构建，使人们得以洞悉（insight）其中的机理与因果联系。

（2）我们对于外部世界的多数观察和体验，是经由媒体获得的。根据这种观察和体验，我们得以增进自己对周围世界的了解；我们有关客观事实的许多看法和观点，是在媒体信息的基础上产生和发展的，而我们所接触的媒体信息都已经过加工建构，这种加工建构将某些意念、解释和结论渗入媒体传达的信息中。从某种意义上说，媒体在向我们提供信息的同时也左右着我们对客观事实的感觉和判断。

（3）如果说，媒体向我们提供了认知世界的大部分材料，那么，我们每一个人都将根据自己的需要、期望、日常的喜怒哀乐、种族立场、性别意识、家庭和文化背景等诸多个人因素来获取或者"勾兑"（negotiates）媒体信息的意义和蕴涵。

（4）媒体素质教育的目的，在于提醒人们注意商业动机对媒体的影响，注意这种影响如何侵蚀媒体信息的内容、技术和资源的分配。大部分媒体生产是一种商业活动，媒体总是要考虑如何从中赢利，因此，对于媒体素质教育来说，媒体所有权和控制权是两个至关重要的议题。我们应当关注这样一种现实：向我们提供视听阅读资源的媒体由相对少数的个人所操持和控制。

（5）所有的媒体产品具有劝服因素，且从某种意义上说，所有的媒体产品宣示着一定的价值观念和生活方式。主流媒体或明或暗地传播着有关道德生活的本性、消费者至上主义、妇女的社会角色、权力认同和绝对爱国主义等意识形态信息。

（6）媒体对于政治和社会变革具有巨大的影响。电视及其影像传播可以影响一个国家领导人的选举。媒体使我们关注诸如公民权利、非洲饥荒和艾滋病流行趋势等时事议题。媒体使我们对国家事务和全球范围内的重要事件和问题保持一种密切的接触，我们因此而成为麦克·卢汉（Marshall McLuhan）所言的地球村的村民。

（7）麦克·卢汉指出，每一种媒体都有自己的文本建构规则，并以自己特有的方式梳理和呈现事实。不同的媒体可以报道同一个事件，但他们所产出的是不同的影像和信息。

（8）正像我们可以品赏某一诗篇或散文的动人韵律一样，我们也应当学会去品赏不同媒体带给我们的美的形式与影像。

（二）媒体素质教育的十八项基本原则

（1）媒体素质教育是一种值得认真对待，并有重要意义的努力尝试。它事关大多数人的权利得失和社会民主结构的稳定与盛衰。

（2）媒体素质教育的一个核心概念是"再现"（representation）。媒体不是简单地反映现实而是再现现实。媒体就是符号或符号的系统。不承认这一原则，任何媒体素质教育都将无所作为；依循这一原则，媒体素质教育可以满盘皆活，尽展所长。

（3）媒体素质教育是一种终身教育。因此，提高学生的学习兴趣，培养学生在媒体素养方面的求知欲是媒体素质教育的最高追求。

（4）媒体素质教育应当着眼于增强学生（对于媒体信息）独立自主的批评、判断能力，而不仅仅是单纯要求学生记住某些批评、判断的手法和技巧。

（5）媒体素质教育重在调查研究，它不应将某种特定的文化价值强加于人。

（6）媒体素质教育应当与时俱进，善于应对周遭情势的变化。它力求送给人们终身受益的理智之光，为达此目的，它可能将眼前的事件和问题置于更加广阔的历史和意识形态环境之中加以分析和考量。

（7）媒体素质教育的核心理念首先是分析的工具，而不仅仅是教材、课本上的某些段落和章节。

（8）对于媒体素质教育而言，内容是达到目的的一种手段。这里所说的目的，就是学会灵活地应用各种分析的方法与工具。

（9）媒体素质教育的效果可以用以下两种标准来评估：学生以自己的批评思维应对新的（媒体）环境和情势的能力；学生在各种活动中所展示出来的责任感的高低和主动精神的强弱。

（10）媒体素质教育理想中的"评价"，首先意味着学生的"自我评价"，这种自我评价既为学生的个性所影响，也反过来影响学生的个性发展。

（11）媒体素质教育尝试重塑教者与受教者的双边关系，它既向受教者同时也向施教者提出问题，请求对话。

（12）媒体素质教育更多的是通过对话（dialogue）而不是通过论说（discussion）来展开自己的调查研究。

（13）媒体素质教育本质上是能动的、与人分享的，它鼓励发展一种更加开放的、民主的教学方法。它鼓励学生对自己的学习承担更多的责任，享有更多的支配权，鼓励学生参与课程提纲的安排和调整，鼓励学生以更长远的眼光对待和审视自己的学习。简而言之，媒体素质教育所采用的工作方法，正如它的教育内容一样，都有诸多新的尝试。

（14）媒体素质教育涉及合作的学问。它强调团体精神。在媒体素质教育工作者看来：个人学业的进步不是竞争的结果，而是源自共享整个团队的智识和资源。

（15）对于媒体素质教育来说，实践的批评和批评的实践两者缺一不可。它认定，文化批评的位置，高于文化生产。

（16）媒体素质教育是一种牵涉整体的教、学过程。理想的媒体素质教育意味着以最佳的配方整合学生与父母、媒体从业者及教师的多边关系。

（17）媒体素质教育信守变无止境的原则，它必须不断发展以应对随时变化的现实。

（18）媒体素质教育植根于一种独具特色的认识论。这种认识论认为，现有的知识不是简单地来自教师的传授或学生的"发现"。它是起点而非终点。它是一门批评性的调查研究和对话的学科，通过这种批评性的调查研究和对话，新的知识和认识被学生和教师能动地创造出来。

第二节　媒体素质教育的实践

在课堂中开展媒体素质教育，最为合适的方式就是"提出质询"（the inquiry process）。这种"提出质询"的过程同时存在于分析能力，或称为解构能力以及创造性的信息交流能力，或称媒体的生成和制造能力中。当媒体分析与媒体生成结合起来的时候，媒体素养的理论就和实践联系起来了。这便使得学生在一种相互联系和自然的过程中探究和表达学习内容。两种能力之间的关系是相辅相成的。既然媒体信息的传达需要多种心智的参与，那么把分析和生成结合起来的学习方式则要涉及更多的心智、能力

（包括语言能力、口头表达能力、逻辑和数学能力、音乐和节奏能力、视觉的和空间思考的能力、形体和肌肉运动的能力、个体和人际的能力）。虽然这两种媒体素养能力可以独立发生，但是将两者紧密结合在一项学习活动中会给学生更多的收获。简言之就是："解放头脑，表达见解"（Free Your Mind, Express Your View）。①

"解放头脑"实际上就是：分析、解构、解码媒体信息。就传统媒体而言就是"阅读"（解读）。"解放头脑"要求学生能"解读"他们所处的多媒体世界并且能够理解这些媒体信息是多种层面的。这种"解开"（take apart）媒体信息的过程可以称之为分析、解构、解码或是像"阅读"（解读）这样的传统阅读写作素养概念。这种对媒体的分析可以培养学生批判性思考的能力，而这种分析本身涉及布鲁姆（Bloom's Taxonomy）提出的所有能力分类（包括认知、分析、理解、应用、综合运用以及评价）。这种媒体分析的能力是媒体素质教育的重要部分，它有助于：（1）加强对媒体信息的了解和解读；（2）加深对媒体信息的理解和欣赏；（3）挑战媒体信息中表现出来的"刻板印象"（无论媒体是有意还是无意的）；（4）区分媒体信息中的客观或是偏颇的观点；（5）发现媒体信息中暗藏的动机；（6）揭示媒体信息中并不显著表达的意思；（7）提供制作媒体的一种视角和方法；（8）启蒙整个社会对媒体信息的含义和效用的认识。

"表达见解"实际上就是：制作（produce）、建构、编码（encode）媒体信息。就传统媒体而言就是"写作"。在现今多媒体文化下的写作要比过去基于文字媒体的表达复杂得多。现在的学生可能需要为自然课"写"一个 powerpiont 的报告；或是为他们的一个禁烟公益活动"写"一个劝诫的海报；有时甚至需要"写"一个 flash 动画或是网页来表达一个关于历史地理的观点。以上这些活动都需要"组织起各种观点，不断地打草稿勾画、修饰直至最后作品的完成"。这些核心能力和传统的写作是一致的。制作媒体是媒体素质教育的重要组成部分，这是因为：（1）媒体制作涉及多种能力的应用；（2）媒体制作使得学习过程变得有趣，可以增强学生的动机；（3）媒体制作为信息表达开辟了一条新路；（4）媒体制作使得课堂

---

① 〔英〕大卫·帕金翰、宋小卫：《英国的媒介素养教育：超越保护主义》，《新闻与传播研究》2000 年第 2 期。

外的交流成为可能;(5) 媒体制作可以增强自我表现欲和自我认同;
(6) 媒体制作使相关的理论、概念得以在现实的世界中运用。

一 媒体素养在教育实践层面的定义

媒体素养最常被引用的定义是 1992 年阿斯彭媒体素养领导力研究所提出的:"……一种获得 (access, 一译"近用")、分析 (analyze)、评价 (evaluate) 以及制作 (create) 各种形式媒体的能力。"① 但是,定义本身可以发展。21 世纪是媒体文化的世纪,这使得媒体素质教育变得越来越重要,在这个语境下,我们需要一个更能说明问题的定义。所以,笔者认为媒体素养应该是:一种 21 世纪的教育方式,它为获得、分析、评价和制作各种形式的媒体信息提供了一个框架。这些媒体形式可以是印刷媒体也可以是视频媒体或是互联网媒体等。媒体素质教育,使我们理解媒体之于社会的意义,同时也培养我们作为一个民主社会公民质疑和利用媒体的能力,这也是媒体素养的核心。

我们理解媒体素养的重要性,并不在于媒体素养可以"保护"儿童免于不良媒体信息的影响。一些学者或者组织呼吁,为了避免不良的影响,家庭应该考虑关掉电视机,但是,如今这个媒体时代,媒体在我们的文化环境中是如此根深蒂固,即便我们关掉电视机,也仍旧摆脱不了各种媒体对我们的影响。事实上,我们可以毫不夸张地说,媒体不只影响了我们的文化,媒体就是我们的文化。

因此,媒体素养是要把学生培养成对各种形式的媒体都有认识、批判并训练有素的人。通过媒体素质教育,他们可以控制媒体传递的信息,而不是让媒体控制自己;媒体素质教育并不仅仅是要让学生记住一些有关媒体的概念或是统计数据,而是要教会学生在各种媒体信息前提出正确的问题。著名媒体素养专家莱恩·马斯特曼 (Len Masterman) 认为:这种素养可以叫作"批判性自治"(critical autonomy),或者说是自主思考能力。这是一种民主社会公民的基本能力,因为对于任何一个时代议题,每个公民都应该有能力理解和表达 (understand and contribute)。

---

① 陈启英:《媒介素养教育——E 时代之新公民教育》,《中国传媒报告》(香港) 2004 年第
1 期。

二 媒体素质教育的五个核心概念及其衍生的五种质询方式

当我们接受一项任务时，总要问问，达到什么样的目标才算完成了任务。开展媒体素质教育也一样。我们必须明确，媒体素质教育要取得一个什么样的结果。

如果学生在接受媒体素质教育之后，能够在他们的日常生活中进行媒体体验时有规律且熟练使用关于媒体素养的五个关键问题，那么我们就认为媒体素质教育有了成效。所谓媒体体验可以是观看关于一则世界大事的直播报道，或是翻开一本杂志看到广告，也可以是浏览网页或是和朋友一起看电影。这里提到的五个关键问题是由关于媒体素养的五个核心概念直接衍生出来的。而这五个核心概念是全世界媒体素养专家从媒体信息的五个基本要素，包括媒体的制作者（creator/author/producer）、形式和制作技术（format and techniques of production）、目标受众（audience）、内容（content or message）、动机和目的（motive or purpose）发展而来的。

这里需要明确的是：在课堂里进行媒体素养的教育，尤其是对于低年级的学生，绝不是直接教这五个关键概念。教学的关键是要把握这五个核心概念，然后向学生提出一系列适合学生理解程度的问题；教师要吃透这五个核心概念，据此开发出课堂活动和课程整合的办法，通过这样的课程让学生能够有机会练习，学会就他们生活中的媒体提出问题的方法。

这些核心概念可以说是一种"不朽的理解力"，这些概念对学生来说终身受益，他们可以借此在各种媒体文化中遨游。可以说，媒体素质教育的这五个核心概念是21世纪培养未来公民的一个强有力的工具。新成长起来的一代通过媒体素养的教育掌握在媒体世界理解和分享观点的能力，媒体将成为大多数人寻求更美好的民主生活的工具。

正如美国媒体素养中心（CML）主席特莎·乔利（Tessa Jolls）说的那样：不断学习、练习直至掌握这五个关键问题，我们能够理解媒体信息传达的方法以及传达的目的。同时，不管信息是被明确表达了还是含糊其词，我们都能够做出取舍。如果民主社会意味着在全球媒体文化中的百家争鸣、百花齐放的话，那么媒体素养将是未来公民必须具有的基本技能。

核心观点一：所有的媒体信息是被构建起来的。

我们不应该理所当然地把媒体文本（报纸上的文章、电视节目、漫画书、电脑游戏等等）当作"自然"的东西。媒体信息是被建造起来的，建造的材料涉及一种或多种。比如在一本杂志中不同大小和字体的文字、照片、色块、版式以及在杂志页面上的位置组成了一则广告。电视或是电影更是涉及各种因素：从拍摄角度到灯光，从音乐到音效。

这就意味着，不管是在收看每晚的新闻还是经过路边的一个广告牌，我们接触到的媒体信息都是由人写的，图片是摄影师拍摄之后由视觉设计师制作的。而且在这过程中，不单单是技术因素在起作用。事实上，这是一个由几个人把信息素材重新构建，然后使之变得对我们来说有普遍意义的过程。而作为受众，我们只看到我们接收到的媒体信息，却不一定能够看到所有的信息素材。我们觉得自己无选择地接收到所有的信息，而事实上并不一定是这样。让受众知道媒体是如何将信息素材组合到一起的，哪些素材被丢弃了，以及媒体是如何塑造了我们对生活环境的认识和理解的，这是媒体素质教育非常关键的一步。

就此核心概念，我们可以提出第一个问题：谁制作了这条媒体信息？这个问题，可以衍生出以下问题：

> 作者是谁？
>
> 有多少人为制作这个媒体信息工作？他们的分工是什么？
>
> 它是什么样的"文本"？
>
> 媒体信息的制作采用了什么样的技术？
>
> 它与其他同类媒体有何异同点？
>
> 整个媒体信息是由哪几类元素组成的？
>
> 有没有信息在媒体制作中丢失？

核心观点二：媒体信息是由一些特有的语言规则构建起来的。

无论是报纸、电子游戏或是恐怖电影，任何一种形式的信息传达都有其自身的创造性的语言：恐怖的音乐可以烘托恐怖的气氛；近景的使用表达了一种亲密的关系；黑体字大标题意味着重要的消息。理解媒体语言的语法、句型和修辞，尤其是那些极具感染力的视听语言——它们常常会冲破我们的理性而直接作用于我们的情绪——可以帮助我们一方面更好地欣赏媒体并从中获得愉悦，一方面减少理性被操控的可能。

要理解媒体信息是如何制作的，一个好的办法就是我们也来学习制作媒体信息。比如拍摄剪辑一段视频；创建一个网站；开展一次有关社区议题的海报征集等。通过对四种主要的艺术门类：音乐、舞蹈、戏剧、视觉艺术的表达和创造，我们可以锻炼分析、解读、欣赏的能力。

就此核心概念，我们可以提出第二个问题：媒体信息是用什么方法吸引我的？这个问题，可以衍生出以下问题：

> 你是否注意到媒体信息是用什么方法构建起来的？包括：什么样的色彩和形状？有什么声音（或是无声）？哪些道具、装置和服饰？什么样的动作？什么样的符号象征？
>
> 摄像机处于什么样的机位？采用的是什么样的视角（仰视还是俯拍等）？
>
> 用了什么样的声音？音乐？语言？解说？静默？音效？
>
> 故事是如何被讲述的？采用了什么象征性的符号？隐喻？
>
> 表达了一种什么样的情感诉求？采用了什么样的说服技巧？

是什么原因使得这种经过建构的媒体信息看上去是"真实"（直接传达了现实）的。

核心观点三：同样的媒体信息对不同的人会产生不尽相同的效果。

受众在解读媒体语言时扮演了重要角色。因为每个人在经验媒体信息的时候，总会把接收到的媒体信息纳入一系列自己的人生经验（如年龄、性别、教育程度、文化修养等）中去解读。打个比方，"二战"老兵观看斯皮尔伯格导演的《拯救大兵瑞恩》时会有一系列不同于我们的媒体体验，因此他们对这部电影也就会有不同的反应或是更深刻的见地。所以说，即便是一起在观看电视节目，孩子和父母看到的却不是同一个节目。

这个核心概念明确了受众并不是被动的媒体信息的接收者。我们虽然不太容易察觉到，但事实是，即使是蹒跚学步的小孩也会尝试着解读所看到的、听到的或是读到的媒体信息。我们是否有能力知道自己是否应该接收或怀疑每天碰到的媒体信息，取决于我们能否对这些媒体信息提出一系列切中要害的问题。相关的研究表明：只要借儿童一双"慧眼"，通过对周围媒体信息的解读，所有的孩子可以学到与其年龄相应的能力。

就此核心概念，我们可以提出第三个问题：对某一媒体信息，不同人是如何产生不同于"我"的理解的？这个问题，可以衍生出以下问题：

媒体传达的信息符合我的经验吗？

我从媒体传达的信息中知道了什么？从媒体信息的体验中我是否了解了自己？

我从别人对媒体信息的反应中了解到什么？

有多少关于媒体信息的不同理解？我们如何来取舍？

别人的理解和我的一样站得住脚吗？

我如何理解别人对同一媒体信息不同的理解？

核心观点四：媒体信息包含了价值和观点。

因为媒体信息是人为构建起来的，所以总是带有"谁"或者"什么是重要的"（至少对媒体信息的制造者来说如此）这样的潜台词。媒体信息实际上就是一段故事（即便是一则广告也是在向我们讲述一段简短的故事）。故事需要人物、场景以及事情的发生发展和结果。而在这中间，对故事人物年龄、性别、种族以及与其伴随的生活方式、态度、行为举止的选择和描绘；对人物生活场景的选择（城市还是农村，富有还是贫穷等）；对矛盾冲突的设计等恰恰是存在于电视、电影、广告、电子游戏等媒体文本中的"价值取向"。

我们应该学习如何从各种媒体信息中读出这些内在的价值取向，同时将他们当作媒体信息文本的一个组成部分去理解，而不是将其自然而然地接收。只有这样，我们才可以判断自己对媒体信息的态度是接受还是拒绝。这有点像我们每天在同周围的媒体信息谈判一样。

就此核心概念，我们可以提出第四个问题：什么样的生活方式、价值和观点包含（或是忽略）在某一媒体信息之中？这个问题，衍生出以下问题：

当我们在观看、阅读、收听媒体信息的时候，我们头脑中出现了什么问题？

媒体信息传达了一种什么样的政治或是经济的价值取向？

媒体信息对个人和社会关系表达了一种什么样的评判和陈述？

媒体信息表达了一种什么样的文化和世界观？

媒体信息要向我们"贩卖"什么样的观点和价值？

故事中的人物是如何典型化的？

媒体信息的制造者需要受众去认同什么样的人？

描绘了怎么样的行为及其结果？

有没有什么人物或者事件被忽略了？

核心观点五：大部分媒体信息是为了获得利益和权力构建起来的。

制造发布媒体信息的原因有很多。其中之一就是赚钱。报纸或杂志总是预先留出登广告的版面，而把剩下的空间留给新闻。这是一个众人皆知的行业秘密（当然还会出现有偿新闻和消费新闻的情况，但这时新闻本身就有商业价值）。很多电视节目同样也部分甚至全部带有商业目的。大部分收视观众也许不知道，电视广告不但要把产品卖给观众，同时也把观众卖给了投放广告的业主。从某种程度上说，无论是电视节目还是杂志文章，很多都是在创造受众（create an audience）。媒体努力把受众培养到一种准备接受的状态，然后媒体能够借此向商家推销广告版面或广告时间——发布一些诱惑受众去消费一些他们通常并不真正需要的商品的广告。通常赞助商根据电视台预测的收视率给出某一时段的广告费，如果在广告实际播放的时候，收视率调查结果没有像电视台许诺的那样达到一定的数值时，电视台要退还部分广告费。这便是商品经济下商业媒体的运作机制。

但是，情况自互联网技术出现之后，发生了一些重大的改变。互联网作为一个国际性的信息平台，它使得各种团体、组织甚至个人都可以利用互联网提出观点并试图说服对方。作为一种人类历史上空前的信息力量的渗透，使用互联网媒体给我们提出了很多媒体素养的要求，我们必须掌握解读各种修辞技巧、辨别信息来源及其合法性的能力，用以区别媒体信息的真实与虚假。因为在现今的信息社会，人人都可以是媒体。

就此核心概念，我们可以提出第五个问题：为什么要制造发布这个媒体信息？这个问题，衍生出以下问题：

谁控制着这个媒体信息的制作和发布？

在这个媒体信息中贩卖了什么？讲述了什么？

谁得到利益，谁让这种利益实现？

谁赢？谁输？谁来判决？

这个媒体信息为谁服务并使之获益？是公众利益还是私人利益？

是个人还是集体?

经济上的考量是不是会影响媒体信息的制作和发布?

财富、性、权力,这些都是如何在媒体信息中表达的?

三 媒体素养的基本能力

媒体素质教育作为一个教学过程,涉及很多不同的能力,我们可以将这些能力归为四类:获得(access),分析(analyze),评价(evaluate)和制作(create)。

获得媒体,是指人们能够从媒体信息中找到有用的信息并有效地理解。具体说就是:(1)能较好地理解各种媒体信息:不管是传统的印刷媒体还是多媒体信息;(2)认识和理解丰富的文字、图形图像象征和交流的技术(比如,新媒体时代的 BBS、论坛、短消息等);(3)有从海量信息中搜索所需信息的能力;(4)能够找到与某个任务相关的信息分类。

分析媒体,是指人们能够考察媒体信息的形式、结构和顺序的设计,同时能够利用审美的、文学的、社会的、政治的、经济的角度去理解媒体信息。具体说就是:(1)使用已有的知识和经验预测结果;(2)使用诸如目的、受众、观点、形式、风格流派、人物、情节、主题、情绪、视觉、上下文这样的概念来解读媒体信息;(3)使用诸如比较和对照、事实和观点、原因和结果、罗列和程序等认知策略来分析媒体;(4)将要分析的媒体信息放在其制作和解读的历史、政治、经济或是社会的语境下考察。

评价媒体,是指人们能够将媒体信息和我们的经验联系起来对其准确性、品质和客观性做出评价。具体说就是:(1)能够理解欣赏使用不同风格和类型的媒体信息;(2)能对各种复杂度的媒体信息做出书面或口头的回应;(3)能就媒体信息的内容与形式做出评价;(4)能基于自己的各种原则(如民族的、宗教的、民主的等)对媒体信息做出价值判断。

制作媒体能力,是指人们能够使用文字、声音、图像和(或)视频等方式有效地表达各种不同观点,与此同时,掌握利用各种技术创意、编辑制作、发布媒体信息的能力。具体说就是:(1)能利用头脑风暴、计划、构成、修订的方式;(2)有效地使用书面和口头语言,掌握语言运用的规律和艺术;(3)能根据各种既定目标有效选择和使用媒体素材;(4)在构建媒体信息的时候使用各种媒体传达技术。

四　媒体素养教学的四个步骤——螺旋式的赋权

媒体素质教育实践框架最重要的一个方面就是如何组织媒体素质教育。在这里我们采用"螺旋式的赋权"（the spiral empowerment）来形容媒体素质教育的教学模式。它是一种"活动中学习"（action learning）。这种教学模型被证明是一种引起一系列"质询"的极好的办法，而这种对媒体信息的"质询"可以增强我们的理解力、进一步批判性思考的能力，以及做出正确判断的能力。

我们在接触媒体问题时，常常会因为复杂的传媒技术和支配媒体文化的专业机构而产生无所适从的感觉。而当我们遇到诸如深谙大众心理的广告语言或是流行文化制造出来的偶像时，也难免会感到无力。而"螺旋式的赋权"模式以巴西教育家保罗·弗莱雷（Paulo Freire）的理论为基础，勾画出如何将一个复杂的媒体文本转变为四个教学步骤，并以此刺激大脑进行不同角度的思考，从而使我们的认识不断螺旋式上升。使用这样的教学模式设计教案或组织活动，教师会发现这是一个同时改变学与教的强有力的模式。

第一个步骤：意识（awareness）。

在这一步骤，学生参与一种对媒体的深层次洞察与其观察和个人经验结合起来的活动。在这样的活动中，学生会体会到："我以前从来都没有这样想过！"比如，学生可以通过比较发现玩具广告中对玩具的描述和玩具的实际情况是有出入的；大一点的学生可以通过对每晚新闻节目的长度计时，然后调查有多少新闻是"真正"的新闻；一个班级可以通过记一天媒体日记（从早上起床到晚上入睡）的方法来意识到在他们的生活中每天接触了多少种类的媒体信息。这种意识活动常常会使得学生"恍然大悟"，同时将引发一系列有批判性的质询和探究，而这正是媒体素养教学的关键。

第二个步骤：分析（analysis）。

在这一步骤，给学生时间去领会某种媒体信息是依据什么构建的。对媒体信息提出前述五个关键问题并进行深度分析。这是理解媒体信息复杂性的两种方法。进行创造性媒体制作的经验也能帮助学生理解媒体信息的生产者和受众之间发生了什么，以及是如何发生的。对媒体信息的分析不能仅仅局限于分析譬如一个广告、一首歌曲、一集情景剧的"意思"，而是应该更深入提问"what"和"how"。比如，是什么原因使得拍摄的角度能够让我们明白广告要表现的是哪个东西？如果把广告中红色的汽车替换成蓝色的会产生什么效果？我们从一部电视剧中人物的打扮、着装或首饰能看出这个人物的品质吗？影片中的背景音乐对故事的表现有什么用处吗？这里，我们要尽量避免提"why"的问题，因为这类问题常常会将讨论引向循环而影响了质询、探究的深入。

媒体素养的力量就在于我们能够借此对媒体信息进行分析，然后明了媒体信息是如何构建来促使和影响我们对媒体信息的理解的。

第三个步骤：反思（reflection）。

在这一步骤，学生认识会更为深入。他们会问"是又怎么样？"或是"我们应该怎么思考，我们应该怎么去做？"借助团队的力量，学生从哲学、宗教传统、伦理价值、社会公正和民主原则等视角去考虑问题。而这些都是公认的对个人或集体的决策有指导意义的视角。比如，学生会问：新闻节目只是采访官方的专家合理吗？类似香烟这样对人体有害的商品可以做广告吗？电影里的动作明星是不是可以用别的方法来解决问题呢？

第四个步骤：行动（action）。

在行动这一最后的环节中，学生提出建设性的行动计划并在"实行中学习"。这里要指出的是，我们所说的行动，并不是非要搞大型的运动，也不是非要一下子改变人生或进行翻天覆地的大变革。事实上，大多数长期的变革运动是由一些简单、细微的活动组成的。提出运动的口号只是一个象征或是仪式，真正的改变还是要从小事做起，慢慢地内化到每个人的意识里。我们所说的行动可以是：认识到并反思自己每周看的儿童卡通片中有相当数量的暴力内容之后。几个二年级的小学生合作写了一个"独立宣言"，表达了他们希望从这些电视暴力中独立出来的愿望。他们每个人都在"宣言"上签了自己的名字，然后贴到学校的布告栏里，使得每个路过的人都能够读到这个宣言。

一个俱乐部的年轻人创建了他们自己的网站，旨在与人分享他们对流行歌曲的探究、洞察和反思。

当了解到吸烟对未成年人的危害之后，几个初中学生写了一个剧本并表演给其他同学看。这个剧本表现的是烟草制造商推销他们产品的各种广告技巧。

几个高中学生发现校董会无故缩减了预算，于是他们拿起 DV，采访家长以及邻居等人，制作了一个关于削减经费将带来各种问题的短片。这个短片在社区有线电视网播了一个礼拜，并引起了社区大众的关注。结果校董会不得不重新考虑这个问题。

打算开展媒体素质教育的老师，首先要组织和促进以学生为中心的教学。他们并不需要对传媒理论非常熟悉，更不需要和专业记者、电影导演一样（学生在媒体技术层面的知识往往比老师多）。加拿大的媒体素养专家克里斯·沃斯诺普说：媒体素质教育只是一种"意义探求"的教育。教师和学生在这种教学活动中都是一个探索者的角色。教师只要以一种"碰到问题总是要问个究竟"的态度和学生一起进步就可以了。碰到自己不懂的技术上的问题，大可不必觉得丢脸，你的回答只要是："我也不懂啊，不过我们可以一道去找到答案！"

当然，每个从事与儿童有关工作的人都应该知道，每个儿童都是独一无二的，他们各自有不尽相同的发展程序。同龄的儿童有时会在情感、认知甚至是生理上的发展有着巨大的差异。这些差异，都会影响儿童的学习能力，也会影响媒体素养教育中对媒体信息质询能力的掌握。所以家长、教师等人在进行媒体素质教育的时候，都应该灵活选择方式。

五　为低年级学生设计的媒体质询问题

表 6-1 清楚地为我们展示了这些问题是如何从五个核心观点到五个关键问题，然后各自被分解成两个简单问题的。

表 6-1　为低年级学生设计的媒体质询问题

序号	核心观点	关键问题	为低年级学生设计的问题
1	所有的媒体信息是被构建起来的	谁制作了这条媒体信息？	这是什么？ 这些东西是怎么放到一起的？
2	媒体信息是由一些特有的语言规则构建起来的	媒体信息是用什么方法吸引我的？	我看到、听到、闻到、摸到或尝到什么？ 我喜欢（不喜欢）哪些？

序号	核心观点	关键问题	为低年级学生设计的问题
3	同样的媒体信息对不同的人会产生不尽相同的效果	对某一媒体信息,不同的人是如何产生不同于我的理解的?	我对这些媒体信息是什么想法(或感觉)? 其他人对这些媒体信息会有什么想法(或感觉)?
4	媒体信息包含了价值和观点	什么样的生活方式、价值和观点包含(或是忽略)在某一媒体信息之中?	故事中人物过着怎样的生活?他们信奉的是什么?还有什么事(或人物)被遗漏了吗?
5	大部分媒体信息是为了获得利益和权利构建起来的	为什么要制造发布这个媒体信息?	媒体信息尝试着要说服我们什么吗? 媒体信息尝试着要向我们兜售什么吗?

(一) 扩展问题

我们可以让一些媒体素养能力较高的学生去做一些更为深入的分析。下文一系列质询问题就是一些用于深入分析的扩展问题,通过这些问题,学生能更好地把握媒体信息的内容、形式、目的和效用等。后面的数字说明了这个扩展问题是衍生自五个关键问题中的哪一个。

(二) 媒体信息以及传达出的价值——对媒体信息内容的深入探究

这些问题帮助我们理解媒体信息的符号系统是如何影响不同人对其解读的;这些符号系统是如何被选择从而影响我们已有的态度、认识和理解的。

是什么使得这些媒体信息看上去很真实(或不那么真实)?(#2)

这些媒体信息是怎样来迎合我们的生活经验的?(#3)

媒体信息是如何描绘各种社会团体的?(#4)

媒体信息中潜藏着什么样的社会意识形态?(#4)

媒体信息中描绘了什么样的行为和结果?(#4)

媒体信息要受众认同什么样的人？（#4）

什么东西从媒体信息中被忽略了？（#4）

谁的观点在媒体信息中被表达了？（#4）

（三）媒体信息的编码方式和习惯——对媒体信息形式的深入探究

以下这些问题，有助于我们鉴赏媒体信息的构造。并认识到：某一种观点是如何制作、发布以及针对某个受众群体而"包装"的。

媒体信息的风格是什么样的？（#1）

媒体信息为了引起注意使用了什么技巧？（#2）

媒体信息使用了什么样的惯常方式讲述故事？（#2）

构建这个媒体信息使用了什么样的视觉或语言符号？（#1）

媒体信息说服或是从情感上打动受众是使用了什么样的方法？（#2）

构建媒体信息使用了什么技术？（#1）

对同一内容的表达，这个媒体信息是如何达到不同于别的媒体信息的效果的？（#1）

（四）媒体信息的生产者和消费者——对媒体信息目的和效用的探究

以下这些问题，有助于我们了解在媒体信息创造和发布的全过程所做的各种考量，以及这些媒体信息在被消费的时候由受众做出的各种解读。

是谁制作了这个媒体信息？（#1）

生产者的目的是什么？（#5）

目标受众是哪些？（#5）

经济上的考量是如何影响媒体信息的制作的？（#5）

个体是由于什么原因对这个媒体信息感兴趣的？（#3）

不同的受众是如何对同一媒体信息产生不同的情绪反应的？

（#3）.

不同的受众是如何对同一媒体信息产生不同的解读的？（#3）

六 将媒体素质教育整合到现有课程中

下文所述的 12 条建议是为教师能够在各年级的课程中整合媒体素质教育内容而设计的。这 12 条建议是基于这样一种理念编排的：媒体素质教育将被编排到各学年里的各种课程中随时随地地发生。这种进行媒体素质教育的方法应该比将媒体素质教育单独地拿出来作为一门课程来得更有效，也更受教师的欢迎。

（一）用媒体的方法训练传统的观察力、批判性思考能力、分析能力、预测能力、创作能力等

教师应该鼓励学生对任何一种媒体语言表达出来的信息（包括课堂上的教材或学生在家里接触到的流行媒体）进行批判性的思考。

教师应该向学生指出，通过媒体语言表达的信息，处于不同背景、来自不同群体的人可以有不同的解读。

播放一些视频片段或要求阅读一些印刷材料，要求学生从中找到一些内容并在事后提问这些内容，以此来培养学生的观察力和记忆力。

允许学生暂时离开手头的课程议题去鉴别和评论一些伴随媒体信息的偶然因素（比如，呈现材料的人物特征；材料用以引起注意的方法；广告内容或商品信息侵入其他类型媒体内容的途径等）。

鼓励学生制作关于学习内容的媒体"产品"，以此来培养创造性能力。

（二）利用媒体激发学生学习新内容的兴趣

播放一段与学习内容相关，同时又能引起学生兴趣的视频片段（或是讲一个小故事）。

从杂志、报纸或网上找一些与学习内容相关的有争议的媒体材料。把学生分成小组进行阅读、分析、讨论。

找一些与学习内容相关的短片、杂志图片或是小文章来引起讨论，同时鼓励学生发表他们已有的或针对新学内容的观点。

告诉学生在互联网上搜索与学习内容相关材料的方法。

鼓励学生设计一些关于学习内容的媒体"产品"（比如一组照片、一段视频、一份做成杂志或报纸样式的报告，或者是一些网页）并互相展示。

（三）利用学生可能已经通过媒体熟知的一些内容进行教学

用一些来自流行媒体的例子来说明学生对某个议题已有的知识。

寻找传统的教学方法和流行媒体对应方法的结合点（比如，可以把诗歌的写作和流行歌曲歌词或押韵的广告语写作结合起来）。

要注意弄清楚某个特定的术语在学术上的用法和其在流行文化中的含义是不同的。

可以把学习建立在学生对媒体的直觉知识上（比如，关于故事、人物的发展、问题解决、专用词和押韵等）。

（四）把媒体作为一个常规的教学工具

给出关于学习内容的各种媒体形式的资料（比如书籍、报纸、杂志、视频和网站），同时比较不同媒体的不同效果。并指出来自不同媒体的材料所表达的内容很可能是互相矛盾的。

使用媒体来传达要比常规的课堂讨论或演示来得更丰富和有效。

鼓励学生关注或记录下与学习内容相关的媒体报道。

把使用媒体（从媒体获得信息）作为一项家庭作业（比如，阅读、查找与学习内容相关的杂志、报纸、网页等）。

鼓励学生与同学分享他们从各种媒体上获得的与学习内容相关的资料。

（五）发现学生通过媒体形成的关于学习内容的错误观点

分析媒体内容对学习内容的不实叙述、错误信息或是误导。

弄清楚媒体利用数据误导的方式（比如，不正确地引用统计数据；从错误的数据中得出错误的结论；提供一些含糊不清的数据或表格等）。

发现学生头脑中的一些由虚构媒体故事而形成的不正确的观念。

让学生自己尝试制作"媒体谎言"（比如使用数码处理过的虚假广告

设计），然后让他们在班级里面"散布"并"戳穿"这些谎言。

（六）让学生意识到媒体信息中的可信度和偏颇

告诉学生如何分辨媒体信息的发布者以及他发布媒体信息的目的，同时还要让学生了解这些发布媒体信息的目的是如何对信息的客观性产生影响的。

让学生分辨通过不同媒体报道的同一议题之间的真实与虚构。

使学生能够在传达某一议题的几种媒体形式（比如书籍、杂志、互联网等）中确定哪种更可信。

强调从不同媒体来源获取信息，同时区分孰轻孰重（比如，分辨所获得的信息是基于研究和实际状况还是个人想法）。

制作关于某一议题的媒体信息，要向学生强调的是，信息在传达时可能会因为文字的斟酌、语调的运用、消息的来源、内容的取舍而变得偏颇。

让学生探究媒体信息是如何反映发布者或传达者的特征的；以及同样的客观信息会因为发布或传达者的不同背景、年龄、种族、性别等因素而可能变成不同的媒体信息。

（七）比较不同媒体呈现信息的方式

比较同一议题在不同媒体形式（如纪录片、电视新闻、报纸报道、广告或儿童教育节目）的表现方式（弄清楚哪些信息被强调了或是被遗漏，使用了什么技术等）。

分析受众是如何因为不同的媒体呈现方式而对同一媒体信息得出不同结论的。

让学生讨论：要表达某一特定信息，不同的媒体表达方式可以对受众的理解产生不同的效果。

用不同的媒体形式制作同一报告，或者使用相同的媒体形式表达不同的信息。

（八）分析特定媒体在历史上或在不同文化背景下对某一议题产生的影响

讨论在历史上媒体对于某一议题的传达扮演了一个怎样的角色（比如

媒体是如何改变某一议题性质的）。

讨论过去几代人是如何学习某一内容的，他们在学习的时候有什么信息来源。比较一下现有的信息来源，说说这对我们的生活变化起了什么作用。

探究在不同文化背景下对某一议题的了解程度以及这些不同程度的认识是如何被已有媒体影响的。

一种在某一文化背景中占主导地位的媒体形式在另外一种文化背景下却极少被使用。要求学生识别这样的情况。

（九）利用媒体培养和获得某种学科的能力

使用印刷媒体（如书籍、报纸、杂志等）来培养阅读和理解力。

从现成的媒体中摘出片段作为标准的教学材料（如培养数学能力、纠正语法和拼写问题、区分形容词或副词等）。

使用媒体产品培养某种能力（如语法、诗文写作、在媒体信息中使用的关于数学能力的时间与比例等概念，在媒体信息中表达的关于计算大小、距离、光照等科学原理）。

准备一些可以用来培养媒体素养的学科学习的例子（如比较不同主题新闻故事的长度，计算不同节目的尼尔森比率，分析两种产品在广告中的描述等）。

鼓励学生通过学习内容进行网上信息搜索、多媒体项目开发、用计算机发布信息等方式培养其计算机使用能力。

（十）使用媒体表达学生自己的观点和他们对世界的理解

鼓励学生就他们感兴趣的话题分析媒体信息的失真和偏颇（如关于性和性别；媒体信息引发有害行为；与现实世界比较，种族和年龄在媒体世界的失真以及针对学生的广告等议题）。

鼓励学生通过自己生产的媒体表达他们的感受和认识。

鼓励学生对各种类型的媒体产品做深度的批评。

促使学生就流行媒体产品进行讨论并发表不同的见解。

（十一）把媒体作为一种评价工具

要求学生在对某一学习内容做总结时使用传统媒体（文字写作）之外的媒体形式（如用带有电脑插画修饰的报告；使用声音视频的总结；带有照片的图解等）。

鼓励学生组成小组，把他们对学习内容的理解做成"戏仿"的媒体产品（如做成报纸的形式，广告的形式，新闻报道的形式或者是表演或录制幽默的小品等形式）。

还可以报纸、杂志或视频的方式发布一些对学习内容而言是错误的信息，看看学生是否能辨别出信息的真伪。

（十二）用媒体将学生与生活的社会环境联系起来，并致力于积极的改造

寻找与公共机构（比如博物馆、图书馆、少年活动中心等机构）合作的可能性，通过与这些机构合作，学生可以更好地分析和创造媒体信息。

让学生与和学习内容相关的社会服务机构联系，以在制作媒体作品（如摄影、视频、设计、排版和计算机的使用等）时获取帮助。

鼓励高年级学生把媒体制作技术以及媒体素养原则教给低年级的学生。

使用论坛交流（可以是网络空间的，也可以是真实环境的）分享关于学习内容的研究成果或媒体作品。

第三节　媒体素质教育教学案例与思考

西方关于媒体素质教育的理念差别不大，但进行教育实践的方式方法不尽相同。1986 年英国教育和科学部与英国电影学院合作成立了全国初级媒体素质教育工作小组委员会（National Woking Party for Primary Media Education）。20 世纪 90 年代初期，英国就已经有超过 1/3 的学校实施进阶媒体研究课程，也有超过 1/3 的中学毕业生参加媒体研究科的中等教育证书考试。英国各界把"媒体素养"作为国家核心课程之一，更进一步地在学

校教育及中等教育证书考试等制度配合下，使教育机构、老师和学生认同其重要性。在加拿大、美国等地区，媒体素质教育在中小学教育中并不作为核心课程，而是在一些民间学会的推动下，在有充分媒体素养教学资源的支持下，在学校教育中适时地与已有课程整合起来开展。

我国台湾、香港地区也多采用和已有课程结合的方式展开教学。下文对加拿大和美国的现行教材和教学资源做一个简要的介绍和分析。

一　加拿大媒体素养教材《媒体感4，5，6》分析

加拿大媒体素质教育十分普及。加拿大教育界已经普遍接受这样的观点：青少年想要成为一个具有文化素养的人，就必须有解读、理解不同形式信息的能力以及具备健康的批判思维能力。虽然并不是每个学校都进行媒体素质教育或是将其作为必修或选修课，但在书店里有不少媒体素养的教材出售，可以做专门课程或整合到其他课程中的主题活动之中。

《媒体感4，5，6》是一部为小学媒体素养教学设计的教材，它以广告、流行文化、新闻作为三大板块。一套教材共有3本，为对3个年龄段的学生开展媒体素养教学提供主题活动。而在每个年龄段的教材中，都涉及相同类型的议题，但这些议题所涉及的内容层层递进、符合不同年龄段学生认知的特点。

我们可以通过这三册书的选题以及某一主题在教材中的展开来大致了解全套书的内容分布和教学特点。可为我们设计类似教材提供一些参考。

表6－2　《媒体感4，5，6》的选题

分类		8～10岁	9～11岁	10～12岁
广告	印刷广告	招贴广告（口号）	麦片盒子（商标）	杂志广告（对人物形象的描绘）
	广播广告	有音效的广告（引起注意）	用顺口溜的广告（正面信息）	社区服务广告（社会事务/煽情）
	电视广告	玩具广告（商品代言人）	电子产品广告（广告中的事实）	快餐食品广告（同类产品的广告）

续表

分类		8～10 岁	9～11 岁	10～12 岁
流行文化	音乐	广播台音乐节目（目标听众）	歌词（传达的信息）	音乐电视（性别的刻板印象）
	电影	商业电影（电影附属产品）	电影剧本（刻板印象）	电影特效（特效和现实）
	电视	卡通片（真实的/暴力的/幽默的）	情景剧（价值观和生活方式）	连续剧（黄金时段）
新闻	报纸杂志上的新闻	评论（支持观点）	报纸文章（观点和偏颇）	杂志文章（媒体操纵，media manipulation）
	广播台的新闻	采访（采访风格）	新闻广播（广播媒体和印刷媒体、电视媒体的比较）	社论（自我审查）
	电视台的新闻	现场报道（媒体操纵）	体育报道（偶像）	电视新闻（儿童的缺席）

接下来，我们选取 Level 6（10～12 岁）关于"杂志广告（对人物的描绘）"这个单元来了解一下教材对某一主题是如何展开的。

这个活动主要关注在杂志广告中的人物形象以及这些人物在杂志广告中是如何被描绘的。很多学生浏览杂志并对这些在杂志中出现的广告十分熟悉，但他们很少仔细地去批判性地思考这些广告。在这个单元中，学生要了解如何分析和评价杂志上的广告，了解这些广告的功能、目标读者以及广告传达出来的信息。同时学生还要学习如何来设计一则广告，通过设计一则成功的广告，学生必须理解之前所学的所有关于杂志广告的内容。这个单元需要 2 周的教学周期来完成。

学生在这个单元要做的是：

- 列出不同类型的杂志广告，并思考这些广告吸引人的地方以及它们是通过什么方法来影响读者的。
- 分析评价广告内容和特点。
- 分析在时尚和生活杂志广告中表现出来的人物形象。
- 考虑杂志广告是如何反映现实的。

- 考虑杂志广告是怎么构建起来的。
- 选择一种产品，思考如何为它做一则广告。
- 制作一则使用人物形象的广告。

需要的材料：

- 每个学生至少有一本杂志。最好是时尚或生活杂志，至少保证上面的广告出现人物形象。
- 相机。
- 美术用品：大张的纸、胶水、钢笔、马克笔、蜡笔、油画棒。
- 有图形工具软件的电脑（可选）。
- 教学过程。

对杂志进行讨论：

先给学生展示各种杂志，如商业杂志、时尚生活杂志等，引起学生兴趣。然后向学生提问：一般在杂志里面有哪些内容（比如文章、专题、摄影作品、美术作品、广告等），随即把讨论的主题引向在杂志中出现的广告。同时向学生提问：

- 你还记得你最近看过的杂志广告吗？如果记得，那么是什么让你记得的呢？
- 你在看这些杂志广告的时候花多少时间？
- 你想得起来你最喜欢的杂志有多少广告吗？（学生可以先预测，然后去翻阅杂志找出实际的数字）
- 什么样的广告你比较喜欢？哪些广告你不喜欢？
- 看杂志广告会使你有购买的想法吗？除了消费，广告还在什么地方影响你？

学生虽然平时看过很多的杂志广告，但往往是习以为常，觉得是理所应当的，因此即便对广告并不真正认识，也不会仔细去考虑。在这一过程，通过一系列的提问，学生意识到广告的存在。引发学生对广告的兴趣和意识。

（一）对杂志进行分类

让每组学生对他们列表的杂志分类（可以分为：体育、娱乐、时尚、生活方式、新闻、爱好、少年、男性等），教师可以先提供一个分类的例子（见表6－3）。

表6－3　杂志及其广告分类

杂志的名字	杂志的类型	杂志上广告的类型
Macleans	新闻	汽车、汽油、银行

分类列表完成之后，要求学生观察这个表格，然后讨论自己的发现。可以向学生提出以下问题：

- 一般来说，在某一类的杂志中，哪些种类的广告数量最多？
- 通常什么产品的广告有很大的篇幅？什么产品的广告看上去很昂贵？
- 广告和它们所登的杂志有什么联系吗？
- 哪种杂志有最多的广告？哪种杂志广告最少？
- 看一则广告，想想这则广告是要让哪些读者看的？（为了强化学生对"目标读者"这个概念的理解，可以问问学生哪些类型的广告不可能出现在某种杂志中。比如，离婚律师的广告不太可能出现在"新娘杂志"。）

在这一环节里，通过分类向学生提出更深入的问题，引起学生的思考并使学生对广告有进一步的意识。

（二）观察广告

让学生分组，然后讨论活动卡上的问题：

- 做广告的是哪种商品（或服务）？
- 刊登广告的是什么杂志？这本杂志的目标读者是谁？
- 广告是彩色的还是黑白的？
- 广告上面有照片还是其他艺术形式？
- 广告讲述了什么故事？发生了什么？或者要发生什么？
- 广告上面有什么有趣的内容？广告上的什么内容吸引了你的眼球？
- 广告上的文字说了什么？建议你什么？

- 广告有广告语（slogan）吗？你对这条广告语有什么看法？
- 广告上商品画面比其他广告元素大吗？
- 你喜欢这则广告吗？如果不喜欢，你怎么修改它？
- 广告用什么方法吸引目标读者？
- 广告整体给人以一种什么感觉（快乐、惊奇、担忧等）？请举例。

通过前面两个环节，学生已经"意识"到广告，在这一环节，通过12个相关问题，学生开始"分析"（analyse）这种媒体信息了。

（三）关注广告中的人物形象

要求学生浏览他们搜集的广告，看看哪些广告是有人物出现的。教师也可以事先搜集一些广告（通常在时尚生活杂志比较多）发给学生。然后让学生分组讨论活动卡上的问题。在讨论时，你可以建议学生模仿广告中人物的姿势、面部表情等，以此让学生更好地理解。这些因素给广告增添了什么效果？这些人物与广告的产品有什么联系，传达了什么信息？同时，还可以建议学生联系人物的背景图片进行考虑。比如，为什么薄荷口香糖的广告总是把一个人物形象放在瀑布等场景前？在现实生活中，你会给在瀑布下游玩的人吃口香糖吗？事实上，瀑布传达的信息就是：清新、洁净、清爽，这刚好和广告所要表达的产品特点符合。建议学生把讨论结果总结后写下来。

活动卡上的问题是：

- 你选择的是哪本杂志？
- 这本杂志是给哪些人看的（目标读者）？
- 刊登广告的是哪种商品？
- 广告中的人物的年龄？性别？种族？
- 广告中的人物在做什么？其中的男人和女人在做一样的事情吗？不一样的话请说出你的解释。广告中人物的坐姿、站姿或是行为方式和你经常看到的现实中的人物一样吗？你觉得广告人物的姿势和广告产品有什么联系吗？
- 广告人物的表情表达了什么？这样的表情和广告产品或服务有

什么联系吗？

- 广告中的人物是全身的还是身体的某一个部分？
- 广告表达了一种什么情绪（如高兴、生气、惊讶等）？广告中什么因素使得你有这样的感觉？
- 你在自己的现实生活中看到过和广告中一样的场景吗？
- 你认识的人（比如你的同学、你所住的街道等）中有没有长得像广告中的人物的？
- 广告告诉你关于商品的什么信息？
- 广告告诉你生活"应该"是什么样的（从广告的字里行间，或是人物场景中分析）？你同意广告中的观点吗？
- 这则广告让你对自己有什么看法？

这个环节，是让学生分析媒体信息中表达的价值和观点。

（四）分析广告画面背后的东西

向全班提问：关于广告中使用的人物照片，涉及哪些职业（比如模特、摄影师、发型师、化妆师、广告策划、场景布置人员、灯光师、助手等）？考虑广告中的特效是如何制作的？举一个洗发香波广告的例子：如果广告中的模特有着一头乌黑的披肩长发，并且看上去很飘逸很有光泽。我们就要考虑，是不是在拍摄这张照片的时候，模特的头发是用鼓风机吹起，并由灯光师打上合适的灯光；摄影师使用了柔光镜等滤镜；而造型师更是花了相当长的时间才打造出广告上表现出来的效果的。考虑这则广告是不是宣扬每个人的头发都应该像广告中模特的那样？在现实生活中，有人的头发和广告中的一样吗？还要指出的是，通过计算机软件可以去除模特在照片中的皱纹、痦子，加上两颊的红晕等等。可以让有相关经验的学生（如有的学生有使用 photoshop 等软件处理图片的经验）向大家说说。根据班级学生的成熟情况，还可以讨论性在广告中的作用（也许有学生会提出这个问题）。比如，为什么一些日常用品如汽车或食品，有时会使用一些性的暗示来引起读者的兴趣。

在这一环节中，让学生了解广告背后的媒体语言、技术等，让学生了解媒体信息的制作方法。进一步从技术层面了解广告、评判广告。

（五）广告中的形象与现实生活中的形象

为了让学生了解广告中的人物形象和现实中形象的区别，可以让学生做一个表格，如表6-4所示。

表6-4　广告中的形象与现实中的形象对比

产品	在广告中	在现实世界中
浴室清洁剂	——做浴室清洁剂的常常是30多岁的妇女 ——常常穿得很整齐 ——做浴室清洁被广告中的人物认为是很重要的事情	——男女老少都会清洁浴室 ——在清洁浴室时，通常穿一些不太好的旧衣服 ——人们并不觉得清洁浴室非常重要

在研究过一些广告之后，可以让学生讨论广告中的人物场景与现实中的区别。可以提问：谁使用这种产品？通常人们是怎么用的？广告中是否会表现在现实生活中使用这种产品的人（比如老人、残疾人等）？牙膏广告中表现出来的是现实中大家刷牙的方式吗？当现实中洗头时，人们也会像广告里面表现出来的那样边洗边微笑吗？

在这个环节中，让学生认识到在媒体信息中常常出现的刻板印象（stereotype）以及媒体信息（广告）与现实生活的差异。

（六）策划广告

在这一环节，学生可以组成小组策划一则抢眼的广告，并使用在现实场景下的人物形象。如果学生没有摄影器材以及相关设备，可以让他们将广告的策划写下来。先想出一种商品，然后通过以下问题，写出策划书。

- 你的目标读者是谁？你打算在哪本杂志刊登广告？
- 你的产品是哪家公司制造的？
- 你的广告打算占整个页面还是半个页面？
- 你的广告会加一些特色吗？比如回复有奖、带香味等。
- 你的广告上写些什么文字，会带有广告语吗？
- 你打算让你的广告做什么？你想通过广告让读者怎么来看待

商品？

- 你在广告中将使用什么样的人物或场景？
- 你觉得你的策划书中应该包括什么内容（如果你觉得以上问题不能概括所有问题的话）？

（七）制作广告

和学生一起讨论整个学习过程中接触的广告，找出一些广告吸引人注意的文字上或是图像上的技巧。然后让学生决定使用哪种策略。使用教材附带的广告活动卡帮助学生制作广告，如版式、电脑程序的使用等。

- 要求学生拿他们的设计和版式向家庭成员征求意见。
- 广告作品完成之后，请学生在全班展示作品，然后互相评价，并写到对方的"媒体日记"中去。

这两个环节，实际上是通过媒体的制作（create）对前面几个学习环节的复习、强化。同时学习媒体素质教育的另一重要内容——制作媒体。

（八）扩展建议

- 学生可以就人们对杂志广告的看法做一个调查，比如：花多少时间看杂志广告；喜欢的和不喜欢的广告；广告对他们购物决策的影响等。
- 要求学生调查在杂志刊登广告的花费。比如：不同大小广告的广告费；谁决定在什么地方放置广告；在杂志什么地方放置广告效果最好等。
- 学生可以做一个表格以比较美国和加拿大或其他国家的广告。
- 问问学生看到的广告中，本国广告占了多少，他们对此有什么看法。
- 结合教材另外一个单元"杂志文章"，可以制作一份班级的杂志，同时带有广告。
- 学生可以剪贴一些广告，制作他们的图文作品，主题可以是：广告人物的形象；体育广告；儿童在广告中的形象；广告中财富的描述；广告中的快乐等。

通过对在加拿大学校中使用较多的《媒体感4，5，6》教材的介绍和分析，我们发现，媒体素养实际上是一种21世纪新媒体时代的语文，它较之传统的语文素养包含的知识技能更丰富、更多元。媒体素养实际上是多种媒体的综合运用能力（包括多媒体的文本解读、批判性思维、多媒体技术、社会知识、传播知识等）。正是因为如此，媒体素质教育也可以在多个学科开展。比如关于媒体表现技巧的教学可以在语文、美术、音乐课上开展；批判性思维的训练更是每个学科都必须注意的；而媒体制作的过程，更需要计算机信息课的支持；关于媒体使用的社会调查研究则是社会课的教学内容。所以，正如台湾媒体素养专家吴翠珍教授所言："媒体教育'不是'一门新的领域，所有内涵都将融入语文、自然、科学、社会、综合、生活、两性、人权、资讯等领域或议题之中，不会增加老师们额外的教学负担。"教师只要有媒体素养的观念，并在原有课程教授的过程中找到适当教学机会，就可能将媒体素质教育从理论推向实践。

当然从另一个方面，我们看到媒体素质教育的教学资源也是必不可少的。媒体素养教材或者活动手册可以作为教师展开教育的依据，而课外的媒体素养支持性的资料更可以让媒体素质教育的开展有一个充分的环境。

二　美国的媒体素养教材和课外支持性资料

美国媒体素质教育起步较晚，但近年发展较快。就中小学学校教育来说，美国的媒体素质教育并没有完整的课程设置，而且各州学校的开展也比较自由。当然这与媒体素质教育的特点还是相符的，因为媒体素养是一种跨学科、跨媒体的素养，其教育并不适合通过某一特定课程来展开（效果也不一定好），而是应该由对媒体素质教育理念有深刻认识的教师灵活机动地展开。另外，媒体素质教育的开展也绝非学校一方的事情，接触各种媒体时间最多的家庭也是媒体素质教育的场所。正因为如此，美国出版界自1995年开始陆续开发出各种支持媒体素质教育的教材和资源供学校和家庭以及希望提高自己媒体素养的人选择使用。

我们将美国媒体素养课外支持性资料书籍以及视频材料的选题整理如下（见表6-5）。

表6-5 美国媒体素质教育材料选题

分类		读物选题
社会研究类	战争与冲突	《被媒体构建了的战争——历史的批判阅读》（DVD + 教材） 《电波中的二战》（音频 CD） 《战争与媒体》 《我们看到的9·11事件》（DVD + 教材）
	分析新闻	《新闻中的女记者》 《眼见为实吗？我们如何区分真假》 《发挥报纸的最大教学价值》
	民主、政治和媒体	《被媒体构建了的总统大选——基于资料的批判思考媒体素质教育套件》（DVD + 教材） 《出版的力量——政客、记者、故事造就了美国政治》
英语及语言艺术类	媒体时代的素养	《媒体感4，5，6》（美国版） 《在语文课上教媒体素养》 《少年出版向导》 《照片的语言》
	视觉素养与电影研究	《在黑暗中阅读——在英语课堂使用电影作为工具》 《不止是电影——在娱乐中的道德》 《胶片上的交谈——和年轻人一起读电影》
	互联网素养	《The Web - Savvy Student——促进学生用好互联网的10个媒体素养活动》 《赛博道德——计算机时代的社会道德议题》
按年级分的媒体素养教材	幼儿	《泰迪熊的电视烦恼》
	小学	《一个电视新闻播报员的一天》 《给我买那个！——儿童电视广告生存指导》（录像） 《电视星球——基于视频的媒体素养教程（录像）》 《遥控童年》

续表

分类		读物选题
按年级分的媒体素养教材	初中	《媒体素养》（电视、广告、电影、音乐媒体、互联网、视觉文化） 《凑近看——在课堂探究媒体》 《媒体警报——200 个活动创造　善用媒体的儿童》
	高中大学（18 种）	《好莱坞课程——电影中的教师和教学》 《理解漫画》 《多元的一代——当代美国电影中的年轻人形象》 《理解流行音乐》 《扫描电视》（第二版）（DVD＋教材）
学生媒体制作指导类		《如何用你的便携式录像机拍摄自己的电影》 《数码照相活动包》 《课堂出版向导》
流行话题类	电视和大众文化	《你没有看到的电视》 《仅仅是谈话——美国脱口秀的真实故事》
	媒体的历史	《媒体和通信的百科全书》 《Tube of Plenty——美国电视的演化》 《空中的王国——无线电的发明者》
	倡议和行动	《没有商标》 《宣传的时代——对说服力的使用和滥用》 《新媒体垄断》 《我们就是媒体——公民媒体民主指导》
	广告和消费主义	《广告公司——课堂模拟系列》 《广告的历史》（视频） 《广告——说服的艺术》 《Made You Look——你为什么知道广告是如何运作的》 《在物质世界生活——关于消费主义、消费和环境的课程》

续表

分类		读物选题
流行话题类	媒体暴力	《超越责备——挑战媒体中的暴力》（共 5 个单元的媒体素养课程，包括社区版、小学版、中学版、成人版、家长版，可以分别购买） 《媒体暴力的 11 个迷思》
	媒体与健康（烟、酒、形象）	《媒体素养和烟草》 《致命的说服——烟酒广告》
	性别与性在媒体中的表现	《误读的男性——男孩、素养和流行文化》 《游戏结束——电子游戏中的性别、种族、暴力》
	种族和种族区分在媒体中的表现	《媒体信息——电影、电视、流行歌曲告诉我们种族、阶级和性向》 《受伤的图像——媒体中的刻板印象》
	家长、孩子和媒体	《父母应该知道——娱乐定级》 《电视时代的父母——媒体素养中心父母教育资源》 《讲电影——用电影给孩子讨论价值》

三　媒体素质教育的几点思考

对照世界各地媒体教育的开展情况，我国的理论研究和具体实践显然已经落后。中国社会科学院新闻与传播研究所的卜卫女士曾撰文谈道：要真正在我国实施媒体教育，还有很长的路要走。至少要经过以下过程：考察和研究我国青少年媒体接触的行为；对媒体的需要以及青少年的媒体观念进行可行性研究；提出媒体教育的政策；进行媒体教育实验，以发展媒体教育内容，确定媒体教育方法和途径，并取得一定经验；培训大量师资；制定相应的法规、规定或政策；开展大规模的媒体教育。

要在全国范围哪怕是部分地区范围内把媒体教育正式纳入我国课堂教学的范畴，的确是一个系统的工程。那么，在这一系列工程展开之前，我们或许可以先做一些试点。目前的关键是我们需要通过一些尝试，首先树立起媒体教育的意识，从填补人们头脑中的空白开始。

有一些学者撰文提出媒体素质教育本土化的问题，笔者认为，重要的并不是一系列理论，而是我们的媒体素质教育实践。当我们的教师真正理解了媒体素养的内涵，并尝试着在各种教学机会中整合时，自然会寻找到本土化的途径。

实际上，很多地方在教学实践中，已经自发地进行媒体素质教育。很多小学语文课都安排了设计广告的活动，比如上海市《品德与社会》课程三年级第一学期的"购物有窍门"这个单元，就讲了如何解读广告并识别其真伪，以及了解包装袋上的学问等。这和英国媒体素养教材之 Adwise 中的选题非常相似。

我们看到最近关于电视、电脑游戏给青少年带来各种负面影响的报道越来越多。全社会似乎在对媒体暴力、游戏上瘾口诛笔伐。很多媒体也往往在分析各种原因时把问题归咎于这些不良媒体信息对青少年的危害。而一些媒体素养研究者也似乎对媒体素质教育寄予厚望，但媒体素质教育并不是一味药到病除的猛药，况且，媒体素质教育在西方实践了这么多年，却还没有科学的评估资料让我们判断其有效性（很让人怀疑它只是一剂安慰剂）。所以，要解决当前媒体对青少年的负面影响（暂且先假设媒体多多少少会对青少年产生一点潜在的负面影响，因为即使是这种负面影响的报道，用"媒体素养"来考虑的话似乎也是媒体制造出来的一个话题），仅仅依靠媒体素质教育是不够的。重要的是真正花心思认真考虑教育问题。少年儿童对自己感兴趣的事情的探索是永不知疲倦的。为什么我们提供的教育内容、教学方法让学生感到没有兴趣，感到心灵空虚呢？少年儿童一方面是对学业不感兴趣，另一方面是作业之外没有更多的时间去规划自己的探索，发展自己的兴趣，只好选择及时行乐，而此时媒体暴力也乘虚而入。少年儿童在枯燥的学习中没法获得安全感、成就感，只好在虚拟世界或是暴力世界通过一种忘我的状态来过度满足。

再者，媒体素养教育的主要任务也并不是抵御媒体暴力或是电脑游戏。卜卫在最近一次的讲座中提到，每次新媒体的出现，总是会有一些学者站出来，对新媒体给青少年带来的影响表示担忧，纵观历史我们也会发现：100 年来，出于"保护"儿童青少年的本能，儿童教育者和父母不断提出关于媒体对儿童青少年的影响问题。美国家庭媒体教育专家温迪（Wendy Lazarus）等人指出，几乎每隔十年，人们就向媒体发起一次"攻击"："我能在家里为孩子安装一部电话吗？"（19 世纪 90 年代），"电影导致青少年模仿反社会行为和道德变坏""我应该带孩子去看电影吗？"（20

世纪第一个十年），"为什么我的孩子比我更熟悉收音机的节目？""收音机里的暴力节目是不是太多了？"（20世纪二三十年代），"卡通漫画会对我的孩子有坏影响吗？"（20世纪40年代），"电视对我的孩子究竟有好影响还是坏影响？"（20世纪50年代），"我的孩子从摇滚乐里学到什么？"（20世纪60年代），"电视节目中怎么有这么多暴力镜头？"（20世纪70年代），"是不是不应该让我的孩子再玩电子游戏了？"（20世纪80年代），"我的孩子使用计算机，并上了网，他会变成什么样呢？"（20世纪90年代）。我们发现，中国家长的问题与西方家长的问题惊人地相似！唯一不同的是，由于中国的新媒体普及比北美地区晚，我们的问题比他们晚提出了十年或几十年。20世纪80年代中期，电视刚刚在我国普及时，人们普遍担心电视的负面影响。进入90年代，人们又提出了电子游戏、卡通漫画、计算机和互联网络对儿童的影响问题。"电子游戏导致儿童道德败坏""阅读卡通漫画导致青少年学习成绩下降""互联网鼓励青少年学习暴力和色情"等专家们或父母们的见解不断见诸报端。这里应该指出，绝大部分见解不是科学的研究结论。笔者列出这100年来的"疑问"，是想说明，尽管家长在本能地抗拒新媒体，但100年来，社会并没有停止前进的脚步，儿童也并没有因接触新媒体而成为"堕落的一代"。这里面确实有些问题值得我们深思。我们不应该不负责任地把各种教育问题、家庭问题、社会问题所带来的对青少年的负面影响一股脑地推向媒体。媒体的确有其问题，但是把青少年问题都归因于新媒体（电子游戏、网络等）是不负责任、逃避责任的做法。

谣言止于智者。当我们看到"火箭整流罩被认作是UFO"，网络主流媒体为在太空能否看到长城不断炒作时；当我们看到电视台一遍遍地播放虚假保健品广告、广播电台变成假药广告电台（以咨询的名义出现）时，应该会想到，这些并不是单单靠媒体素质教育能够解决的。一方面，需要政府的监管，另一方面则需要科学素养教育的跟进。也许，媒体素质教育只是教我们有一种自动化的怀疑精神，而真正怀疑的理由还要科学素养提供。

媒体素质教育是一个系统工程，无论是学校、家庭、学生本人，还是政府、媒体、教育科研部门、技术部门，都应该为媒体素质教育出力。学校可以有规律有计划地开展相关教育活动；作为接受媒体的主要场所，家庭应该成为媒体素质教育的第二课堂；学生应该意识到信息时代、媒体时代的时代特征，提高媒体素养绝不只是为了抵御不良媒体信息的危害（似乎是"家长"关心的事情），更重要的是媒体素养是 21 世纪信息获得、自我表达的能力；政府则应该支持媒体素质教育的研究和教师的培训（教育部），同时应该出台更是可操作性的规定，来规范传媒市场。比如娱乐节目定级、电脑游戏定级等（广电部）；媒体应该利用自身优势，开发媒体素养资源（和教育界合作）或定期开放媒体，让受众了解媒体。例如，日本的 NHK 就有很大的开放性，可以在周末或假期，让公民参观其内部。

　　教育科研部门应该重视媒体素质教育理论与实践的研究。由于媒体素养是一种跨学科的素养，需要不同学科（如教育学、传播学等）间相互合作才可能真正把握。教育工作者应该认识到，在媒体时代，孩子是在电视、电脑前长大的，视像语言、游戏语言是他们认识世界的第一语言，所以不要过分担心（比如认为怎么现在的学生不爱阅读了；读图是不是会阻碍儿童想象力的发展等等）。真正的教育家应该有敏锐的时代嗅觉，放弃食古不化的观念（一些学者觉得他们过去是通过文字阅读获得知识的，看到现在学生不爱阅读，就很武断地认为这将影响儿童的发展。没有实验依据，单单是因为与自己的经验相悖就认为不妥，进而要大加批判，这不是科学的做法），深入研究视像语言的特点，开发符合"e 时代"认知特点的教育产品。美国正在兴起的"严肃游戏"（serious game）运动，正体现了这一研究方向。从广义上说，这也是一种善用媒体的媒体素养；对于技术部门，开发诸如"No Porn"（一种浏览器的插件，用来屏蔽黄色网站）之类的软件，保护低幼儿童，使之更好地利用媒体，也算是媒体素养外的一道防线。

　　总之，媒体素质教育需要合力来推进。当然，这样的说法往往会流于泛泛而谈，因为一旦归于"合力"，常常就淡化了分工。需要强调的是，媒体素质教育的主要课堂还是学校，因为学校这样一个集体环境有利于进行意识、分析、反思、行动，而这正是媒体素养"赋权"的过程。

第七章

社会学视阈下的教育变革

身处全球化的时代，社会的变革已是再正常不过的事情，并且我们也往往能不断地感受到整个社会正在进行的变革气息，而每次的变革都与社会领域的每个方面有着密切联系。从 20 世纪以来，教育系统所出现的变革从未间断，其涉及的领域有教育制度、教育观念、教育方法、课程体系、资源配置等。当我们现在带着检讨的意味回顾教育系统所经历过的变革时，很容易就发现，就算是成效卓著的教育变革也出现过不少似是而非和相互矛盾的现象，以及一般会忽略的同时存在的因素。教育工作者被迫将自己和他人视为变革动力的专家。而为了成为变革动力的专家，包括行政人员和教师在内的教育工作者，一定要成为熟练地引导变革的主要力量。面对这双重压力，教育工作者就不得不花费更多的时间和精力对潜在的和发生的教育变革进行考虑和研究，也由此展开了对教育变革的研究。

第一节　教育变革的动因

20 世纪 50 年代，将教育变革看作相对独立领域而进行的研究开始了，由已掌握的资料分析中我们能够看到其研究的视角变化。初期是以比较教育学领域为视角，而后是以教育社会学的视角来发展，并形成了单独的研究领域，将教育变革研究的一系列主题确定。

其一，教育变革动因研究。这是从外因层面集中分析促进教育变革的社会政治、经济、文化以及自然力量；从内因层面检讨执行系统阻碍适应和发展的力量、失范以及功能不良情况。

其二，教育变革过程研究。这主要是对教育变革实施的政策和措施是否有不足之处进行研究，及时根据反馈信息进行修改和补救。

其三，教育变革类型研究。从主体上来看，教育改革首先是国家主导型的改革，纵观历史上大规模的教育制度改革，往往与政治的精神体系特别是国家政权的全面动摇关系密切；其次是大学主导型改革，其往往是外部原因造成的，其过程是通过学者提出、外界支援和获得财政资助来进行；而后是利害调整型改革，改革难免会涉及某些阶层或群体的利益，所以有必要开展这种辅助的调整改革，用来维持各方的协调关系。

其四，教育变革阻抗分析。这种研究的重要性关乎教育变革的成功与失败，研究者和变革代理人是否充分认识并制定出措施应对阻抗，决定了其应该如何降低或消除变革的阻力，或使变革能承受这些阻力。

其五，教育变革成果传播研究。这种研究的方面有方法、理论和实践等，建立一种示范模型，研究其推广意义，以现代媒体技术来协助完成。通常政府部门会出面组织进行这方面的研究，如发布教育绿皮书等形式。

本节主要从理论和经验方面对教育变革的动因进行分析和介绍，通常说来，理论上的研究规定了经验层次的分析，这也是按照理论指导实践的原则进行的。相反地，实践层面决定了理论的提出、检验和完善。社会学的每种理论或范式都是在特定的实践中成熟和发展的。因此，本节在分析社会学理论时会尽力对每一层次的研究范式和实践意义进行描述和说明，这样能够使学生清楚如何区分理论对于实践的"适切性"和"情境性"，从而实现学会并掌握对教育变革动因进行分析的研究方法的目的。

一　社会学范式与教育变革动因分析的理论建构

与任何其他科学的理论建构相同，构建研究教育变革动因的专门理论的强大基础是未说明的假定。从某种狭义层面来说，不需要将这些假定视为理论的一部分，然而它们的确对提出理论的方式存在着影响，我们也可以用范式（Paradigm）来形容这些潜在的假定。

怎么对教育变革的动因进行考察，这个问题的基本前提之一是一个理论家能够集中注意的动因存在不止一个可供分析的层次。在很多情况下，不同范式或理论之间的区别都与它们的经验研究层次密切相关，或许难免会对不同层次的范式或理论之间产生的冲突进行强调，原因在于每种范式或理论想要解释的动因是不一样的。其实若不从所有的范式中汲取有益的观点，那么想要合理恰当地解释教育变革动因的每个经验层面都是不可能的。事实上，任何理论都是想合理贴切地解释某一客观事物或事件，然而每一种理论看到的都只是事物的某一个方面。若以自己看到的事物的一面对别人看到的事物另一面的不真实性进行反驳，这本来就不是科学的态度，这也是有些社会学理论刚提出就很快消失的原因。

或许许多社会学研究者都有这样的感受：虽然研究者会对某个特定的范式比另一个范式优越这样的论证相当热衷，却没有一个研究者敢妄言，有一种理论能恰当地对某一教育变革动因及动因构成的全部复杂性进行描述和解释。若认同任何一个都是不全面的这种说法，就表示或许只有在特定目标方面相互竞争的理论才是有效的。而由此可推理出，对教育变革动因的研究，或许每一种理论的解释都合理有效，但每一种理论解释的有效性都是独立存在的，都不能对其他理论解释的有效性进行反驳。

根据传统的教育社会学对于教育变革动因研究，有平衡范式和冲突范式两大范式存在。这两大范式在社会学领域是对立的，每一范式都有很多的理论家在为之努力思考并提出各自的理论，力图从宏观社会学方面分析和解释教育变革的动因，从微观方面分析变革中的如变革代理人和参与者的动机、意图和行动等个体。关于这些研究，我们将在接下来的论述中一一进行介绍。

（一）从平衡范式来分析教育变革动因

由平衡范式的释义来看，教育属于社会系统的一个子系统，与其他子系统相配合共同支持社会系统。教育变革是一种系统调适的行为，是适应系统内外部的结构变化和功能需要。比如变革能够为从环境获得系统所需要的资源并在系统内重新进行分配提供保障；能够制定该系统的目标和确定各种目标间的主次关系，并调动资源和引导全体成员为达到系统目标而努力；能够协调系统各部分从而成为一个发挥作用的功能整体；能够维持价值观的基本模式以及其在系统内的制度化，还有对个人或群体间的紧张关系问题进行处理。这就是著名社会学家帕森斯的"AGIL"功能模式。

可以将从平衡范式研究教育变革动因的理论区分为四种：进化论、新进化论、结构功能主义和系统论。其中，作为社会学的主流理论的结构功能主义，曾是研究和阐释教育变革动因的主要理论。

1. 结构功能主义理论

在结构功能主义看来，有两种关于教育变革动因的解释：一种是教育行动系统间信息或能量的过量交换改变了该系统内部和系统之间信息和能量的输出。比如变革动机（能量）过强，就会影响现有课程结构，或许还会影响这些规范结构课程的重新组织，最终引起课程价值取向和课程体系的变化。另外，一种新的人事制度和计划的制定，或许会将原有的人事制度打破甚至会对其他制度发挥功能产生影响。另一种是信息或能量的供应短缺，进而导致重新调整教育系统内部或外部。比如人们对某一教育变革认知（信息）方面的冲突会造成规范方面的冲突（组织内出现混乱或阻抗变革），进而会对教育组织内的人格系统和有机系统产生影响。

2. 中层理论

因为结构功能主义理论在对教育变革这一行动系统进行解释时，运用的是一种宏观的、比较抽象的分析架构，所以在很多批评人士看来，这种分析不能解释教育行动系统内的行动者和他们具体的实践，即不能将经验层次的"目的和行动"反映出来。由此，美国的功能主义社会学家墨顿（R. K. Merton）创造出一种"中层理论"（the middle range theory），想要以宏观的抽象理论研究结合微观的经验现象来对教育变革这一行动系统进行研究。根据中层理论看，能够将教育变革的可观察的动因分为两种，即显功能与潜功能。显功能是能够为调适和改善教育行动系统提供帮助的客观动因，因为其作用强，教育行动系统中的行动者能够预测和感知到；相反地，没有被预测和感知的便是与潜功能相关的客观动因，但持续一段时间后会不会表现出来是说不定的，不过依旧会起作用。这种分析形式与"一分为二"地看待事物的方式大致相似，若只有这一种分析，那么社会学这个学科依旧未能从哲学中完全脱离出来而获得独立。分析"显与潜"功能这种二元对立时，墨顿将"反功能"的概念加进其中，若说人们比较容易感知的是正功能，那么反功能的概念，我们可以这么认为：并非所有的引起教育变革的主客观动因能够促进教育行动系统的调适，这些动因也可能会导致教育系统因变革而减少系统调适，而这就是"反功能"（干扰、紊乱、问题），也正是反功能的概念引导着人们关注对教育变革动因和阻抗的探求。

（二）从冲突范式来分析教育变革动因

20 世纪 60 年代末，在社会学理论界中，平衡范式被冲突范式取代，这与当时西方社会发生动荡而平衡范式无力解释相关。在社会学冲突范式下，解释教育变革的理论有：马克思主义、新马克思主义、文艺复兴理论、空想主义或无政府主义。①

由冲突范式的释义来看，应该将冲突作为研究教育变革动因的基本线索，其侧重点应放在教育系统与社会亚系统之间的冲突、教育制度代表谁并为谁服务、教育系统内各亚系统间的冲突以及冲突的根源等问题上。这一范式所具备的共同理论特征是：强调冲突的积极作用，认可冲突存在的必然性和长期性。反对带有价值判断的研究假设，极力提倡一种超阶级、超价值判断的、客观的冲突分析风格。

冲突范式主要从两个方面来对教育变革动因进行分析，一个是观念方面，认为规范或价值取向的变化是教育变革动因的来源，这主要是教育系统外部变化影响的结果，像政治、经济制度和科技的革新，都会在不同程度上对教育系统内人们的观念产生影响并将其改变，最终引起变革行动；另一个是实践方面，认为体制和机制上的变化是教育变革动因的来源，如教育系统无法满足社会经济发展的要求而发生的适应性变革等。

教育社会学理论领域中自 20 世纪 70 年代以来掀起了一股微观革命之风潮，人们不断质疑和批评两对传统范式的假说，一致地认为传统分析范式太强调宏观性和理论抽象性，并不能真正清晰地说明教育变革的内在动因以及外在动因。为了搞清楚外界因素促进并产生教育系统变革动机的方式，研究者应对学校内部班级社会体系中人与人之间的互动关系进行重点分析，包括师生关系，另外对种族和教育机会不平等的原因、学生家庭背景（社会的、经济的和文化的资本）、教师的社会地位和教师在社会中的角色、学业成就的归因、知识的来源与控制、科层制度中的人际关系、学生自我角色定位、学校文化与反学校文化等也有着重分析。

这种微观研究打着"新"教育社会学的旗号，其研究方法由"量"的研究向"质"的研究转变。尤其是与人类学的"田野调查"的人种志相结合的研究风格，使研究将"人文"社会学色彩真正体现了出来，其研究成果也更贴近真实并具备可读性。

研究逐渐深入，新教育社会学也逐渐融入社会学的"解释学派"，这是一个比较大的理论群，我们也可将其叫作"解释学范式"。在此范式下，对教育变革进行研究的理论主要有：交换与合理选择理论、社会行为生态

---

① 钱民辉：《范式与教育变迁研究》，《教育理论与实践》1997 年第 2 期。

学、符号互动理论、民俗方法论（常人方法学）、戏剧理论、标签理论等。由上述分析我们可以看出，教育社会学领域已出现理论并存现象，呈现一种多元化的形势，这种形势体现出西方社会发起的一种"后现代主义"思潮。后现代主义社会学的影响使我们意识到似乎应该学会理解与教育变革相关的每一种"话语"和它的"情境"。而不应该超越某一特定话语的"语境"来决定我们的取舍或判断。我们需要明白，得益于全球化，在已远去的"后"现代的当下，我们似乎正身处一个"整合"的时代。所以，我们应当结束理论界垄断独裁的时代，迎接并进入一个多元化的但彼此交融的理论发展时代。在研究教育变革中，我们仍要保留部分传统，再结合定量研究和定性研究、宏观分析和微观分析、理论研究和实践经验，如此，或许才是对教育变革进行研究的最好方法和途径。

二　社会学范式与教育变革动因的分析层次

（一）　内在动因的分析层次

由研究教育变革动因的社会学范式能够看出，其实各种范式可以代表不同层次的原理假设。每个理论研究者所选择的研究重点都是教育变革动因的某个层次而并非其他层次，由此形成的理论也就自然是解释某个相对应的层次的现象。教育变革是多层次多维度的，因此所形成的理论研究也是多元化的，接下来我们的分析和归纳就是从教育变革的两个内在层面进行的，希望可以合理地解释教育变革的动因。

1. 个体层次

个体层次可再细分为行为的和主观的两个层次。无论是哪个层次，研究者都会将行动的个体看作基本的分析单位并集中全部注意力。从社会学的分析来看，由于最后常常是以人的活动来实现教育变革的，所以研究者注意的或感兴趣的往往是个人的行为或社会行动，而并非某个具体的个人。也因此在对教育变革动因进行分析时，应首先把人的活动包括内心活动（需要、动机、意图等）作为重要的研究对象。

在教育系统中，关于人的变革行为产生的方式存在很多的理论观点，每一种理论观点都说明了某些动因和意义。我们接下来侧重介绍一些比较有代表性的理论，从这些理论的解释中我们能发现一些值得思考的东西，也是为我们提供了一些不同的视角，能够开阔我们的思路，从而实现全面认识事物的目的。

（1）交换行为理论

该理论借鉴了经济学理论中的两项原理，即效用最大化和边际效用递减，还借鉴了心理学的一条原理，即规律是以外部环境的影响（刺激）与个体行为的种种表现（反应）之间的联系为基础建立起来的。根据这些理论，在支持交换理论的教育社会学者看来，教育系统内人的变革动因是某个人因某种行为（教学方法或管理方法上的革新）而受到奖赏（第一次被强化），这种奖赏（精神的或物质的）恰好满足此人的需要（第二次被强化），所以，该行为或社会行动就会以这种模式固定下来。也就是说，两个或多于两个的人彼此之间的行为是依照奖赏起作用的原理发生的，可以由此推论，可以用一种交换的方式来理解和解释一切类型的人际互动关系（和谐、对立、合作、竞争）。

在社会实践领域中，不管是有意的还是无意的，人们都在按照一定的"交换原则"行事，变革被他们视为一种"投资"（cost）行为，是为了改善现状或得到更大发展的一种交换行为。若变革实现了预期的目的，就能强化人们的投资行为。很多交换理论家都指出，参与教育变革的双方（变革代理人和执行人）都相信，相比于目前向他们开放的任何其他条件和选择，通过变革（一种可计算的投资与回报的交换行动）能为他们带来更满意的结果。因此，这种交换行为就会顺利地发生，随着向参与者开放的可选择的供应来源的变化，他们的成交能力也将发生变化。作为变革代理人或政策制定者，在提供一种教育变革的方案时，不仅必须了解同时提供给所有参与的行动者的开放选择，还必须了解允许他们对这些选择的评价。

（2）社会行为生态理论

该理论是与交换理论一脉相承的，在其看来，作为一种社会行为（发动者和接受者），教育变革是行为个体有意识地自我控制的结果。行为个体通过自我控制，"力求对他们置身其中的社会情境的意义做出评价，在社会的各种规则和习俗中做出选择，进而确定变革的程序并指导自己的行动"。因为相互作用的每个行为个体对情境的定义不同，因此教育变革研究者就有了这样一个任务：在变革实施前，必须考察各种人员对情境所下的定义以及这些定义之间的相互联系。这种从内在的动机和认知方面考察教育变革的动因是一种个体层次的，也是变革的主要方面。

（3）民俗方法论

该理论将揭示人们用以界说情境的方法作为对教育变革动因研究的重点。尽管各种情境都存在差异，根据情境也无法直接判断各种意义，但能够假设，人们用来构建意义的解释结构能体现出各种情境的特征，应该把这些结构作为研究个体教育变革动因的重点。比如大部分教师定义情境采用的是"实用规则"（practicality ethic），这种规则包括和谐性、工具性、成本三个方面，每个方面都要有相匹配的证据、确定的程序、个体付出与所得的预期。作为变革代理人和研究者，想要预知教师响应变革，诱使发动变革或阻碍变革的原因，就必须对教师对于变革的这种内在的解释结构有所了解。另外还有几种微观教育社会学理论学派在研究教育变革动因时持统一的观点，他们都倡导依据个别行动者的意义，对个体在实施或接受教育变革时的主观看法进行理解和阐释。其中，在符号互动论看来，主观意义和自我概念占据核心地位，不可将人的行为看作本能、动力、社会角色、社会结构或文化等内部或外部力量的结果。这里必须明确一下，应该从个体的主观意义和自我概念中寻找其参与变革的动因，可在人际交往过程中获得行动的意义。事实上，社会行动的实现途径就是个体交往互动以及定义并赋予彼此的行动和情境意义。我们要注意，在变革来临时，人们在教育系统内的互动既促进了教育变革，也往往存在着对教育变革产生负功能的可能。原因是变革事件中的每个个体都是带着各自的价值判断和倾向去进行交流互动的，并且也都会批判变革的对象并将再建的潜力隐含。

在解释学范式下的各种研究都选择了典型的人种学方法论的变式，目的便是解释人们选择变革的原因，以及个体将什么样的社会意义赋予了自己和他人的行动。人种学方法论的基本原理的基础是人类行为的两个假设：一个是自然主义生态学假设。也就是认为若研究目的是从理论上概括有关的变革目的，那就应对学校进行调查，只有以学校作为具体背景，才能看到各种现实的作用力。另一个是"质"的现象学假设。也就是肯定地认为在研究教育变革动因时，要想了解行动者的动机和行为，对行动者关于变革的态度和立场做出正确判断，就要搞清楚行动者是如何对自己的思想感情和认知行为的架构做出解释的。教育人类学者对资料的收集惯用的两种方式是参与观察或非参与的直接观察，这两种方式分别在微观人种学和制度人种学中适用。

2. 组织层次

学校一级的组织变革是这一层次的研究重点。学校在教育变革研究中是一个重要的"中观系统"①。学校是一个重要的、优先得到研究的层面，原因是它介于国家一级做出的决定，与每个教师在班级中日常应当做出的决定之间。学校是教育变革的主要场所，真正的教育变革并非来自国家一级颁布的决定，而是只能在学校系统中产生。在现代工业社会中，学校往往被"组织分析"学派看作一种社会组织，在此观点中，尽管也极力想要表明学校作为一种社会组织是与其他社会组织的特点不同的，但有超过一半研究还是将组织理论关于正式组织必备特征作为出发点，进而采取一些措施来对学校组织的目标进行分析。

学校中的人际关系是组织分析另一个的研究方向，其包括个人之间的互动，这种互动涉及的含义比较多，如信息沟通、互相调节、协调最合适的互相依赖的行动路线、人际的合作或冲突以及适应较大环境的联合或连锁模式等。社会心理学家的研究领域也包括组织层次，象征互动理论和交换理论是主要强调组织层次的两个理论观点。为了从组织层次理解教育变革的动因，笔者将学校看作一个完整的组织，以组织分析的方法来对学校教育变革动因进行研究。

弄明白学术组织与变革相关的变量是对学校组织变革的动因进行分析和解释的前提。有关研究指出，必须分析学校组织的三个方面：其一，全面分析学校组织，也就是理解有关变革的重要的组织亚系统及其运作过程。其二，掌握那些对教育变革有影响的种种措施，如领导动力学、组织政策动力学、组织成员的角色定位，以及计划评价过程的运用。其三，教育变革动力学方面的实践经验，主要来源于实施变革的现行机构，有时也会来源于实例分析教育变革的过程中所获得的替代性经验。

通常情况下，压力（stresses）和张力（strains）是学校组织变革动因的两个重要因素来源。可将压力看作"组织的外部因素"，它属于组织外部环境的一部分，主要存在四类：人口规模的构成、社会亚系统的变迁（政治、经济、文化方面）、科学技术革命和自然环境的变化。可将张力看

---

① 张人杰：《西方"学校社会学"研究》，《外国教育资料》1987 年第 4～5 期。

作"组织的内部因素"，其程度与冲突成正比，主要存在的因素有：紧张的组织内人际关系、不合理的权力结构与资源配置、不通畅的信息沟通、混乱的目标、学生运动等。在 M. 迈尔斯（Matthew Miles）看来，在对学校教育变革的动因进行研究时，诊断组织是否"健康"很有必要，于是，他给出组织处于健康状态的十项指标和不健康状态的七项指标。另外对教育变革动因的研究，分析其中的阻抗原因也同样很重要。就研究的结构来说，学校组织变革主要有三方面的阻抗因素：其一，逻辑方面。以人们对于变革的认知、合理的理由和科学的分析为基础。其二，心理方面。以个体和群体的情绪、思想感情、人们的观念和态度为基础。其三，社会方面。以团体利益、组织凝聚力、群体价值观为基础。

这里需要再次强调的是，在对教育变革动因进行研究时，应该甚至是必须将这些已经存在的或正在形成的阻抗因素纳入考虑范围，由于遇到阻抗时，变革发起者会反复审核变革的方案，以确保变革方案的恰当、适宜。因此，一定时候，阻抗也会成为变革的动因。若是如此，阻抗就相当于变革反应的"检衡器"，尤其是教师的某些阻抗，会督促变革代理人和机构对已经提出的各种变革方案进行认真谨慎的甄别和检讨。

在以组织分析技术来研究教育变革动因时，个人和小团体研究法是一个比较有效的策略模式。这一方法受社会心理学、象征符号互动论和交换理论的影响比较深。其将个体看作变革行动者，由于个人的价值观念影响着个体对变革的认知和态度，因此其根本的设想就是能以转变个人的态度和行为来实现组织的变革。因此，有七种策略可供研究者或变革代理人选择：一是价值策略。在学校组织的价值系统中加入行动者的价值判断。二是理性策略。用事实和科学的分析来说服有理性的行动者相信变革的合理性。三是说教策略。四是心理策略。说教策略和心理策略两种策略均以行动者的内在需要为出发点，激发出行动者参与变革的意图。五是经济策略。学校组织拥有为行动者提供或剥夺其各种资源的权力。六是权威策略。利用权威影响使行动者服从学校组织的安排。七是政治策略。从政治上为变革行动者的责、权、利不受侵犯提供保障。

（二）外在动因的分析层次

分析教育变革的动因，许多外在的因素与要考察的教育系统内在因素同等重要。历史上曾发生的重大教育变革有三次，第一次是在文艺复兴时期，第二次是在工业革命时期，第三次是在我们当下。引起这三次重大的教育变革的都是外在的文化和社会因素。所以，分析和说明这些可能引起重大的教育变革的外在动因，是同时兼具理论意义和必然的现实意义的。接下来我们就从文化和社会这两个大的层面来分析，并将介绍与每一层面相关的研究和理论阐释。

1. 文化层次

代表该层次的是一个社会全部成员共有的价值观、意图、规范、象征和整个世界观。文化的构成要素是人类的活动和互相影响的持久性产品，其包含人类生产的物质产品的领域或非物质的文化领域，这是就"文化"一词的最广泛的意义来说的。众多社会学家非常强调从文化层次研究教育变革动因的重要性，原因是教育变革其实是一种复杂的文化活动，具有多质特点，无论发动哪种有计划的教育变革，都是按照一定社会中人们的意志进行的。因此他们基本认为分析教育变革动因的关键因素是意义、价值观、社会态度、规范和象征文化，他们还强调教育变革中文化模式的相互依赖性。强调社会是一个互动的体系，强调变革中个体的人格。

教育变革是基于一系列核心的价值观、意义和法律规范，实现学校系统整合的最高层次，从逻辑和意义上而言它们彼此是保持一致的，对变革行动者的相互作用具有控制性。从文化层次对教育变革动因进行研究的主要理论有：文化社会学、民俗方法论、符号互动论以及激进的教育社会学理论，如文化再生产理论和文化资本理论。

就文化社会学来看，通常可将文化变迁看作教育变革的重要原因。能够对文化变迁提出两个最基本的问题：什么是文化新特质的来源？激发教育系统而接受文化新特质的原因是什么？若从来源和动力这两个方面阐释，有三个方面能够对这两个基本问题做出回答。

其一，发现和发明。新技术的发现和发明将持续更新教育的内容、方法、手段和设备，强烈地改变着教育的规模、质量等各个方面。

其二，传播。一个社会文化新特质也有可能是来自另一个不同文化和文明程度的社会。一个社会群体借鉴和汲取另一个异文化社会的文化要素并将其与自己文化相融合的过程就叫传播。教育变革是一种文化现象，所以也是一种文化传播的结果，并且也是一种文化传播的重要形式。值得注意的是，教育是有选择地传播文化，它往往将一定社会对其要求和需要反映出来，换句话说，就是并非任何文化教育都会传递下去。

其三，涵化（acculturation）。从通俗意义上来说，涵化是指不同文化群体更进一步接触时所发生的变化，是一个强势文化体向弱势文化体渗透的过程。我们能够看到，自19世纪以来，西方教育的全球化趋势已将地方性的教育知识系统粉碎，在各个不同文化社会中，一种普遍性的教育模式逐渐扎根并不断发展。假若这是一种文化要素的自愿借取，那么，涵化就是不同社会在支配与从属关系的情境中，强迫性地以一种文化进行文化渗透的现象，最常见的就是存在于很多社会的"殖民主义教育"。

另外，由民俗方法论和符号互动论的解释来看，人们使用符号（语言、表情、姿势）在意志与感情的交互作用方面和物化的成果方面是文化新特质的来源。由此也可以这么认为，变革是一种文化互动的结果。

在文化再生产理论来看，可以将教育变革视为重新分配、变化知识产业结构和意识形态方面。教育系统内，知识的生产与文化再生产之间的显著的分类与生产方式中统治与被统治间的显著分类比较相似，另外，在控制生产背景与控制教育变革背景之间也有相似性或近似的对应性。因此，"揭示教育变革动因"就找到方向。从另一方面看，文化资本理论与再生产理论也有很多相似之处。就像文化资本理论所认为的，比以前更完备地复制他们统治的合法性是教育变革的目的，于是，他们还要以文化资本作为辅助，对学校教育进行控制，进而实现他们的意图。由此人们也会认为，有时可将教育变革视为"文化霸权"的一种必然结果，这种观点在西方资本主义制度下的学校教育中表现得尤为突出。

2. 社会层次

一般来说，这一层次的变革指的是与社会各个分支系统都相关的社会大系统的变革。身处整体社会结构之中，教育的存在形式是一种特定的社会结构要素，具备特殊的社会功能，并与社会其他亚系统一起为社会服务。由于社会结构要素强调的不是个人、个人的行动或意义，而是行动的模式和互动的网络，途径是通过观察时间、空间的规律性和一致性，推论出这些模式和网络，因此从这方面对教育变革动因进行分析更具抽象性。在该层次上，社会位置是研究教育变革动因的最基本单位，如小规模的社会结构（学校班级、学术小组等）。然而这一层次大多对较大规模的结构变革给予更多关注。在社会学领域，经典社会学的平衡范式和冲突范式是研究这个层次的两大范式。接下来本文将分别对其进行介绍。

（1）平衡范式

生物学和人种学的研究成果是进化论与新进化论的基础，另外还以进步和发展这两个概念为参考来解释教育变革动因。比如发生变革的原因是教育结构的深入分化和专业化，而教育系统需要持续进行变革以适应这一变化。

结构功能主义认为变革是缓慢累进的，系统的外部压力是教育变革的主要动力来源。而将系统内部的冲突或变化视为一种"功能失范"现象，所以，应当经常且必须"整合"和"修复"系统。这种系统内的"失范"现象是无法作为教育变革的一个动因的，因此就将人们的注意力引向教育系统的外部原因，其中，帕森斯的"AGIL"功能模式正好说明了教育变革的外部动因。

系统论从功能主义理论那里借用了某些观点，在对教育内部形成的关系进行分析时，也对教育系统与社会经济环境的关系进行了分析。而后强调，可能是系统内某些部分的功能不良（失范）或外部系统的直接作用导致教育系统发生变革。

很多教育社会学家都曾就平衡范式对教育变革动因的解释提出质疑和批评，其中冲突范式下的教育社会学家的批评是最明显的。在他们看来平衡范式将教育系统内部的冲突现象遮掩，而这些内部的冲突却往往会成为教育变革的真正动因。因为一直存在系统内或系统间的冲突，因此也就会时常发生变革。

（2）冲突范式

马克思主义的"冲突社会学"，想象是这一范式最重要的奠基理论，它是"关于各种社会变迁的一般理论"。它将通过一些特定的工具或基本概念（其中首先是生产方式的概念）来对教育变革的社会动因进行分析，也就是要对社会的生产关系与学校教育之间的各种社会联系进行考察。

新马克思主义教育社会学是冲突范式的主流理论。在该学派看来，从社会各种原因来考察教育制度是必然的，而这需要借助意识形态、统治权威和文化霸权等概念，来反映一定社会中的政治、经济与教育之间的关系。于是，这一学派比较关注的问题是：对于日常教育活动中的个体与群体的思想，一定社会中的统治阶级的意识形态是如何渗透的；统治阶级是如何利用手中的权力树立权威并对国家和整个社会进行控制的。在阶级社会中，存在着政治和权威的决定力量，但这种力量是如何蛮横地对社会各阶层不同的文化经验起决定作用的。这种决定性的力量及其在不同场合（如学校）所起的作用，应该纳入获得文化观念的内容。在资本主义社会中，学校教育总是将阶级冲突反映出来，同时还表现和延续了社会冲突，其实，学校教育就像是维持社会不平等的工具。面对这种情况，要求社会公正、消灭阶级和种族差异、实现教育机会均等化就成了教育变革的真正动因。

文化复兴理论却并不注重社会阶级的作用，而是试图用群体的力量（救世主运动、种族运动或革命运动）去建立一种更令人满意的文化，为此要付出坚决的、有意识的、有组织的努力。他们反对对强势文化或殖民主义有利的学校教育，倡导提供支持社会运动和改良的必要教育，创建可供选择的学校教育和环境，这些观点和努力是文化复兴理论对教育变革动因阐释的主要方面。

最后需要提到的是，受空想主义和无政府主义思潮影响的历史学家，他们的思想曾对资本主义社会中教育变革的所有理论产生了影响。他们批评学校脱离现实生活、对人的自由发展的限制以及对各种教育资源的垄断等实际情况。倡导建立一个能对"自由人"进行培训的学习化社会和新型的教育网络，以及提出过渡到终身学习等目标。这些主张和努力应该成为今后教育变革的真正动因。

第二节　教育主体与教育变革

教育阐释学也叫作解释性教育社会学（interpretative sociology of education），其试图说明研究者都是以解释性或阐释学去分析全部具体情况的。教育阐释学，是指注重具体情况而不注重理论的一种研究。它强调要剖析现实本身，并注重探讨日常生活现实的过程以及在此过程中存在的主观目的性与交互作用。[1] 这一节以及接下来的两节均使用这一方法，分别分析

---

① 鲁洁主编《教育社会学》，人民教育出版社，1990，第 650~656 页。

和说明教育系统中的三大主体与教育变革的关系，旨在探索教育变革的特定问题，不同主体之间的关系、各自的动机和意图、行动的策略等内在特征和联系。

与往昔相比，现在所发生的教育变革已大有不同，它在涉及外界的社会经济、文化变迁的同时，也开始不断与教育系统中的人建立联系。我们可以这样认为，教育变革是通过人的活动尤其是教师的活动实现，只有外界对教师变革动机的激发，对教师关于变革的认识的提高，才可能催生变革的行为，也就是"教师的社会行动"。因此在对教育变革进行研究时，应首先研究"教师的社会行动"，考察教师在变革中的行动背景和活动过程，进一步理解教师与变革的关系。如此，才能使教师在变革中的积极作用充分发挥。

一　教师如何看待教育变革

纵观历史，任何有计划的教育变革往往需要教师的思想和行为作为依据，即教师的思想与行为时刻影响着教育变革的发生和发展。若某一变革被教师从思想上接受，那么这一变革就会很容易发动和进行[1]。

通常情况下，教师会依据以下四个粗略的评估标准提出问题，或决定是否接受或参与某一变革。

第一，变革是否潜在地反映了一种需要？学生是否会对变革感兴趣？变革能否促进学生更好地学习？变革的效果是否明显？变革是否会产生预期承诺的结果？

第二，在变革方案中，能否清晰地说明教师应当如何做？

第三，变革将如何对教师的时间、精力、兴奋感、新技术和能力以及现存的矛盾等因素产生影响？

第四，教师和同行以及其他人是否都能在变革的参与中获得利益？[2]教师只从这四个方面判断变革的价值自然不会很准确，原因是变革本身就带有很大的不确定性。教师由于面临着太多的变革，因此只能通过经济学的方法获取帮助进而评估某一变革。

---

① Sarason, S. B., The Culture of the School and the Problem of Change, Boston: Allyn & Bacon, 1971: 193.

② Michael, G. F, The New Meaning of Educational Change, Cassell Educational Limited, Villiers House, London, 1991: 127 – 128.

当教师感觉有必要进行一种变革时，对变革的付出（cost）就会被他视为一种投资，如果预计中这种"投资行为"可以实现"回报"的目的，如变革可以带来成功、成就感和精神振奋，那么其就有相当大的可能会接受或参与变革。① 然而，教师相信并非所有变革会带来预期的"回报"，在多伊尔（Doyle）和庞德（Ponder）看来，受"实用规则"（practicality ethic）支配的教师还是占大多数的。这一规则的基本特征是，一般来说，教师常常会从外界积极地汲取各种信息进而使自己的认知和工作水平不断提高。就教师而言，他们往往会用"实用"这个词来形容课堂上的操作和练习。在多伊尔和庞德的理论中，"实用的"这个词义是"实践者的想当然的世界"（the taker–for–grated world of the practitioner）。这条规则包括和谐性、工具性和成本三个方面，且每方面都要有相匹配的证据、清晰的程序、个人付出及收益。和谐性是指关于学生将对变革做出的反应（学生学习的动机、兴趣、绩效），教师对此做出的最佳估量（以已有证据为基础）与变革符合教师所处情境的程度。工具性是指程序和要求的准确性（怎么实施和完成）。"理论、哲学上主要规则的表述，甚至特别详细的学生成果"缺乏必要的程序涉入，因此并不实用。② 就个体而言，将成本规定为投资与产出的比例。在实施变革时，金钱所占的部分很小，主要的付出成本是教师所付出的时间、精力等以及对变革成果和声誉的未知性。

从教师个体的观点来说，变革的需要、确定性、个人的付出与收益的比例，最好是能在实施变革的初期在某种程度上实现相对的平衡。变革对教师和他们的教学工作是否有利，对工作中的人际关系是否有影响，只有实施之后才会发现问题。然而关键问题是由于变革初期并未找到规律，因此变革实践往往是困难的。教师和各方面为变革初期提供的支持，将在变革的第一阶段中发挥至关重要的作用。豪尔（Hall）和他的同事在研究有关教师对变革的反应的课题中进一步证实了上述论点。③ 从弗兰西斯·富勒

---

① Huberman, A. M. & Miles, M. B., Innovation up Close, New York Plemum, 1984.

② Doyle, W., & Ponder, Gerald A., The Practic ality Ethic in Teacher Decision – making, Interc – hange, 8, 1977: 1～12.

③ Hall, G. E. & Hord, S. M., Change in Schools: Facilitating the Process, Albany: State University of New York Press, 1987.

（Frances Fulle）早期研究文献的论述中，豪尔发现不同教师所关心的变革以及变革对学生的影响也存在差异，这些关心在变革实施后会减少或增多。

在米切尔·G. 富兰（Michael G. Fullan）看来，至少教育变革的不可靠性与它的可靠性是相同的，原因在于不切实际的思想（不适合的或落后的）消失或是支持变革的资源干涸，抑或两个因素都存在。在同类研究中，豪斯（House）在研究教师关于变革的态度和认知之后做出了总结：个人付出太高是可见的，而获利是难以预测的。[①]

通常太多教师会对变革信心不足，伴随众多变革而来的都是坏的名声。在豪斯看来，其原因在于大部分变革推行者或集团为获得支持与资助，或教师和他人的承认，会试图采用强烈"过度推销"变革的方式。然而，现实效果却与变革者的承诺大不相符，他们都低估了抛弃旧的技术和行为而去学习新技术和行为的困难程度。教师的"职业的自我定义"（professional self – definition）正在受到由教育观念、教学风格和其他实践的变革所引起的深刻变化的影响。另外，"过度推销"的变革是以实施阶段的"拣小遗大"为基础，以及在相匹配于此基础的各种资源上建立起来的，对教师来说，变革好像只是日常活动中的一种随意的决定。

无论什么情况下，在向教师推销变革时往往会特别强调从总体或长远考虑收益会是极好的。然而，教师还是会有所怀疑的，因为没有一个人会立即就接受新事物。由于变革是一个过程，就算已经计划周全的变革也会在实施过程中遇到各种各样的问题，因为教师常常要从思想和行为上去应付太多的变革。若能将一些支持和外在的帮助提供给教师，那么教师是会根据自己的实际情况实施他自己的变革活动的。[②]

总的来说，变革推行者所采取的策略在实际实施时是没有真正作用的，原因是变革方案是以推行者的理性推导出来的，而并非根据教师的实际情境来设计的。尽管有时候变革方案的基础，即理论和准则都是正确的，但是教师并不想接受它或将其在他们的实践领域实施。一般教师会认

① House, E. R. , The Politics of Educational Innovation, Berkeley, CA: McCutchan Publishing Corporation, 1974: 73.

② Charters W. W. Jr. , & Pellegrin, R. J. , Barriers to the Innovation Process: Four Cases Studies of Differentiated Staffing, Educational Administration Quarterly, 9（1）, 1973: 3 – 14; and Huberman, M. & Miles, M. , Innovation up Close, New York Plemum, 1984.

为变革推行者所设想的条件是完全不同于教师所面对的情境，即使变革是有利于教师的，但它具体对哪个教师有利却无法弄清楚。另外，变革无法清晰地规定个人付出量：很难确定变革对教师的意义以及推行变革方案所需要的条件和时间。由此便能看出，很多变革为教师所反对的原因和变革推行者所倡导的理由一样，是合理、充分的。

二 变革推行者如何获得对教师工作的理解

要获得对教师工作的理解，从教师的自处性和他们的对立－合作（op-posite-collegiality）方面来考察是最好的起点。合作恰是变革的力量，通常来说，变革的程度与教师之间的合作程度密切相关。在学校组织中，教师间的合作是指交流频率高、相互理解、支持和帮助等方面，这些是变革走向成功的重要因素。

在推行某一变革前，最好能将教师组织起来，以培训的方式提高教师理解和认知变革的水平，采用现代化信息和技术对变革进行研究和尝试，在集体的互动中形成合力。广泛的教育变革或是局部的革新活动，其实现都离不开教师间的互动与合作。然而这并不代表都得靠教师间的互动和合作去实现每一种变革，教师是没有分析每一个潜在变革的时间的。在很多时候，若教师满意于所处的现状或感觉行政部门也不热心于变革，他们就会认为没必要花时间去培训，也没必要实施变革。值得注意的是，教师分析潜在的变革往往采取的是最经济的时间观，这样的分析存在理解变革的价值和假设这两个前提。而且这种分析取向会造成理解的多样或意见的冲突。若教师在培训后，能够使彼此间的互动和理解强化，就会拥有相同的价值观和几乎一致的假设，他们就会在共同的基础上或接受或反对或修正某一变革。不难看出变革的形成和不断发展离不开教师间的经常性互动。

就像前文所说的教育的变革与教师间的关系。当我们认识到多方向的变革时，就会马上意识到很有必要对学校文化这一变量进行分析。作为变革的中心，学校的规范、价值和作为一种社会组织的结构，逐渐加大了教师间的差异。而恰恰因此，我们并不可简单地认为加强教师间的互动就能实现合作。

在雷特尔（Little）看来，教师间的合作仅表现在表面，所以她建议采取如帮助、分担、叙事等"弱联结"（weak ties）的合作形式，这些并不会影响学校文化和变革。而"联合工作"的合作形式则包括深层次的相互作用，如教师间开展的联合观察、规划、试验等形式是以任务、时间和其他资源的组织结构为基础建立起来的。[1] 但雷特尔并不觉得"联合工作"是非常合理的，原因是不能随意地认为是在对教师的互动和解释的合作准则和研究中形成了教师价值观念的内容。在有些情况下，教师间增加的互动联系量对学生学习的成功很有帮助，在其他情况下，教师互动的结果和准则就会对学生的学习不利。[2] 对后者是否有教师间负变量的互动，以及未能反映出变革的主题等原因还需做进一步的研究。

哈格里夫（Hargreaves）提出"人为合作"（contrived collegiality）和"合作文化"（collaborative culture）两种形式，对上述有关教师合作与互动的问题做进一步阐释。人为合作的构成是一系列正规的、详细的等级程序等因素。在变革初期比较常见，如同行指导、指导者教学、在指定地方联合规划、正式计划内的会议、明确的分工以及提供给咨询者训练的计划。[3] 这种人为合作也只是大体上使人满意，在实际中无太大作用，往往会使教师间不必要的联系增加，所以会使很多宝贵时间浪费。

在哈格里夫看来，真正的合作文化是个人的、深层次的和持久的，在教师日常工作中处于中心地位。所以，合作文化是关乎变革实施成功的重要内在因素。[4] 哈伯曼（Huberman）在同类研究中发现，合作只有对学生发展的本质和程度产生直接或间接影响时，才是合理的。但有意向的合作也就是规划，必须在合作文化的基础上实现变革，而交换材料并调整学生的课堂表现则不能自动地转变成变革。[5]

另外，我们不能绝对地断言自主（antonomy）不利于变革，而合作有利于变革。可能人们会觉得，一个人的自处是另一个人的自主；一个人的

---

① Little, J. W., The Persistence of Privacy: Autonomy and Initiative in Reachers' Professional Relations, Teachers College Record, 1990: 14 - 15.

② lbid. 524.

③ Hargreaves, A. & Dawe, R., Coaching as Unreflective Practice: Contriued Collegiality or Collaborative Culture, Paper presented at American Educational Research Association annual meeting, 1989.

④ Huberman, A. M. &Miles, M. B., Innovation up Close, New York Plemum, 1984.

⑤ Huberman, M., The Social Context of Instruction in School, Paper presented at American Educational Research Association annual meeting, 1990: 2.

合作是另一个人的共谋。我们要重视自处的重要性。弗林德斯（Flinders）指出，自处是许多教师完成工作的途径，原因是这样做不用浪费时间和精力，从而对于变革所带来的各种变化能自主地应付。[①] 而对于自处这个合作的对立面，对其的好坏的判断应以情境为依据，重要的是，教师应该清楚什么时候使用自主，什么时候使用合作来完成变革的任务。

上述争论是有实际的内涵的，想让整个学校的教师对某一变革达成共识是不容易的，固执地追求共识会限制创造力并可能导致决定的错误。在一所较大的学校里，相比于广泛的变革，可能一项特殊的变革更容易促进教师间的共识与合作。但也有研究显示，多元化变革的合作网络效果要远远好于单向变革的合作效果。[②]

三　如何指导教师参与变革

教师，不管是个体还是小群体，在决定投入力量参与变革时（或在决定反对变革时），都需要考虑以下几方向。

（一）不能主观臆断

若变革是由学校的外在力量造成的，那么就应该提出问题：它是否代表一种很重要的需要；是否有证据证明这种变革是行之有效的。对自我进行分析是很重要的，这样能防止教师做出错误的决定。然而教师的自我分析总是只重视形式或不深入，由于对变革的认知和实际之间存在着差异，如今比较盛行的一种趋势是对于外来的变革（特别是来自政府的），教师基本反对，原因是政府发起的变革并非满足教师的需要，因此教师时常反对变革或抵触变革。其实现在的变革很多，教师几乎从未停止过应付不同的变革。就算外来的变革有马上实施的必要，也需要明确它的优先权。原因是同时面对多个变革，教师个人或小群体需要有选择有重点地投入力量。从某方面来说，有两种最理想的方法，一种是学校推行变革的决策部门为教师分清变革的主次序列，提供帮助和指导；另一种是教师在某一特

---

① Flinders, D. J., "Teacher Isolation and the New Reform". Journal of Curriculum and Supervision, 4 (1), 1988: 17~29.

② Hargreaves, A. &Dawe, R., Coaching as Unreflective Practice: Contriued Collegiality or Collaborative Culture.

定时间内认知、选择并投入一两个最重要的变革中。

（二）获得领导的支持

教师接受或参与某一变革的前提，是一定要了解清楚学校行政部门是赞同变革还是反对变革，原因是要想变革成功，就必须获得行政领导的支持。虽然有时候教师自己会倡导有价值的革新活动，然而实践表明，没有来自行政领导的支持，革新几乎难以进行。其中的关键在于沟通与理解是获得行政领导支持的重要因素。通常行政领导最关心和感兴趣的是变革的计划和效果，因此一定要论证计划的可行性，并评估最终效果。如今的行政领导通常是要先分析变革的风险，必要时还要承担一定的风险责任，而后再决定是否支持变革，一般外人是很难知晓这些难处与压力的，但行政领导往往要谨慎地对待变革。如果关于这方面教师能理解领导一些，那么就增加了彼此协商与互动中达成共识的成功概率。

（三）教师要高度合作

根据一些语言和行为，教师估计出同事们对变革的态度和兴趣是有可能的，若学校组织中教师实现高度合作，那么很快就能发现教师们关于变革的态度和兴趣。然而这种情况是很少见的。通常情况是，教师对学识的见解各有千秋，所以彼此间都不愿多来往，甚至是不来往，这样势必导致对变革态度的"多元化蒙昧"（pluralistic ignorance），也就是每一个教师都假设别人对变革不感兴趣；每一个人都做出相同的假设但又不去验证它，这样如何知晓其他教师对变革的真正态度和兴趣呢？在平时的工作中，若同事自主感兴趣于变革或者变革能将他们的兴趣激发出来，那么他们就会以正确的态度对待变革并做出令人满意的行为。

（四）为合作文化做出贡献

除去外在的压力或机遇等不说，每个教师都有责任为合作文化的发展做出一定的贡献。合作文化以在集体中提供建议或接受他人好的建议为基础。这样的行为只需要在集中的小群体中，以较多的交流和互动，营造一定的合作文化氛围，并达成关于变革的设计和估测的共识。

（五）教师领导者

教师领导者主要是指在指导、教学领域中对变革感兴趣并担任领导角色的人，他们面对的是更多的机遇和选择。由于与教师之间的距离较大，很多教师领导者因而被疏远。斯米莉（Smylie）和丹尼（Denny）在这项研究中发现，教师领导者往往从主观上觉得他们始终在为变革提供支持和帮助。然而，其实他们将大多数时间都花费在参加校内外的各种会议，学校与地区的发展规划与决策活动以及制订课程等方面的发展计划上。[①]

许多的教师领导者一般不会随便选择参与到促进变革的合作工作中去，就算是工作需要与教师进行必不可少的联系，教师领导也会感到与教师们难以共处，原因是教师对互相督促和帮助的工作方式还不太习惯。如此，教师领导者应该理解与教师难处的原因，积极参与到帮助教师推广教学革新的成果，以及检查革新对学生的正面或负面影响等学校职业文化的变革中去。值得注意的是，要重视个人自处的原则，并且不能"过度推销"或强迫教师接受变革。[②]

（六）教师联合会和职业协会在变革中应起到积极的领导作用

这些组织是用来沟通和协调教师间、教师与行政领导间、学校与社区间的关系的。一般教师在变革实施前往往会与实施者进行一番协商，提出许多有关自身利益的问题，如变革能走多远？变革组织机构会有什么奖励制度？教师从中能得到什么？为变革所提供的各种资源能到位吗？并且还会认真争论和磋商关于付出（成本）与获利的问题。

在麦克唐纳尔（McDonneel）和帕斯科（Pascal）看来，变革虽不是来自教师组织，但并非如某些人所指责的那样，是教师联合会这些组织阻碍了教育变革的实施。[③] 这一结论并不是空穴来风，而是经过了认真的观察和分析的，最有力的证据有：如关于共同利益的认知，会员间的接纳程

---

① Smylie, M. A. & Denny, J. W., Teacher Leadership: Tesions and Ambiguities in Organization, Perspective, Paper presented at American Educational Research Association annual meeting, 1989: 8.

② Fullan, M. & Hargreaves, A., What's Worth Fighting for in Your School, Educational Administration Quarterly, 26 (3), 1990: 235~259.

③ 瞿葆奎主编《国际教育展望》，人民教育出版社，1993，第284~288页。

度，地区与教师联合会的领导间的实质关系，当地教师联合会内的关系以及与其政府领导部门的关系。

这样说来，教师组织在变革中是发挥了积极作用的，它们往往以"磋商"（negotiation）策略促进变革双方互利协议的达成，进而促进变革顺利地实施。

四　处在"十字路口"的教师

教师通常都希望能实现个人和社会两方面的稳定，而处于平衡状态的社会正缺乏这种稳定，因此，若是在教育领域看到反对变革和不断变革的意向，或是看到有一种要求稳定的强大压力，也就没什么可惊奇的了。相比于过去的教育演变和教育变革，就各方面来说，现在所看到的这两种趋势——在对具体变革有热情的同时，又怀疑变革的理论前提，而往后所进行的变革的特征就将由这种难以向前或后退的情况构成。[1]

在充满变革的现今，教师已处于"十字路口"（crossroads）。教师对变革有兴趣吗？现实的调查表明，有和没有的人都存在，但大部分（并非所有的）教师认为有必要或有变革的意向。在美国的一次全国范围内的教师普查中（NEA，1979），被调查的教师中愿意在所属学校内"尝试更多的变革"的人占85%；认同教师和其他行政人员需要时常参加培训，定期更新他们的知识和技能的，也占到85%。在古德莱德（Goodlad）所调查的样本中表明：愿意去观察其他教师是如何推行变革的教师占3/4。而尼亚思（Nias）在1989年的一项研究中指出，大部分教师愿意和其他教师有更多的合作开展变革活动。[2]

另外那些对变革没有兴趣的教师，其原因主要有：组织结构等方面的限制、缺乏合作的条件和准则、付出大于回报、安于现状的心理状态等。阿诗顿（Ashton）和威伯（Webb，1986）、霍波金斯（Hopkins，1990）、哈伯曼（1991）等人的有关研究指出教师自身的意图、期望、效率感、控制能力和自我实现是形成对变革看法和行动的关键因素。这些因素不仅受

---

[1]　Goodlad, J. l. , A Place Called School: Prospects for the Future, New York: Mcgraw - Hill, 1984: 188.

[2]　Nias, J. , Primary Teachers Talking: A Study of Teaching as Work, New York: Routledge, 1989.

个体的心理特质影响，社会和文化、学校环境、教师职业等方面的潜移默化也是主要的影响所在，所以教师间是有很大不同的，因此对变革的认知、态度和选择也存在差异。

整体来说，关于变革教师有两种选择：一种是技术路线。作为技术行动者，教师以实用规则为前提推行技术性的革新。还有一种是道德路线。教师作为道德实践者，变革过程被他们看作艺术加工过程，推崇和谐，强调学生的思想、品行和知识技能的全面转化与发展。

这两种选择也影响了教师间的合作，因此，哈格里夫和道（Dawe）确认了两种不同的或是相反的合作形式[①]：一种形式是，将合作当作教师们提高教学艺术、促进学生和谐发展的有力工具。当教师们在一起时，总结和反思他们的教学实践，并制订更为合理的教学规划。另一种形式是，作为一种技术革新的机制，合作促使教师达成共识，学会接受由专家推行的技术革新并付诸实践。面对如此情况，教师就不是能够随意判断的职业专家了，而是一名技术行动者。

这两种合作形式造就了两种风格各异的教育革新，若能结合两种合作形式来考虑，可能会产生一种比较理想的形式。然而在现实中，这两种合作形式并未产生理想的效果。并且评估变革也无法得到精确的付出与所得的比例，所以教师对变革的选择总是处在十字路口。面对如此情况，校长指导、支持或阻碍教师对变革的选择和参与就显得尤为重要。而关于校长与教育变革的关系，我们将在接下来的一节中进行介绍。

第三节　校长与教育变革

在全球化的影响下，与其他社会系统相同，我国教育系统也正处在深刻的变化中。这种变化可能会引致现代与传统的断裂，也可能会找到传统与现代的融合方式。无论如何，作为现代性的学校教育系统，其是西方社会向全球扩展的产物，而为了使学校教育系统协调于社会现代化运动，我

---

① 参见 Hargreaves，A. & Dawe，R.，Coaching as Unreflective Practice：Contriued Collegiality or Collaborative Culture。

们一定要找到具有教育变革示范性的案例。在如今信息高度发达的时代，我们应该学习和借鉴西方教育变革理论和模式。但值得注意的是，教育有选择文化的功能，因此我们的学习和借鉴不是完全复制，而是要构建本土的研究和变革模式。

面对这种形势，在整个社会经济、文化变革的大背景下，许多社会学者着手探索校长与教育之间的关系，而大部分教育研究者开始从系统内的教育体制、教学方法、课程内容等方面来研究教育变革。当两个研究领域的学者所研究的成果交汇时，我们发现，这才是对教育变革更为全面的研究。在众多的研究中，人们对校长与教育变革关系的研究相对来说还不多，对此的了解也只局限在行政的理解方面，也就是对校长以行政方式支持或干预变革，进而实现变革者所预想的目的寄予厚望。因此，本文将对西方国家关于校长与教育变革关系的研究成果做出介绍和评价，希望能为我们的理论研究和改革实践提供思考与借鉴。

一　校长如何看待变革与稳定的关系

现今的学校正在经历着剧烈的变革，怎么处理变革与稳定的关系是校长们最大的压力来源。尽管如我们所看到的，校长的日常工作更多的是维持学校内的秩序和稳定，但事实上每位校长都没有停止过对学校与社会适应性问题的思考，对来自各方面建议地听取或接受，进而做出各种可能的调整。校长的角色定位和上级部门的动机决定了其怎么处理变革与稳定的关系。主管部门所认同的校长角色通常是侧重其指导作用，如对教师革新的支持、各级关系的协调、教师合作的帮助、学校各项革新活动的预测和评估等。然而在现实工作中，校长是无法有效地完成这些事情的，原因是有更多的日常工作和问题等着他及时去处理。校长也无法分出更多的时间和精力去关心和指导来自学校的、教师的革新活动，更无法承担变革代理人的重担。由此，人们就觉得，校长的角色一直是定位在力求稳定的保守方面。一项有关研究表明，在被调查的校长中，有90%的校长指出，在过去五年中，校长的工作时间和责任要求增多了。校长更多的时间都花费在参加社会活动，处理学生家长、社区以及理事会所提出的要求，学校行政工作，以及为全体教职员工、学生提供咨询和服务，响应国家和主管部门的各种号召等工作上。

在此研究中，研究人员问到校长们对工作效率的感觉。其中指出校长的工作效率在下降的人占61%，觉得与以前相比并未有太大变化的校长占13%，觉得工作效率提高了的校长占26%。并且，觉得上级部门对校长的支持和帮助在减少的人占61%，觉得校长由于工作效率低而威信下降的人占84%，觉得校长的可信度降低的人占72%，觉得校长在学校一级亲自做出决定的次数减少的人占76%，觉得校长并不能有效地完成他们所肩负的责任和任务的人则占91%。其他有关研究为这种情况提供了更多的证据。在对校长们进行一段时间的追踪观察后，一些研究者发现，校长最重要的日常工作是维持稳定，如控制学校纪律，协调部门间、同事间的关系，保持与外部（政府直属部门、社区、家长等）的良好联系，为学校各种资源和教职人员需求的满足提供保障等。需要提醒的是，这里所描述的关于校长日常行为的特征，并未涉及校长关于学校变革的愿望和计划。[①]

有一位研究者发现，很多极富潜力的教师（校长候选人）在与校长的工作接触中并未理解一个真正的校长所应做的工作和要求，却还希望能成为一名开放的校长。因此当他们成为校长后，需要很长的时间来进行角色转换与定位。通常新校长都会在上任时产生或提出很多新的变革设想，然而随着在实际工作中的执行，尤其是在遭遇实际问题或阻力后，他们很快就学会找到应付这些问题或阻力的途径。很多校长懂得了面对不同的情况怎么使用自己的权力。根据教师行动对全局是否有利或有潜在的影响，支持或干预教师行动。由于校长行使行政权力和职责需要学校全局的稳定为其提供保障，因此，也就不难理解校长的行为为什么倾向于保守了[②]。

有人在上述研究的基础上更深入地说明了校长保守倾向的原因。研究者认为，校长为了强化和稳定自己的新角色，通常会运用四种有力的方法。第一种是补充和吸收。这是新校长因为经验缺乏和所接触的新观念有限而采取的行动。校长赞同变革并给予各方面支持，甚至是利用权威对变革施加积极的影响，其前提是校长能接触到变革的新思想并看到变革为学

---

① Crowson, R. & Porter – Cehrie, C., The School Principalship: An Organizational Stability Role, 1980.

② Sarason, S. B., The Culture of the School and the Problem of Change, Boston: Allyn&Bacon, 1971, Ch. 9, p. 160.

校所带来的实际价值。然而，通常情况下校长有一条原则，即一定要以学校系统的稳定为基础来进行各种变革，变革只是学校系统用来补充或吸收所需要的新思想和新能源的途径。

第二种是角色限制和物质奖励。校长与教师之间的角色关系不是固定不变的，当遇到变革时，他们之间的角色关系就会出现紧张或问题。不管校长或教师，如果想要推行一种变革，都要向对方说明或做出一些承诺，目的是使对方知道变革为学校和个人带来的好处。就校长而言，最好的承诺无非是变革不影响学校的稳定。而对于教师来说，变革所带来的效益和收益，以及学生的反应要兼顾考虑。

第三种是系统的标准。在学校中限制个体的意愿和行为的主要有三种规范的因素：课程统一的理论基础；正式的责、权、利的分配；系统趋向广泛平衡的压力。这些因素都会限制个体革新的各个方面。

第四种是成功变革的概率和系统的环境。成功的变革离不开系统良好的环境，根据自己的工作经验，校长相信，随着系统的环境变化，成功变革的概率也会发生变化的。①

由研究者的分析我们可以看出，尽管校长侧重系统的稳定，但也同样重视变革，只是在持续对变革与稳定的关系进行处理中，校长自然就成为变革与稳定的中介代理人。而作为中介代理人，校长所遭遇的是学校系统中人际关系紧张得不知所措，一方面校长希望能与教师和谐合作一起维持学校的稳定，另一方面又要持续不断地贯彻或制定新政策、革新的方案并亲自倡导变革。学校在遇到变革时，校长的态度和行为总是会传达出一些信息，这些信息对当前的变革或许重要或许不重要，但人们往往又会以这些信息为根据来对自己关于变革的认知和行为进行调整。由此可见校长在变革中角色作用的重要程度，学校发展的关键所在就是校长能客观公正地处理好变革与稳定的关系。因此，也就更需要校长具备更高的文化素养和人格精神，以及更多更好的工作经验和能力。

二　校长处理变革的领导风格

我国学校管理学研究的内容一直都有涉及校长处理变革的领导风格。

---

① Lortie D., Built in Tendencies toward Stabilizing the Principal's Role, Journal of Research and Development in Education, 22 (1), 1988: pp. 80 - 90.

就现在的情况来看，其研究结果只有描述性和理论性的阐释，而并未有具有实证性的研究结果，所以人们也就无从理解校长在实际变革中的真实心理和行为。但是，国外学者在 20 世纪 30 年代就已经意识到这项研究的重要性，至今已进行了一定规模的实证研究。

哈尔（Hall）和他的同事在美国三个州（加利福尼亚、科罗拉多、佛罗里达）的三所学校里展开了"校长与教师互动"（the pricipal-teacher-interaction）的专题研究，简称"PTI"。这项研究在一年多的时间里观察和访谈了这三所学校的九名校长，对他们在学校里处理课程革新时的态度和行为进行了分析，记录了 1855 项行为指数，包括与个体成员的谈话、提供各方面的咨询、财政预算、电话交流、开短会、到工作现场办公等。"PTI"的研究结果揭示，可用三种类型表明这 9 位校长的行为，即响应者、管理者和发动者。

作为响应者的校长平易近人、稳重和气，关心教师和学生的情况。面对教师提出的每项革新方案，他都会认真听取意见并相信教师的判断。若教师需要来自校长的支持，他会尽力提供各种可能的帮助。作为管理者的校长往往对管理和指导学校各个运作单位比较感兴趣，致力于维护学校的工作秩序。比如他会具体安排教师与行政人员的培训，在每周的校长办公会议上亲自与有关领导共同解决教师所提出的意见，努力帮助教师们达到他们的各种合理要求。这种类型的校长也因此被教师夸赞开明、理解下属，不会滥用权力或马上施加各种压力。作为发动者的校长也会被视为"改良者"（go – better）。这种类型的校长在人们看来是具有创新精神的，他努力改善学校的各种资源和条件，激发教师和学生的革新思想，提出具体的革新途径，且勇于承担责任和风险。学校在这种领导风格的校长的领导下时常发生变革且总是能变革成功。

"PTI"所研究的九名校长的行为类型分布为：两名是发动者、三名是管理者、四名是响应者。这个研究结果显示，在发动者型校长的学校，变革次数和成功率最高，而后为管理者，响应者排最后。发动者型的校长在清楚变革的价值和程序后会提供各方面的支持，且能与教师和行政人员共同合作开展变革，他们参与合作变革的行为达到 40%，而响应者与管理者型的校长却只达到 20%。另外，关于学校基层领导的变革行为，哈尔和他的同事们也展开了考察，并划分出如同上述三种不同的行为类型。在对比这三种不同类型校长参与变革行为的次数和基层领导参与变革行为的次数后他们发现：响应者型校长比基层领导活动的次数少 50%；管理型校长的活动次数比基层领导多两倍；发动者型校长则与基层领导的活动次数一样多。[1]

三　校长参与变革的职能

哈尔和他的同事发现，校长在很大程度上影响着学校变革的进程，但不具有决定作用。就像有些研究者所说的，教师所开展的很多成功的变革校长都很少参与，这可能是因为校长感兴趣的只有与他们切身利益相关的变革。[2] 当然，这些研究结论还有待进一步证实，若只根据校长对某一特定的变革做出反应就下结论，那显然不是准确的。而我们需要由最大众的普遍性来更深入地分析校长参与变革的职能维度。

若想更深入且全面地掌握校长与学校组织之间的关系，就应区分开"领导与管理"这两种校长参与变革的重要职能。有人指出领导与期望、使命、方向相关，管理与设计、有效合作、执行计划、完成任务相关。早在里维特（Leavitt）的研究（1986）中就提出了与这种区别有关的概念，即"寻路者"（pathfinder）与"执行者"（implementer）的概念。他对比了这两种职能：领导是做正确的事，而管理是把事做正确；或者认为这两种职能存在一种线性关系。领导者是方针路线的制定者，而管理者是方针路线的执行者。这种说法是不严谨的，其存在两个问题：一个是它把管理职能描述得几乎没有灵动性，且放在了较低的位置；另一个是这种看法表明了这两种职能不是独立的，而是连续的（线性关系），且不同的人都能够去执行它，就又将其割裂开来。单从这两种职能来说，其间是存在线性关系的，但由于各个职能执行的人不同，从主体上来说是将其割裂开来。值得注意的是，通常情况下在实践中校长或基层领导者是同时或交替使用这两种职能的，而且在实际管理中也涉及领导的成分。

为了更深入地将领导与管理的职能区分开，有些研究者提出一系列的

---

[1]　Hall, G. E. & Hord, S. M., Change in School: Facilitating the Process, Alhany: State University of New York Press, 1987: 252 – 253.

[2]　Trider, D. and Leithwood, K., "Influences on Principals Practices", Curriculum Inquiry, 18 (3), 1988: 289 – 311.

"行动标志"（action motifs）。领导方面有：清晰的思路；获得共有权；发展的规划。管理方面有：协调各种需要以及资源与环境的矛盾；配合上级并坚持解决问题。另外，此研究还指出，不应低估校长处理变革的管理职能，我们要知道，与领导相同，管理也需要熟练的技巧和能力，对校长来说这两方面的职能是同等重要的。但关键在于，在处理变革中校长应当交替使用这两种职能，或在其他情况下，共同使用两种职能。①

类似于上述研究的是有人提出了"普通校长"（average principals）与"强指导领导"（strong instructional leaders）的比较研究。研究结果显示，"强指导领导"进行"计划改进"所花费的时间要比"普通校长"多（后者4%，前者27%）；然而"在管理、实践和协调各种关系上"两者所花费的时间基本一样（后者34%，前者39%）。这些数据反映了校长们大多是两种职能同时具有的。② 根据所分析的校长领导与管理的职能，我们也就能更好地理解"为什么不同个性的校长会在革新中取得同样的成效？"威尔森（Wilson）等人所研究的有成效的校长为这个问题提供了证明。③

被调查的每一所学校校长的领导风格都存在差异，且都不是固定于某一种风格，重点是每位校长的领导风格都一定要与他所在的学校和社区的实际情况相符合。某些案例观察显示，有的校长活力满满，不厌其烦地各处跑并亲自组织或安排每一件事；然而也有案例观察显示，校长是合作者，他会降低标准，将委派、说服、量才而用和下放权力当作依靠。尽管校长的领导风格存在差异，但侧重灵活的领导方式的校长最终都做出了成效，他们总是根据情境的不同而选择采用不同的领导方式，督促下属或教师从实际出发，大胆革新，不断改进学校的各项工作和环境。

将这些研究与哈尔和他的同事（1987）的研究进行比较后，可以得出两方面结论：一方面是，尽管校长的领导风格存在差异，但积极地参与学校的变革，并能合理有效地处理好变革与稳定的关系的校长，往往能做出成效；另一方面是，校长越是以开明的态度对待学校变革，其对变革施加

---

① Louis, K. S. & Miles, M. B., Improving the Urban High School: What Works and Why, NASSP Bulletin 75 (534), 1990.

② Smith, W. F. & Andrews, R. L., Instructional Leadership: How Principals Make a Difference, Alexandria, VA: Association for Supervision and Curriculum Development, 1989: 29.

③ Wilson, B. & Corcoran, F., Successful Secondary School: Visions of Excellence in American Public Education, School Effectiveness and School Imperovement, 1990, 1 (1): 80 – 81.

的积极影响也就越大。其中，校长参与变革的"程度"，是学校变革成功的关键。为了对校长在变革中的职能效应有更深入的理解，在实际研究中有些研究者总结出，成功的校长在处理变革时通常会采用以下五种普遍的方法：其一，以各种行政手段刺激和强化文化变革。其二，时常鼓励全体教职员工、学生的积极行为，促进其发展。其三，常常接触实际，直接认识到文化标准、价值观和信仰的变化。其四，适度放权，提高下属的责任感。其五，善于使用或表达文化价值的各种象征符号，注重校园文化建设。①

四 学会应对与处理

当今校长总是不断地被学校的革新活动困扰着。那么，校长怎么能从众多的革新中分清主次和价值大小？在革新中校长到底以什么角色出现最为合适，支持者、反对者或是中立者？校长在革新中的侧重点应该是什么？这些都是研究者比较感兴趣的问题。在进行相关的研究之后，人们总结出一套比较适合普遍使用的具体做法。其一，不使用意义不明、模棱两可的语言，明确变革所要承担的责任，具体化各种变革的设想。其二，大事上统筹安排，小事上具体分析，不过分计划或管理。其三，侧重做重要且具体的事，如安排和指导学校课程革新、规划资源与环境发展。其四，重视紧抓基础性的工作，如较好的学校文化氛围的努力营造。其五，大胆实践并勇于承担风险。其六，善于权力下放。其七，革新目标与学校总的发展方向应保持一致。其八，注重效率，决定你所不打算去做的事情。其九，建立合作同盟。其十，善于捕捉变革的契机，因势利导。

一般校长不会教条式地采用这些做法，而是往往会在实际情况的基础上理性地选择、不断地反思和修正这些策略。校长在评估革新重要性的主要顺序方面，通常会先听取群众的意见，若大家意见基本统一且符合校长的判断，那么他就会采取大家的意见再做决定。

有人在另一项研究中揭示出，下属受校长处理变革的操作方式或行动的感染很强。在学校组织中，若校长与教师之间存在支持、信任、互助的关系，那么学校其他人之间的关系基本也是如此；相反，若校长与教师间

---

① Leithwood, K. & Jantzi, D., Transformational Leadership: How Principals Can Help Reform School Culture, School Effectiveness and School Imperovement, 1990, 1 (4): 22.

存在猜疑、防备、疏远甚至是敌对、攻击或是痛苦的关系，那么学校其他人之间也会形成这样的关系。① 如此说来，校长的态度和行为方式在很大程度上影响着学校和下属，这类似于中国所谓的"上行下效"。

由学校革新的经验看来，无论哪种革新活动都是一种组织活动，同时与学校系统的各个层面，以及社区和社会大系统相关，校长理性且有效地选择和操作革新，是以全局观念、共享利益为基础的。当然校长的操作方式要把握好一个"度"，这就需要校长与教师时常进行互动，使校长与教师在理性且有效地选择和操作革新方面达成共识。这对双方相互间的理解和支持很有帮助，进而提高成功的概率。

第四节　教育受体与教育变革

对于学生在教育革新中所处的位置并未引起人们过多的重视，原因是在许多教育革新者看来，学生始终能从革新中获益，因此在革新中他们从来只重视物化层面的改变，而忽略人的变化，也就是革新主要集中在器械、设备、学科、方法，以及组织或管理的方式等方面；或者是侧重于强调他们在教育革新中的态度、合作、技巧和成就方面，很少有人将学生看作学校生活的主体和教育革新的参与者。从实质上来说，教育革新与个体尤其是与每一位学生之间都具有紧密联系，若学生在教育革新中未能发挥积极地参与作用，那么就很难保证这种革新会有理想的效果。本文接下来主要对西方学者的有关研究成果进行介绍，以期从研究学生与教育革新的关系中获得一种意识上的启发和方法上的改进。

一　学生如何面对革新

学校处于社会中，而当今社会中变革次数频繁，学校自然也不能避免。有证据显示，学校教育的革新一直是作为社会变革的结果或受动者，导致学校教育太过强调机构对社会的适应性问题和人的社会化问题，不重

---

① Both, R. S., Improving Schools from Within: Teachers, Parents and Principals Can Make the Difference, San Francisco: Jessey Bass, 1990: 19.

视人的个性化发展和个体的适应问题，尤其是在教育革新中学生的作用，因此在学校领域开展的革新其效果难以尽如人意。由此便有人指出，应该将学生视为教育革新的参与者，那么就如其他革新者的意见一样，学生们的意见也会对学校引进和实施革新模式产生直接影响。[①] 然而事实上，关于学生对革新的想法和态度，大多数人不清楚，或许是因为他们从未真正询问过学生。有人在革新中观察学生的行为后发现，学生对革新的看法和行为表现出如下四种形式。

其一，中立（indefference）的态度。这是与学生对革新的看法有紧密联系的一种形式，在学生的认知里，教育革新往往是一项行政式任务或无关于自身的事情。很多事实都显示，课堂教学几乎未因许多有关学校课程材料方面的革新而发生显著的变化，并且从某方面来说，这样的事情时有发生，所以无论是从什么意义上发起的革新，学生都不再关注。很多学生都了解，革新是否存在与他们无任何关系，原因是他们从低年级升到高年级的过程中，课堂学习方式和经验没什么不同。有相关研究统计，在很大比例的学校革新中，学生是持中立的或冷淡的态度。

其二，失败的革新并未使目标发生预期的变化，这是一个失败的案例，但革新的误导却会使人陷入困惑（confusion）。

通常来说，人们所注意的都是革新会如何改变学生的角色，却从不考虑革新如何才能使学生适应新角色。就像学生想的那样，他们所具有的传统角色和课堂经验也许是阻碍当前重要革新的因素之一。某项研究指出，但凡是需要学生参与的革新，学生对革新的期望大小和能否真正参与决定了该革新是否能取得成功。伴随着学生角色和参与的变化，课程革新的进程也会发生相应的变化。学生往往会按照他对革新理解的程度或期望来决定是否参与或参与程度。若教师、校长或行政人员已深刻理解革新并具备明确的动机，那么学生或许就不会有如此多的困惑。

其三，暂时逃避无聊（the temporary escape from boredom），指的是有些革新会将学校日常的生活常规打破，带来一些新事物，所以学生愿意暂时跳出常规参与到新的事物中。一些研究者对美国高中的大规模调查表

---

① Michael, G. F, The New Meaning of Educational Change, Cassell Educational Limited, Villiers House, London, 1991: 127 - 128.

明，最近新开辟的"教育生活经历"（experience based career education，EBCE）节目很受学生的欢迎，学生认为 EBCE 能够调节单调无味的高中课程，有很大一部分参与 EBCE 的学生不喜欢学校生活，或想在高中阶段得到更多的经验。由学生参与 EBCE 的意图来看，他们单纯是为了摆脱一下枯燥的日常课堂生活，尽管他们的意图存在差异，但大多数学生表示 EBCE 是逃避学校常规的方法之一，所以单从表面上来说，学生是接受这种所谓的"革新的"①。

其四，增进兴趣和参与（heightened interest and engagement）。显然，这一形式是最重要的，所以我们接下来会对其进行仔细的分析。

二 "增进兴趣和参与"的方式

我们可从两个层面上，即课堂革新和学校革新来展开考察，以便能具体地对这个问题进行说明。② 但问题的关键在于，到底怎样的教学革新（或指导改进）会使学习产生更吸引学生的力量。

有人提出教学革新应从"合作学习"（cooperative learning）和"认知心理学"（cognitive psychology）方面展开。这是一个很好的例子，为教学实践的改革提供了示范。尽管合作学习需要一些技巧，但教师都具有兴趣的是一种教学方法的发展，这个教学方法对小群体及个体的学习具有促进作用，并且教师以这种方法来取代对全班的指导和个人常规的学习模式。某些研究者研究了学生小群体合作的有效性，指出有五个条件对小群体的有效合作具有促进作用，即相互间积极的支持、面对面的交流、个人责任（个体应尽的义务）、扎实的技术（个体间和小组的技术）和小组过程。并且他们还发现了五种合作学习的形式，即锯齿型（jigsaw）、小组 - 游戏 - 竞赛（teams - games - tournament）、学生小组成就划分（student teams achievement divisions）、共同学习（learning together）和小组调查（group investigation）。③ 合作学习兴起于最近几年，是课堂教学中的一种有效的革新成果，合作学

---

① Farrar，E.，Desanctis，J. E. & Cohen，D. K.，Views from Below：Implementation Research in Education，Cambridge，MA：Hurou Insititute，1980：50.

② Fullan，M.，Beneett，B. & Rolheiser - Beneett，C.，Linking Classroom and School Improve-ment Educational Leadership，47（8），1990：13 - 19.

③ Jonson，D. W. & Jonson，R. T.，Leading the Cooperative School，Edina，MN：Interaction Book Company，1989.

习有助于学生掌握群体互动的技巧。人们已将合作学习的效果、学业和个人发展目标、达到使人印象深刻的结果等方面作为依据展开众多的研究。只要学生学会了合作学习的技术，那么教师的工作将变得更加容易和轻松，这就是这些研究的意义。有些学者也总结和分析了这些研究，[①] 而后从中发现学生参与合作学习的原因有：为更高的成就目标、减少留级率，更全面地分析某一问题、内在动机的提高、异质群体间更积极的关系、以更好的态度面对教师、更高自尊的获得、较高水平的研究需要、更多社会支持的获得、更积极的心理调整、更多的执行任务行为和更多的合作技术。最近几年，许多学者纷纷感兴趣于合作学习，分别实证考察了合作学习的五种技术，其中沙朗（sharan）和肖勒夫（shawlov）的小组调查法（GI）研究是相比较于其他众多研究来说最有影响的，他们关于 GI 对学生学习动机和学业成就的影响进行了考察，将十个用 GI 方式教学的班级与其他七个控制班级作了对比实验。学习动机则采用以下三种混合行为来进行测量：完成任务的毅力、参与课堂学习以及家庭作业的投入。与成就测量相关的主要有数学、圣经和阅读理解这三个学科领域的进步，在研究中他们发现，使用 GI 的学生在所有三个学科领域中拥有较强的学习动机，成绩也高于控制班级，在控制课堂中，在第一次到第二次测验中，高中低分数的比例未发生变化，而在 GI 课堂中，高分者的比例却意外地增加了（圣经 35% ~ 50%；阅读 22% ~ 50%；数学 18% ~ 28%）。

　　沙朗和肖勒夫证明了合作学习中的 GI 在增进学生内在的学习兴趣方面要好于常规的全班教学的效果[②]。由参与课堂讨论的测量结果来看，学生在控制课堂的前后测量中未发生变化，而 GI 班级则自首次测试后（20%）逐渐上升，到最后测试时已达到 60% 左右。当然，合作学习并不能解决任何问题，应该有针对性地发挥它的有效性，切忌滥用。在沙朗和肖勒夫的研究中，GI 的教师讲课的时间仍占 28%（控制课堂占 48%）。合作学习仅是使教师在课堂中的讲解时数和精力减少，当然这还要考虑合作学习的个

---

① Fullan, M., Beneett, B. & Rolheiser – Beneett, C., Linking Classroom and School Improvement Educational Leadership, 47（8），1990：13 – 19.

② Sharan, S. & Shanlov, A., Cooperative Learning Motivation to Learn and Academic Achievement, In S. Sharan（Ed.），Cooperative Learning：Theory and Research，New York：Praeger, 1990：27.

人和小组的成熟度。若是不成熟的个人或小组，那么在合作学习时就需要教师进行更多的讲课，或先不进行合作学习。还有，合作学习也要考虑学生所需要的个人或团体合作。

从教学方法上来说，合作学习是一项革新，它提供了一种清晰且可信的革新案例，也就是在教师的控制下，学生能够按自己的意愿去做事。约翰逊及其同伴们对此做出总结：对于那些常常感到无助且缺乏信心的学生来说，若能参与合作学习，便会获得伙伴们的帮助，有了进步的希望和机会。合作学习小组能够给人力量，使他们感到强大，有能力和负责任。另外还有社会支持和信任的良性刺激，能够激励学生进而实现学业的成功①。有留级或辍学危险的学生更加需要合作学习。同队组员的关心和照顾，社会的支持和自我形象的积极设计，以及树立较高的成就目标等，将在很短时间内改善他们的危机现状。为了更加协调地合作，有问题的学生需要熟识相当的社交技巧，这是很重要的。但在大部分教室中，学生的学习并非在与其他人的合作中进行，而是在教师指导下单独进行，这样的结果是因为与别人沟通不多，就逐渐增加了有问题的学生的数量。所以，我们能够得出结论：合作学习的益处不仅在于能使学生获得学业上的成功，还在于使学生学会与别人进行有效的沟通，有利于避免一些问题的出现。

三 学生在革新中的意识与实践

最近几年以来，认知心理学的研究成果的推广，大大促进了教师在教学方法和技术上的革新。尽管这种革新方法和技术的使用相当复杂，但教师使用这些方法能够对学生学习有更好的控制。在普罗瓦特（Prawat）看来"授权"（impowerment）是最好的方法之一，侧重于"发挥"（access）的作用，也就是说，使学生能普遍地运用他们的智力资源去发现和解决问题。教师可以给学生提供一些认知策略，进而将调整自己学习的权利发放给他们本人。普罗瓦特的模式存在三个互动的层次：动机意向、学习策略和事实的或观念的知识。每一层次由组织（知识的或策略的）和反射机制（学生对掌握和使用不同方法的反应能力）所调节。普罗瓦特指出教

---

① Fullan, M., Beneett, B. & Rolheiser - Beneett, C., Linking Classroom and School Improvement Educational Leadership, 47（8），1990：13 - 19.

学策略（包括语言表现、书写内容、课堂对话等）有助于学生组织能力和意识水平的提高，简单来说，就是让他们自己以及别人的知识能够充分发挥。"发挥"包括帮助学生形成知识系统并能意识到它：认为这个学生是一个完整的认知体，是一个在授权时能完全发挥他们智力资源的人，所以也是一个能积极地在学习活动中做出反应的人。[1]

教育理论和实践的发展对认知心理学的研究成果也具有依赖性，通过认知心理学能发现或发明具体的教学方法并能在实践中有效地运用，这是教师所希望的。"有目的学习"（intentional learning）的发现，为学生提供了一种较好的学习方法。[2] 学生可以在课堂中的计算机系统程序的帮助下，有目的地将自己的认知水平和某种学习技巧发挥出来，如在写作方面的水平和技巧等。如此一来，学生就拥有了控制自我学习的能力，进而学习的积极性也能激发并调动起来。

为了达到学生有效地参与合作的目的，有研究者在所研究的小学五六年级课堂中设计发明了一种模式，称为"电脑支持有目的学习环境"（CSILE）。CSILE 的目的是为学生参与探求知识活动的合作提供支持。无论在哪种学科领域中，CSILE 都处于课堂活动的中心地位，它是作为一种公共的原始数据库出现的。电脑会对学生们交流的信息、搜寻的错误概念以及各自发表的发现和见解等信息进行评估。从本质上来说，CSILE 是一种知识的探求而并非知识的传送系统。

在 CSILE 的知识结构环境中，学生感到光荣的是他们能提供出越来越多的、复杂的和广泛的知识[3]。

在 CSILE 课堂中，学生能接触到大量的数据，并引起一系列的行为反应，如发现和提出问题、制定建设性的学习计划、仔细思考自己所知道的或感到费解的问题等。所以，"学习成为探求型的而不是任务型的"。这样

---

[1] Prawat, R. S., "Promoting Access to Knowledge, Strategy and Disposition in Students: A Research Synthesis", Review of Educational Research, 59 (1), 1 - 41, 1989: 34.

[2] See Bereiter, C. & Scardamalia, M., "An Attainable Version of High Litteracy: Approaches to Teaching Higher - Order Skills in Reading and Writing", Curriculum Inquiry, 17, 9 - 30, 1987; 和 Scardamalia, M. & Bereiter, C., Schools as Knowledge - Building Communities, In S. Strauss (Ed.), Human Development, Norwood, NJ: Ables, 1989.

[3] Scardamalia, M., Bereiter, C., Mclean, R., Swallow J. & Woodruff, E., "Computer - Supported Intentional Learning Environments". Journal of Educational Computing Research, 5 (1), 1989: 51 - 68.

便使得学生的阅读、写作、提问能力及在其他学科领域中的严密的逻辑思维能力提高。由 CSILE 的发展来看，它正向成为能适用所有年龄组、所有课程的一种普通的教学技术发展，进而实现使学生成为有鉴别能力的合作学习者，能使用一系列信息和专门技能的探求者的目的。①

众多的研究表明，这两种教学革新的方法——合作学习与认知心理学并不是相悖的，而是可以交换使用的，当然，这两种方法也无法将其他学习方法取代，即一种方法的有效性无法对另一种方法的有效性进行否定。所以，比较合适的说法是，在学生的有效学习方面，这两种方法教会其合作的技巧和自我控制的能力，调动了学生的学习积极性，学生由此总是对这样的革新活动持拥护和参与态度。

四 学生也是革新的行动者

这里所分析的学生与革新的关系，始终坚持的一个最基本的观点就是：应把学生作为教育革新的参与者而不只是将他们视为革新的受益者。如此，学生才会理解和支持这样的教育革新，一般其效果也不会很坏。尽管学生并不会用全部的积极力量参与学校革新，然而，需要提醒我们的是，对于施加给学生的东西，他们却能以更多的消极力量去反对。

发生在学校的有效革新需要学生和其他人在认知与行为上做出相应反应。实践表明，革新需要师生共同作用才能发生。无论是课堂中的哪种革新活动，都必须师生一起进行，这是理解教育革新的关键，即与教师一样，学生也必须在课堂里改变想法与行为，大部分学生或许不会只因为让他们做什么就做什么，实施和接纳革新的一个前提条件，也是革新能否顺利进行的重要原因，就是学生对革新的参与动机和实际理解。所以，在学校的任何革新活动中，我们有理由将学生看作参与者或革新中的一个主体，而不只是获益者。学生作为革新的实施者，应优先考虑的是怎么向他们介绍革新的目的和预期的效果，以及怎么得到他们的响应和使学生参与到革新活动中来，这是革新成功的关键。

---

① See Bereiter, C. & Scardamalia, M., "An Attainable Version of High Litteracy: Approaches to Teaching Higher - Order Skills in Reading and Writing", Curriculum Inquiry, 17, 9 - 30, 1987; 和 Scardamalia, M. & Bereiter, C., Schools as Knowledge - Building Communities, In S. Strauss (Ed.), Human Development, Norwood, NJ: Ables, 1989.

第八章

高等教育系统中的社会学

第一节 高等教育与社会和谐发展的社会学思考

近年来，为了实现各个阶层人民对高等教育的渴望，以及满足社会对复合型人才的需要，我国高等教育逐渐趋向大众化。在这一快速发展的过程中，虽然收获颇丰，但同时也显现出一些问题。要促进高等教育与社会和谐发展，就要对这些问题给予足够的重视，并积极寻找解决方法。而从社会学的角度去分析问题并提出针对性的措施，无疑是再好不过的选择。

一 发展高等教育是实现社会协调发展的理想选择

说起教育，人们很自然地就联想到学校，"学校在价值传递，维护社会秩序和社会稳定等方面有着重要作用"①。这是早期教育社会学家帕森斯的观点。从这一观点中不难看出，学校与社会关系密切，也可以说是教育与社会关系匪浅。而社会学便是研究"社会良性运行和协调发展的条件和机制"的学科，再加上高等教育也是组成社会结构的部分之一，种种迹象表明，要实现社会的协调发展，对高等教育的研究很有必要。

自 19 世纪中期以来，高等教育逐渐打破封闭模式，伴随着工业革命兴起的浪潮，开始显现出开放性、主动性的特征，其服务的对象也由内部逐渐转向外部，即从自身转向社会，从而促使社会向更理想的蓝图发展，高等教育也由此成为"对现在和未来都会产生影响的一种力量"②。

由各国高等教育发展的历史可以看出，高等教育不仅承载着人类文明的重要成果，同时也与一个国家的经济社会发展成正比，即若一国高等教

---

① 〔美〕莫琳·T. 哈里楠主编《教育社会学手册》，谢维和等译，华东师范大学出版社，2004。
② 〔美〕亚伯拉罕·弗莱克斯纳：《现代大学论——美英德大学研究》，徐辉等译，浙江教育出版社，2001。

育发达，那么该国社会也稳定、经济也发达，反之亦然。由此我们可以说，实施科教兴国战略，大力促进高等教育的良性发展，是实现中国社会协调发展的理想选择。

以社会学视角考察高等教育的发展，主要是希望能从一个更广阔的领域，考察作为社会结构一部分的高等教育，与其他社会结构或系统之间的矛盾以及可能出现的冲突，促进高等教育融入整个社会，并构建相应的可持续运行机制。

社会是由个体组成的，这里的个体不单是指人，也指具有社会意义的团体或单元。因此从大的方面来说，社会学要研究的社会意义，也就是单个社会化对整个社会发展和协调的意义。另外，社会的可持续发展指的是整体联动，如经济、文化、政治等，需要同步运行，而高等教育的发展又恰巧受这些因素的限制，所以深入研究和了解现代社会学，有利于我们更好地研究和掌握高等教育与其他社会结构或组织的和谐。

在此前提之下，我们得出结论：高等教育作为社会结构的一部分，也是一个个体，其与社会的和谐不仅是指个体与整个社会中其他个体之间的和谐，也指高等教育内部各个个体之间、各个体与整体之间的和谐。

二　当前高等教育与社会冲突的主要表现

我国高等教育在快速发展的过程中，与社会的矛盾和冲突主要表现在以下几个方面。

（一）国家投入较少与教育规模扩张的矛盾

1998～2005年，仅6年时间，我国高等教育在校学生从623万增加到2300多万，其规模增加近3倍。有此成效，离不开社会对高等教育的投入和支持。然而我们不能太乐观，因为国家对于教育的投入占GDP比重，在2002～2005年分别为3.32%、3.28%、2.79%和2.16%，没有实现国家确定的目标，早在2000年就应该实现的财政性教育投入占到国民生产总值4%的目标，直到2012年，我国通过各种强力措施，才实现4%的目标，却也比预计晚了整整12年。由此我们认识到，国家在社会保障体系和多途径筹措教育经费方面的机制尚待健全。

近几年，虽然国家教育财政投入经费逐年增多，但是由于高等教育扩招政策的实行，很多高校将教育经费用于征地和校舍建设来应对扩招的需要，于是就出现知识教育经费不足的现象，尤其是一些偏远地区的高校，如中西部地区的地方高校等，已背上沉重的债务包袱，且此现象正在逐渐普遍化。一系列原因也就导致国家教育投入与教育规模扩张之间的矛盾越来越突出。

（二）人才培养单一与社会多样化需求的矛盾

在最开始我们就提到，高等教育逐渐趋于大众化，这是社会应对高等教育的要求发展的结果。从量的角度来看，大众化带来的明显变化是高等教育入学率的上升，而根据唯物辩证法的基本规律，量变的最终结果是质变，在对发达国家高等教育大众化进程的规律进行分析和总结后，马丁·特罗提出，真正的质变，是办学层次和培养目标的多样化，还要能适应多样化的社会需求。

从某一方面来说，高等教育其实也是一种消费行为，因此它不仅要为社会上各个层次的消费者提供贴心的消费服务，还要根据社会的不同需求"生产"出相应的消费产品。尽管现在很多人都倡导高等教育分类发展，政府也尽力对其支持和引导，然而很多高校在竞争的压力下，出现定位偏差甚至是错误的现象，几乎一致地以高层次高校的发展模式为标准，目标的趋同也就导致人才培养的单一性，严重缺乏特色、新意和亮点。

联合国教科文组织总结世界高等教育发展趋势得出，"多样化是当今高等教育中值得欢迎的趋势，应当全力支持"。但是在我国，这一问题被严重忽略，再加上前述人才培养的单一性，造成两种不好的局面：一是模仿率较高，水平和办学质量较低，培养出的人才难以满足社会的需要；二是人才需求出现空白。

（三）师资队伍与高等教育发展不协调的矛盾

教师队伍是高等教育资源最重要的组成部分，然而现在教师队伍与高等教育事业发展之间的矛盾也不容忽视。

1. 教师数量较少

这是目前高校师资力量最突出的不足点。在很多高校，一个教师身兼多职是很常见的现象，如健美操、形体等不同的体育课程，教师可能就是同一个。这种现象也一直未得到解决，一方面加大了教师的工作量；另一方面，教师的不专业，对学生的学习造成不好的影响。

2. 实战质量不高

近些年，教师总量也在频频增加，然而为了应对高校扩招的急需，再加上其他方面的原因，高校在选择教师时，出现"饥不择食"的现象。新补充的大多数教师缺乏实战经验，资格也与教育部规定的要求相差甚远，可以说是刚走出校园就走上三尺讲台。尤其是一些地方的高校，尽管新教师学历很高，但是也徒有知识和学历，各种讲课技能和技巧掌握不好，甚至是完全没有，教学已是勉强应付，教学改革更是令人担忧。

3. 教师职业"主""副"颠倒

教师最重要的任务就是教学，然而现实情况却是很多高校教师"主业"和"副业"颠倒。比如资历较深的教授，却普遍出现不"教"的现象，年轻的教师注重学历的提高和职称的评选等。造成这种现象，一方面是由于很多高校重科研轻教学的错误政策导向，另一方面是高校内教师之间的竞争压力所致，其中还掺杂着一些社会服务的诱惑等影响因素。

（四）教育公平的理想追求与实际情况的矛盾

理想和现实两者之间差距甚大，大致如一句话所言："理想很丰满，现实很骨感。"由此可以想象社会所追求的理想化——教育公平的难度。

1. 明显不公平的入学机会

这种现象体现得最明显的就是西部偏远地区的部分省份，如贵州、云南等，其出现的原因仍是老生常谈的经济发展落后，还有农村与城市较大的发展差距。在这种情况下，尽管很多学生对知识有无限的渴望，也因为无法承担高额的学费而被迫放弃进入大学的机会，甚至是念头。而在我国经济发达城市，如北京、上海、天津等，其高等教育入学率早在2005年就已超过50%。前后对比，高等教育的普及现状以及入学机会，不公平现象已是很明显。

2. 国家重点高校主要集中在发达城市

高校的建设需要大量的资金支持，换句话说，也就是需要雄厚的经济实力支持，因此大多数重点高校分布在经济发达地区，相应的该地区学生享受高等教育的机会也比较多。

3. 重点高校是国家重点投入对象

重点高校是国家投入的重点对象，因此也不难想到国家对重点高校集中的发达地区投入力度之大，该地区学生也就拥有了享受教育资源的优先权。长此以往，经济发达地区与经济欠发达地区的高等教育两极化现象更严重。

4. 教师资源掠夺

由于市场因素的影响，再加上教师个人心理因素的驱动，大部分教师会选择在经济发达地区的重点高校就业，一定程度上造成了经济欠发达地区的教育和教师资源流失，这已是一个不可争辩的事实。

尽管要实现高等教育与社会和谐发展可谓"路漫漫其修远兮"，但是也应该抱着"吾将上下而求索"的态度，并付诸行动。因为出现矛盾和冲突是很正常的现象，积极分析解决矛盾的方法，这是促进人类社会良性发展的不竭动力。从小的方面来说，社会发展需要高等教育，因此促进并越来越关注和重视高等教育的发展，也就能包容高等教育发展过程中的任何问题，并为解决这些问题积极地寻找方法。

三　解决高等教育与社会之间矛盾的措施

要实现和谐社会，以及高等教育与社会协调发展，就要对高等教育发展中出现的冲突和矛盾加以分析，并利用有效的手段予以解决。

（一）建立以政府为主的高等教育投入体系

经济基础是社会发展的支撑，也是高等教育发展的支柱，"有组织的教育系统不是靠口号和良好愿望来运行的，是靠资金来发展的"[1]。马克思主义理论也提到，经济基础决定上层建筑，也就是说，在社会系统中，经济基础占主导地位，决定着社会系统的运行和发展。具体来说，它是高等教育质量的根本性制约因素。

对于高等教育的投入，政府应该担起主要责任。根据我国目前对教育投入目标实现缓慢，教育投入占国家财政支出比例小的实际情况，对于高等教育法规定的"建立以财政拨款为主，其他多种渠道筹措高等教育经费

---

[1] 〔美〕罗伯特·伯恩鲍姆：《大学运行模式：大学组织与领导的控制系统》，别敦荣等译，中国海洋大学出版社，2003。

为辅的体制"，要竭尽所能建立并完善。由于高等教育是社会结构的一部分，因此也完全可以运用社会的资源，搭配市场机制来调节高等教育投入，将科教兴国战略真正落实，利用法律为高等教育的投入保驾护航，采取实际行动改善高等学校的各方面条件。

（二）高等教育自身要加强外适性结构调整

每个个体和局部在社会学领域都有属于自己的、独特的角色，各个角色之间靠社会互动关系，来打破各个角色的孤立状态。

高等教育也是社会系统中的重要角色之一，在其发展的过程中，建立外适性结构，即在调整内部结构的基础上，建立一种适应外部环境的结构体系，是高等教育保持其角色重要性的必由之路。

1. 调整内部结构

根据现在社会的多样化格局，为适应其需要，建立相应的多样化内部结构体系，要注意这种内部结构体系个体目标和层次结构的独特性，才能形成亮点，脱颖而出。

2. 定位准确

对于单个高校，从小的方面来说，在高等教育体系中，要找准自己的位置，角色定位准确；从大的方面来说，要在整个社会大系统中找准自己的舞台，即单个高校的角色定位不仅要适应高等教育，还要适应整体社会环境。

3. 加强"生产"性结构调整

高等教育加强"生产"性结构调整，主要目的还是满足社会的多样化需求，主要手段有：调整专业学科，改革教学内容、课程体系、人才培养模式等。开放性的外适性结构能为高等教育和其他社会角色的互动提供保障。

（三）各高校要构建良性运行体系与机制

尽管高等教育质量受内外多种因素的制约，高等教育发展不好社会也难辞其咎，然而一个事物的发展，自身是第一大关，因此高等教育首先应从内部质量的保障体系入手，扩大自身的价值尺度才能获得社会的青睐和认可，从而保障高等教育的社会地位，以及与社会关系的紧密联系。

1. 重视中心工作

高等教育的质量一般是指教学和人才培养的质量，它是高校工作的中心，关乎着整个高校的命运走向，因此，要加强相关制度和机制的建设与完善，尤其是要在内部管理和分配的基础上，为教学工作构建保障体系和良性运行机制。

2. 壮大师资队伍

一方面要加大建设师资队伍的投入；另一方面要双重兼顾高校教师的职业技能和素质水平。因为高质量的师资队伍是整个高等教育质量的源泉，正如清华大学前校长梅贻琦先生说的："大学者，非大楼之谓也，乃大师之谓也。"

3. 提高人才培养质量

人才是社会对高等教育最直接的需求，因此人才培养是高等教育的首要工作，第一步是严格把关教学质量考核，这样才能为学生提供高质量的专业知识学习；第二步是针对人才培养的各个环节，制定并完善相应的质量规范和标准。

（四）国家在政策上坚持重点和公平兼顾的原则

我们将事物划分为重点和一般，是因为实现绝对公平合理太过理想化，几乎是不可能的，人类社会可以为此追求，就像努力消除各种形式的差距，如城乡、贫富、东西部等之间的差距一样。然而这是很难的，从现在差距仍在增大就可以看出来，而在高等教育的各方面，这种差距尤其明显。

2005 年，法国爆发"城市骚乱"，尽管距今已有十多年时间，但是其反映出的问题和给人类留下的警醒还一直存在。造成这种现象的原因，是社会缺失公平，而某一种差距悬殊以致社会难以承受，是社会冲突的重要导火线。客观地说，差距的出现，不仅仅是历史、区位等原因导致，国家政策也是一个重要原因。

贫富差距的出现，一般是因为在一些地区，当一部分人先富起来后，国家也缺乏对贫困地区、弱势群体的高度关注。尽管在国家财力有限时期，我们可以将国家抓重点的行为理解为无奈之举，但是也不应该忽视潜在的危情，要尽最大能力兼顾贫困地区弱势群体，使其享受社会福利，甚至是社会财富的获得机会和感受。

近年来，国家在高等教育方面也下足功夫，配合西部开发采取一系列措施，如启动并实施省部共建项目，重点高校对口扶持西部高校等，这是国家政府充分发挥自己的主导功能，通过政策调控来促进西部地区高等教育的发展，以及高等教育权益的享受。"造血"式开发是对西部高等教育发展的最贴切形容，其对整个西部的开发具有长远的意义。

"西部开发"经验值得我们借鉴的是美国，如今在美国的中西部，集中了 2600 多所四年制的大学，尤其是一大批领先世界水平的高校、科研机构和公司集中在美国西部，这些都是美国从教育开始进行"西部开发"的结果，而在开发前，美国与我国的情况是大致相同的。另外，在"补偿性"政策方面，国家可以将此天平倾斜于弱势群体，以政府带头，各个社会机构和高校积极参与，采取实际行动解决高等教育普及弱势群体的问题。

第二节　高等教育效率的社会学考量

运用经济学对高等教育的效率，准确来说是对教育的投入和产出关系进行研究，是最常见的方法，然而这种方法有一个弊端，那就是忽略了高等教育自身要实现的功能和价值，一味地追求量的增长，从而阻碍大学生个性的发展，以及高等教育在社会发展中功能的发挥。我们不否认对高等教育的考察，效率是一个重要指标，当今时代教育的经济功能也很显著，但是不能在数量上过分追求。在这个前提下，就很有必要在社会学的思维框架下，分析并反思高等教育的效率问题。

以社会学的视角来看，高等教育效率兼顾数量和价值两方面，直接关系着教育的目的和功能，教育的效果和目的越是良性结合，教育的效率就越高，教育的功能也就发挥得越好。[①]

对高等教育效率的考察，第一基本要素是合目的性，其次是高等教育促进阶层流动，以及学生个性充分发展。总体来说，也就是从高等教育的

[①]　许丽英、袁桂林：《教育效率的社会学分析》，《中国教育学刊》2006 年第 5 期。

目的达成和实现程度来进行考察的。

一 我国高等教育效率的考察因素

(一) 考察高等教育效率的第一基本要素——合目的性

各阶层的人不同需要催生各类活动，在教育方面，也就是进行教育的目的，是满足社会和人的发展需求。目的保证了教育活动的完整性，因此其是进行教育效率考察的第一基本要素。

一方面，大学是传承和发展科学文化的重要场所，因此它为现代社会的进步提供理论和思想支持，是理性、高尚的标注地，是人类社会走向文明的指向标；另一方面，它以雄厚的文化资源和师资力量，成为顶尖人才的重要培养基地。因此，对于高等教育来说，满足社会和人的发展是必须同时进行的。

然而现实状况却不容乐观，开物成务的谦谦君子踪迹难寻，倒是马尔库塞笔下的"单向度的人"逐渐对应上高等教育培养出的"人才"。原因是在经济全球化的影响下，高等教育想要在经济繁荣之中获得一席之地而竭尽心思，在培养人才时颇具急功近利之特性，所培养出来的人才只懂得生存的技巧，却不明白甚至是放弃明白生存的目的，太过于追求结果，而忽视了精神境界的追求和提升。

这样的结果是使大学逐渐偏离"教育"的轨道，学生在这里追求不到生活的意义，培养出来的人才更像是工厂生产出来的机器，被强制灌输冷冰冰的知识，灵魂仍然沉睡，高等教育也日益远离人的精神世界，面临着失去"教育性"的危机。

我们将合目的性放在考察高等教育效率的首位，正是因为当代大学生的精神和心理现状令人担忧。因此，探寻高等教育对经济社会发展的作用，首先应该关注学生的身心健康和全面发展。

(二) 促进阶层流动是高等教育的基本社会功能

促进阶层流动是高等教育的基本社会功能，并且随着社会的发展，其促进作用也越来越重要。在西方国家看来，个人的地位不是由父母的地位决定的，即父母和子女之间的地位不具有继承性，他们关注的是个人能力，即通过个人能力获得的绩效来确定个人的地位。因此在对人才选拔方面，西方国家注重通过教育来进行，他们认为这样能够促进各阶层之间人员的流动，从而带动社会结构功能的变化，推动整个社会发展。这一模式形成的理论基础，是 20 世纪 60 年代布劳（Peter M. Blau）和邓肯（Oliver D. Dmican）对社会地位研究所得出的结论。在初始模型中，他们指出，在人们获得社会地位中，教育起着重要的支持作用。这一结论也是如今全球社会分层研究者的基本共识之一。高等教育全面培养人的能力，能力反过来帮助人才获得不俗的绩效，按照绩效来选拔人才，促进各阶层的流动，社会就会逐渐实现"民主""平等"。依据这样的推断，高等教育效率的提高，得益于其促进阶层流动作用发挥得好，反之亦然。

（三）促进学生个性发展是高等教育的基本个体功能

不管是正规的大学教育也好，还是经历的各种社会事情也好，都是对一个人的教育，因此我们可以说教育是一种重要的途径。通过这个途径，"自然人"变为"社会人"，也就是所谓的"社会化"。虽然人们在转化过程中，所了解和接受的规范和价值标准相同，转化后的人与人之间也存在诸多相似之处，但是社会化仍然是提倡个别性的，因为说实话，一个人社会化程度的高低，关键也是看其个性发挥是否充分。

由此我们也可以知道，高等教育效率的高低，主要是由其促进学生个性发展的程度决定的，高等教育很好地促进学生个性发展，其效率就越高，反之则越低。

二 我国高等教育效率的现状

我国高等教育的功能效率普遍偏低，主要表现在以下三个方面。

（一）大学生就业形势严峻

高等教育办学效果如何，直接反映在大学生的就业状况上。近年来，大学生的就业形势越来越严峻，就业难问题已经受到社会各界的关注。比较早的数据显示，2003～2005 年，全国大学生毕业人数大约分别为 212 万、280 万和 338 万，2006 年达到 413 万，比上一年多出 75 万，增长率为 22%，然而全国预计需求的高校毕业生约为 166.5 万人，恰巧比前一年实际就业减少 22%。这就表明有六成应届毕业生面临岗位缺失。[①] 这是差不多 10 年前的数据，而在 10 年的发展过程中，国家高校扩招政策一直在实行，因此高校大学生人数逐年增长，也就可以想象大学生就业问题也一直存在，且越来越严峻。

造成大学生就业形势严峻的原因，从大的方面来说，是国家经济政治发展的大环境，以及企事业单位用人制度的影响；从具体的方面来说，是高等教育自身的体制结构，以及人们的择业观的影响。结构性失业是大学生就业问题最显著的表现，它主要是指在大学生学习期间，社会经济结构，如产业结构、地区结构、产品结构等发生改变，而学生的学习内容不能改变，这就导致学生在走上社会时，所掌握的专业知识和技能已不能满足社会的需要，从而造成失业。

（二）大学生心理健康问题突出

南开大学在 2004 年，对天津市 20 所高校 2.3 万余名学生进行心理健康状况调查，结果显示，天津市高校心理健康总体状况良好的学生占总人数的 74.74%，这就表明仍有 25.26% 的学生存在不同层次的心理障碍、疾病等问题。同年 7 月 4 日，《中国青年报》的一份调查显示，大学生中，出现抑郁症状的占 14%，出现焦虑症状的占 17%，有敌对情绪的占 12%。随着时间的推移，大学生的心理健康问题也越来越严重，而心理问题引发的自杀等悲剧也一再警醒着世人。学习压力大、家庭不和睦、社会诱惑等，都成为造成大学生心理健康问题的因素，尤其是互联网的普及，将各种新鲜事物送到大学生身边，同时也将各种危险一并打包带到大学生身边，网络诈骗、沉迷电子游戏、各种电视电影的热播等，都对大学生的心理产生一定影响。利益的追逐使得商人只关注商品带来的效益，而忽略了它对用户的消极作用。因此，提高高等教育效率，正确引导大学生，以及净化大学生心理十分迫切。

（三）高等教育促进阶层流动功能减弱

事物的影响都存在两面性，教育既能促进社会公平，加快各阶层之间

---

① 《人事部调查数据显示：6 成应届大学生毕业即失业》，http：//learning.sohu.com/20060717/ n244289442.shtml，2006 年 7 月 17 日。

的流动，也能成为加剧社会不公平，固化阶层差距的影响因素。在如今我国快速发展的背后，仍然存在着教育所带来的社会不公平现象，其主要原因是教育资源分配的畸重畸轻。

教育资源分配不均体现得最明显的是城乡之间，李春玲的研究指出，1949～1978 年，教育的发展是逐渐趋于大众化和平等化的，这一时期，教育在缩小阶级差异、促进社会经济均等化方面发挥重要作用。[①] 而自 1978 年至今，教育的发展逐渐偏向拥有强势背景的人，教育地位的获得也逐渐走向"继承性"，教育又在社会经济分化方面起到重要作用。

由此可知，现在中国高等教育效率提高的关键，是要调整教育资源配置，尽可能地实现公平，从而强化高等教育促进社会各阶层之间垂直流动的功能。

三 提高我国高等教育效率的路径

要使高等教育的功能效率提高，必定先解决前述所面临的难题，主要从内外两方面入手，外部即社会各部门与相关机制和制度的配合，而内部需着重关注以下几方面。

（一）明确高等教育的培养目标

高等教育有明确的目的，才有前进的方向，因此高等教育培养目标的制定和实现，首先应明确高等教育的目的。Leslie 和 Brinkman（1993）将高等教育的目的总结为以下六点。

其一，提供更多的教育机会。

其二，要能实现公平、效率以及规模扩展这样特定的社会目标。

其三，创造并提供知识，激发和鼓励人们学习。

其四，对受过高等教育的公民进行发展。

其五，针对社会需要，培养并提供有职业技能的劳动者。

其六，推动社会经济的发展。

尽管这些教育目标制定得比较早，但是几乎涵盖了教育要实现的目标，因此直到现在也仍然适用。经济的发展推动社会逐渐向多元化发展，

---

① 李春玲：《断裂与碎片：当代中国社会阶层分化实证分析》，社会科学文献出版社，2005。

社会对教育的需求，使得高等教育的培养目标也逐渐打破单一模式。校园是一个关注学生价值观、成长发展环境、教育政策、强制权利、自身事务等方面的场所，可以说学校囊括了所有相对应的机构应该承担的职责。然而这些都不是校园存在的真正意义，"探求真理和学问是大学的核心价值"，也就是说，校园的第一要务仍然是学习。高等教育的发展应该形神兼备，即双重兼顾科学文化与素养精神的共同提高，具体来说，就是将校园关注的多方面整合并优化，其根本目标仍是促进经济社会，以及学生个体自由、良好地发展。

（二）调整高等教育结构

由前述我们可知，结构性失业是大学生就业面临的最严峻的难题，因此就需要根据社会和市场的需求，对高等教育的结构进行灵活调整。这是解决大学生结构性失业的根本措施。具体我们将从宏观、中观和微观三个层面来分析。

1. 宏观上调整高等教育的类型结构

如全日制和半工半读，普通类与职业类等，像这样的高等教育各类办学类型，以及各种类型之间的比例关系，就是高等教育的类型结构。其中，特别值得注意的就是，高职教育要多多与企业合作，尽力采用并推广半工半读的办学类型。

2. 中观上调整高等教育的专业和学科结构

很多大学生毕业后没有找与自己所学专业相关的工作，这主要是因为高等教育自身具有的滞后性和周期长特点，也就是说，学生在校学习期间，不可能根据日新月异的社会需求变化来调整自己所学的专业知识，再加上现在我国高校学科不合理的设置，不能同步社会需求，从而造成高校培养出的人才与社会需求脱节的现象，大学生为了适应社会发展和生存，学非所用实乃无奈之举，甚至是有些大学生毕业就等于失业，人才和资源浪费现象比比皆是。

总的来说，要调整自己的专业和学科设置，在预测、培养方面要具有超前意识，另外，为了适应市场的需求，要积极扩展学生的专业基础。

3. 微观上调整高等教育的课程结构

调整高等教育的课程结构，主要是增加一些应用性、可操作性、技能性比较强的课程，原因是现在我国高等教育，尤其是高职教育受重"学"轻"术"思想影响严重，课程都比较偏向知识理论，培养和训练应用性技能的课程较少。而相应地增加实用性课程，与理论课程相辅相成，才能帮助大学生更快、更好地适应工作岗位的需要。另外，针对大学生就业难的问题，学校要加强对学生职业就业的指导，可以开设相关课程，建立并完善毕业生就业服务网络系统等。

（三）加强对大学生的心理健康教育

造成大学生心理健康问题的因素有很多，当然包括高校，甚至可以说，在大学生健康成长方面，高校的担子并不轻。所以才需要高校正确引导并加强对大学生心理健康的教育。

首先，从校园文化氛围入手。要以"学生的发展"为先，努力营造有利于大学生健康发展的校园文化氛围，知识与素养精神兼顾，将德育融入日常教育教学中。其次，建立并完善制度化、规范化心理健康教育体系。一方面，从根源上杜绝造成大学生心理健康问题的因素；另一方面，对于大学生已经出现的心理健康问题，要给予科学合理的咨询和辅导。

（四）政策干预，完善高等教育弱势补偿机制

1. 招生政策倾斜

招生政策面向的是整个社会公民群体，因此"公平"和"正义"应是国家政策高举的两面旗帜，高等教育更是要一视同仁，努力补偿弱势地区和群体，尤其是对入学机会方面，公平最重要。我国在西部和农村地区对口招生或分配名额的做法，便是我国对教育公平问题的突破，是对高校招生严重趋向"强势地区和群体"，以及出现"特别行政区"现象的一个大胆改革，体现我国加快扭转教育不公平的格局。

2. 积极发展农村高等教育

"农村高等教育"，顾名思义就是指农村地区（县镇及其以下）的高等教育。中国现有的高等教育很不利于农民子女发展，因为受历史和现实的影响，我国大部分高校主要集中在城市，高等教育在农村教育结构中几乎无迹可寻，而农民子女又是中国最大的弱势群体。如此一来，农民子女想要享受高等教育，就要付出更多的代价，并且，高等教育的影响范围也比

较受限，中国最多的还是农民，若高等教育辐射范围只在城市，那么就是阻碍先进文化和文明向全国各个角落传播。

　　但我们并不是说要将高校从城市迁往农村，这当然是不现实的，我国可以结合自身实际，考虑将一些高校扩建或新建的校区适当地选在农村地区，这也是对高校布局的调整，并能有效地将高等教育引入农村地区，为农民子女提供更多接受高等教育的机会。

第三节　接受高等教育对社会个体的影响

一　对高等教育系统的分析

　　我们能够看到，高等教育的发展越来越离不开一定社会的政治、经济和文化，尤其是到现代社会，高等教育系统在社会系统和各亚系统中发挥着越来越显著的作用。所以从一定程度上来说，其彼此间是相互影响和相互制约的。最近一个世纪以来高等教育经历的改革与变迁，社会的外在因素要负更多"责任"。尤其是身处全球化的时代，在社会各方面的全球化趋势的迫使下，高等教育面对和走向全球化已是必然。在这个前提下，我们已不能仅用本学科的观点来分析高等教育系统，而应当与社会学的研究相结合才能掌握高等教育与其他社会亚系统之间的关系及其历史走向。

　　从社会学的视角来看，社会学家对分析高等教育的地位比较感兴趣。大部分情况下他们均以社会分层的理论和方法，以名望、财富、权力或结合其中几部分为依据，再加上评定地位的其他标准，共同研究高等教育规模和等级的含义。

　　这种研究以学院和大学的声望与社会分层密切相关为假设，也就是至少对社会上部分人的工作位置来说，学院和大学发挥着很大的作用。然而，这里分析强调的是高等教育本身作为一个分层的系统，是怎么以正式或非正式的方式，以各种各样的权力、地位、财富、名望以及影响为标准来分等的，而并非高等教育对社会分层的作用。

　　中国的大学和学院的等级分布呈金字塔形，北京大学和清华大学位居塔顶，往下是教育部的重点大学，而后依次是各省份和各部委的大学及一些民营高校，最底层是专科院校类。即使是专科院校类也存在众多分层。我们能够根据分层思考以下几方面问题。

第一，院校的等级能打破时间和空间限制而保持稳定的原因是什么？怎么对高等教育系统中院校等级的相对稳定性进行说明？

第二，若高等院校的地位与其社会职能和教育职能之间有联系，那么这种联系是什么？

第三，资源的迅速增长或相对稳定或紧缩和消减，对院校地位变化的影响有哪些？

第四，现在社会中高等教育机会人人平等所带来的压力，是促进高等院校之间更平等了，还是更稳定甚至更突出了现有院校之间的不平等？

第五，高等院校之间、各系之间以及各类人员之间等级的分层方式和结果是什么？

第六，高等教育的相关政策，是怎么对其分层体系的形势和特点产生影响的？政府应当奉行什么政策，以及应当以什么标准制定和选择这些政策？

第七，高等教育的组织及其分层体系的特点，是否会影响其内部的教学和研究的质量和特点？[①]

我们可以从我国高等教育的情况来说明上述问题。第一个问题，在我们看来，中国的北京大学和清华大学是因为以下几个关键因素而实现跨越时空保持稳定的。其一，这两所大学的特殊历史背景和优越且独有的地域条件决定了其声望和地位。全国优秀的人文社会科学大师和自然科学的学者、巨匠都曾云集于此。北京是全国的中心，而他们的思想、成果以及学术影响都能通过这个中心辐射全国。其二，学科门类的广泛和学科历史的悠久是其等级之高的原因。无论哪种学科，前人奠定的基础和学科承续的关系决定了其发展的好坏，北京大学和清华大学在这方面同样有着得天独厚的条件。其三，国家与教育部的重视。国家对这两所大学寄予了最高的期望。当大学的主要功能变成知识创新和研究开发时，大学就更加依赖经济，在理工、农医等学科方面表现得最明显。其四，拥有获得优秀的教学

---

① 〔美〕伯顿·克拉克主编《高等教育新论——多学科的研究》，王承绪等译，浙江教育出版社，2001，第 130~132 页。

科研人员的优先权条件和选择以及教授天下"英才"的教学地位。其五，大众对这两所大学的敬仰和向往，可能是一种光环效应，但一直发挥作用。

第二个问题，现代大学的地位和其社会职能以及教育职能之间有联系是必然的。一所大学对于社会的贡献量和精英人士的培养量以及教育质量对其地位和排名的决定，是这种联系的显著表现。现在时下最流行的 SCI 大学排名，就是根据一所大学在科研方面在本国和国外的排名，进而决定这所大学的声望和地位。

第三个问题，在我们看来，大学资源的迅速增长或相对稳定或减少，在国内对地位波动的影响或许不明显，然而在国际上，或许会因为科学研究成果的增多或减少而受到影响。当然，中国大学的主要高等教育体系还是以公立为主、民营为辅。之前国家是统一计划拨款，经费方面各个大学的情况大体一致。如今，国家逐渐对几所大学重点资助，力度也比较大，而其他大学主要由地方政府和学校的运作来获取经费。这种现象很容易造成"马太效应"（the Matthew effect），当量变达到质变时，就势必对大学的地位和声望造成影响。

第四个问题，这是一个非常敏感的话题。高等教育民主化是一个世界趋势，各国有识之士已经有半个多世纪为教育机会的平等而努力和呼吁。由世界发达国家的高等教育发展来看，高等教育大众化和普及化并未消除高等教育的分层，高声望高地位的大学依旧拥有着各种优势甚至更加突出。即使是中国，大学的持续扩张也并未对北京大学和清华大学的声誉造成影响，相反，这种地位的差异更加明显了。这或许是存在于很多国家高等教育系统中的一种普遍现象，也就是说，高等教育在走向大众化的时代，仍旧有必要保持传统精英式的大学。在劳动力市场，越来越看重大学文凭的含金量，能够得到优先服务并最有可能获得理想职位的总是那些传统精英大学的毕业生。而普通大学毕业生却逐渐被排在长长的就业队伍之中，要经过相当激烈的竞争才能得到一个职位。根据劳动力市场的现象反馈，人们自然也就更加重视大学的排名，并向往传统精英大学。由此，所有人选择在高考以后，依次降格选择大学，从而使得大学之间的分层和不平等现象更加严重。

第五个问题，这是一个系统内的分层情况。人人皆知高等院校之间存在着先后排名,各系之间也分有热门学科和冷门学科,通常热门学科与社会经济比较接近,大部分属于实用学科,由于能直接影响社会经济,获得了社会经济方面的各种资源;反观冷门学科,大部分属于基础学科或人文学科,较少甚至无法获得社会经济方面的资源,所以,资源总是限制学科的发展。

第六个问题,其直接涉及高等教育与政府的关系。高等教育的发展首先要以政府制定的教育政策为指导,从某种程度上来说,高等教育的发展比较依赖这些教育政策,所以高等教育的相关政策会对高等教育分层体系的形状和特点产生影响。比如中国高等教育向大众化过渡时期的政策选择中,"促进高等教育机构与办学模式的多样化,优化高等教育结构,实现各类教育的协调发展"这一政策,鼓励各种高等学校合理分工职能,并在各自的层次和领域中凸显特色。强调层次和类型相同的高等教育机构在教育或科研的主攻方向及办学模式上也应存在差异,否则将无法满足社会多样化的人才需求,以及实现"英才教育"与"大众化"教育的共同发展。

最后一个问题,其涉及传统大学与现代技术学院的关系。过去传统大学与技术学院的来往很少,技术学院的教师和学生走的是一条"专业化道路",相比之下知识面较窄。但现在这种情况正在发生变化,高等教育政策已经规定改革的方向,如应在教育资源统筹、坚持以内涵式发展为主、教育资源利用效率提高的前提下,通过高等院校的划转、合并、联合与改制等多种形式,对高等教育的布局结构进行深入调整。如此一来,众多传统大学不仅拥有联合办学等形式,与技术类院校教师和学生的交流也开始加强。培养目标逐渐以"通识教育"为主,拓宽专业面向,加强培养学生的学习、思考、创新、适应及动手的能力。这样,与以前相比,工程类或技术类的学科就有了较强适应能力与较宽的适应面。但即使这样,通过大学的分层仍旧能区分"学术型"与"技术型"、"精英型"与"大众型"的双轨制形式。学界在对高等教育分层的态度上也存在不同的看法,大致可分成四种,共两对,一对是"多元论"和"统一论",另一对是"英才论"和"平等论"。

西方工业社会有两种不同的高等教育分层原则。一种分层原则是基于各个院校的相互竞争,也就是各个院校通过在市场上竞争获得有利于学术名望提高的条件,如学术声誉、研究经费、著名教授、捐赠等,进而提高院校的地位。在这种地位体系中，上述竞争市场上的成功决定了一所院校的名望和生存机会，过去的成功又在很大程度上决定着一所院校在这些竞争市场上的成功。

另一种分层原则，是指政府分配给各院校和高等教育各部门的权利、职能、特权和资源决定了等级。其分配方式体现了政府政策和其他措施，而政府正是以这些政策和措施来对由其提供经费的院校的学术地位和生存发展进行控制的。①

中国比较符合第二种分层原则，但我们需要关注和讨论的一点是，现在很多人士同时提出"教育产业化"和"高等教育市场化"的口号。尽管对这一点始终有着相互对立的看法，然而高等教育市场化依然面对着较大的张力和压力。若高等教育的运作真的以市场规则为准，那么，所有层级的高等教育带着历史、资源等条件的巨大差异共同站在进入市场的起跑线上，之后开始以同样的规则竞争，其结果已超越"马太效应"所能说明的范围，最终势必产生教育市场上的"高等教育寡头"垄断和"大鱼吃小鱼"的残酷现象。除此之外，我们的思考和讨论还要兼顾教育机会均等化和教育民主化等方面，从而确定高等教育分层的性质和效果，尤其是对民众和社会的效果。

二　接受高等教育对社会个体的影响

通常来说，在国家的社会经济发展中高等教育发挥着尤为重要的作用，这似乎已是一个不争的事实。因此，国家大力投入高等教育也是毋庸置疑的。很多经济学家都已对高等教育促进经济增长进行了量的分析，并以此为基础制定出国家对高等教育投入的比例。然而，具体到每一个个体来说，其接受高等教育有什么意义？能带来的回报是什么？若只是从层面上回答这个问题，答案可从统计分析、个案研究和一般性观察中寻找，就每个个体来说，高等教育的作用有以下几个方面。

第一，收入的增长。高等教育逐渐发展为一个国家的经济占世界经济中的地位的重要决定因素。它提高劳动生产率、企业的竞争力和生活质

---

① 〔美〕伯顿·克拉克主编《高等教育新论——多学科的研究》，王承绪等译，浙江教育出版社，2001，第169页。

量；增进社会流动；加强公民社会；鼓励政治参与；促进人口管理。高等教育实现这些主要目标的方式有：高等教育生产作为公共产品的新知识，而知识促进快速发展，为人们提供一个能够自由、安全地讨论决定国家发展的价值观的空间。经济增长有利于贫困的消除和人们生活水平的提高。所以，高等教育促进经济增长就代表着提高社会各个阶层人们的生活水平。

第二，睿智的领导者。高等教育能够赋予领导者以信心、宽广灵活的知识基础和技能技巧，对 21 世纪的经济和政治问题有效处理的能力，它还生产受过良好训练的各级各类学校的骨干教师。

第三，扩大选择机会。扩大人们选择的机会是发展很重要的目的之一。相应地，高等教育系统提供给人们接受高等教育的机会是发展的一个重要成就，它还促进社会快速流动，给高禀赋者实现其发展潜力提供平等帮助。

第四，不断增长的相关技能。高等教育很有必要对科学家、工程师和其他各类专业人才的发明、应用和操作现代技术进行培训。它能够鼓励科学家发现并解决当地问题，为保护环境、防治疾病、扩展工业和建设基础设施贡献出自己的一分力量。[①]

上述几个方面侧重于人们接受高等教育能为国家和个人带来的积极作用，若这几个方面无法全面概括高等教育对社会和个人的实际贡献，我们还能够列出很多例子来对这个问题加以阐释。然而，社会学家关心的问题并非这一个，有些时候社会学家并不怎么讨人喜欢，人们一般将他们看作"麻烦制造者"（trouble maker），原因在于他们往往对所有社会事件的负功能都非常敏感。有许多社会学家总是将揭示事件的"真相"或"阴暗面"作为自己的责任，如此，便有利于降低事件的负功能，发挥事件的正功能。

许多学者都对接受高等教育对于个体的多种益处进行了研究，人们也已熟悉这样的研究和结论，然而，人们却很少知道高等教育选拔人才、分等人才和分派人才等的方式。接下来我们可以从社会学的视角，了解一下

---

① 世界银行、联合国教科文组织——高等教育与社会特别工作组：《发展中国家的高等教育：危机与出路》，蒋凯等译，教育科学出版社，2001。

高等教育系统是怎么实现再生产的。

再生产理论假定，人们抱着获得需要的学位的目的进入大学，因为学位是进入劳动力市场获得好职位的凭证，也是获得某种社会身份所必备的。当然，学校只会给最终能完成学业的人发文凭，事实上，在这一教育过程中，教育主要是将家庭社会经济背景差的学生淘汰掉了，而后将他们流放到次要的大学或技术类学校，那些拥有较好家庭经济背景的学生占真正能拿到名牌大学好专业文凭的大多数。他们带着家庭的这些"遗产"，便能在劳动力市场获得好的职位，进而获得某种社会身份。但现在这样的情况已发生很大改变，国家对教育机会均等化的不懈努力，使得更多的平民大众孩子有机会进入正规大学，也有资格和能力参与劳动力市场竞争，然而对于这些大学生来说，劳动力市场也有了新的选择措施，一种要求高学历的趋势迅速发展，面对这种情况，高等教育系统势必采取应对措施，也就从而产生了"学位病"现象，也就是我们接下来要说的情况。

20世纪60年代末和20世纪70年代初，全世界大多数国家的经济经历了一个快速转变：受过教育的劳动者普遍短缺的时代转向逐渐过剩的新世纪。"受过教育的失业者"（educated unemployed），这一术语最早就是出现在这个时期的发展中国家，如印度等。面对教育学位的供给发展快于历来与特定学位相联结的空缺职位的供给发展的情况，这种调节过程将造成学位的逐渐贬值，并相应地使各种职位的教育资格提高，职业用人出现"依次降格使用的过程"（downward bumping process）。在当时这种现象显著体现于刚获得独立的一些发展中国家。

20世纪60年代初期，以联合国教科文组织为主办方，非洲、亚洲和拉丁美洲的教育部长分别在亚的斯亚贝巴、曼谷、圣地亚哥召开会议，提出要扩大高等教育的规模，快速增加接受高等教育的人数，在短时间内培养出具有中高学历资格的专业技术和管理人才，以适应经济发展的需要。然而，从实际结果来看，是大大超出了最初期望的。在1960年至80年代末，高等教育的招生人数增长分别为非洲9倍、亚洲4倍、拉丁美洲9倍（据世界银行统计）。经济的发展对高等教育人才的需求量势必增加，因此加快了高等教育扩大规模的速度，学位成为人们走向上流社会和持续提升职位的"王牌"。很多国家的政府都制定了开放入学、提供免费教育并将证书颁发给所有在册的毕业生，以及保障毕业生劳动就业的优先权与选择权的优惠政策。也恰是"得益于"这些教育政策，高等教育规模和入学人数加快膨胀，从而使得高等教育在劳动力市场无法保障教育质量的情况下而逐渐出现显著危机。

高等教育的盲目发展，造成几年后就由于入学人数过多、教师流失率高、教学物资与科学技术设备老化以及图书文献的严重不足，高等教育的教学质量和学生的素质持续下滑的局面。世界银行统计显示，在马达加斯加和塞内加尔大学，第一年年底的合格率分别只有13%和20%；另外，很多国家的高等教育效果都超出了预期计划，虽然从数量上来看，培养出了大量的科学家、教师、医学博士和工程师，但其结果就是待业和失业现象也出现在了科学领域中的高学位者身上。有人研究此现象后指出，在劳动力市场中，无论哪种职业都可能存在着不同人才之间的同行业或跨行业的替代现象，除了某些特殊的职业外，对于同一职业，几个具有不同学历的人都能够适应，同样地，具有相同学历的人也能够适应不同职业。当持有学位者的人数增长到多于职位数时，劳动行业中就一定会出现人才跨行业替代和依次降格使用的现象，也由此出现了对在职人员的劳动素质要求大大高于该工作的"素质阈限"要求的现象。比如在埃及，找不到合适的工作的工程师被迫担任技术员的工作，而没工作或失去工作的技术员则只能担任技术工人的工作，最终技术工人被排挤而只得面临失业，或做些非技术的劳动。这种现象也正在增加。

对个体来说，接受高等教育这个选择本来是"理性合理"，然而个体未全面且长远地对经济形势做出判断，因此只能盲目从众。这种盲从势必引发一种无序化现象，如学位病。实际上，不只是高等教育，任何事物都是按照一定规律发展的。超前或滞后的高等教育发展都是一种"社会病理"现象。

若想将"学位病"现象有效地处理好，借鉴发展中国家的经验教训，我们首先必须将以下关系处理好：高等教育自身的发展规律与经济运行的规律存在哪些必然联系；如何才能保持高等教育结构与人才培养和社会经济发展需求的统一；高等教育规划的近景与远景目标的内在衔接是否存在连续性、合理性和科学性。①

---

① 钱民辉：《当代"学位病"现象透析》，《高等教育资料》1996年第1期。

　　还有，也需要注意将学位供大于求时各种职位盲目提高择人标准以及"依次降格使用人才"的问题处理好，尽力改变劳动力因过高的职位择人标准而被迫攻读高学位的状况，高等教育系统供应的学位应当保持"适度"，市场也要根据劳动力市场的信息反馈而做出一些调整，与经济的发展保持协调。而且，职业技术教育和非学历的职业培训等教育网络的发展也很有必要，切记一定要结合劳动力市场的用人政策，从"学历用人"逐渐向"科学用人"转变，这与现在中国社会所倡导的"科学发展观"是相一致的。

参考文献

［1］ 徐瑞、刘慧珍：《教育社会学》，北京师范大学出版社，2010。

［2］ 钱民辉：《教育社会学概论》（第三版），北京大学出版社，2010。

［3］ 闫旭蕾主编《教育社会学》，高等教育出版社，2011。

［4］ 吴康宁：《教育社会学》，人民教育出版社，1998。

［5］ 鲁洁主编《教育社会学》，人民教育出版社，1990。

［6］ 刘慧珍：《教育社会学》，辽宁教育出版社，1988。

［7］ 吴康宁：《教育社会学》，人民教育出版社，1998。

［8］〔瑞典〕T. 胡森、〔德〕T. N. 波斯尔斯韦特总主编《教育大百科全书》（第 2 卷），张斌贤等译，西南师范大学出版社，2006。

［9］〔法〕埃米尔·杜尔凯姆：《道德教育》，陈光金等译，上海人民出版社，2006。

［10］ 谢维和：《教育活动的社会学分析——一种教育社会学的研究》（修订版），教育科学出版社，2007。

［11］〔美〕戴维·波普诺：《社会学》（第 10 版），李强等译，中国人民大学出版社，Prentice Hall，2000。

［12］〔英〕戴维·布莱克莱吉等：《当代教育社会学流派——对教育的社会学解释》，王波等译，春秋出版社，1989。

［13］ 张人杰主编《国外教育社会学基本文选》，华东师范大学出版社，1989。

［14］〔美〕约翰·杜威：《民主主义与教育》，王承绪译，人民教育出版社，2001。

［15］〔法〕P. 布尔迪厄、J. C. 帕斯隆：《继承人——大学生与文化》，邢克超译，商务印书馆，2002。

[16] 马和民：《新编教育社会学》，华东师范大学出版社，2002。

[17] 吴康宁主编《课程社会学研究》（新世纪版），江苏教育出版社，2004。

[18] 〔英〕麦克·F.D. 扬：《知识与控制：教育社会学新探》，谢维和、朱旭东译，华东师范大学出版社，2002。

[19] 〔美〕珍妮·H. 巴兰坦：《教育社会学：一种系统分析法》（第五版），朱志勇等译，江苏教育出版社，2005。

[20] 郑杭生主编《社会学概论新修》（修订本），中国人民大学出版社，1998。

[21] 〔美〕M. W. 阿普尔：《教育与权力》（第二版），曲囡囡、刘明堂译，华东师范大学出版社，2008。

[22] 〔美〕M. W. 阿普尔：《文化政治与教育》，阎光才等译，教育科学出版社，2005。

[23] 〔美〕M. W. 阿普尔：《教育的"正确"之路——市场、标准、上帝和不平等》（第二版），黄忠敬、吴晋婷译，华东师范大学出版社，2008。

[24] 〔德〕马克斯·韦伯：《社会学的基本概念》，胡景北译，上海人民出版社，2005。

[25] 〔日〕片冈德雄：《班级社会学探讨》，吴康宁译，《华东师范大学学报》（教育科学版）1985 年第 3 期。

[26] 吴康宁：《转向教育的背后——吴康宁教育讲演录》，华东师范大学出版社，2008。

[27] 邓和平：《教育社会学研究》，湖北人民出版社，2006。

[28] 〔美〕沃尔特·范伯格、乔纳斯·F. 索尔蒂斯：《学校与社会》（第四版），李奇等译，教育科学出版社，2006。

[29] 〔美〕伯顿·克拉克主编《高等教育新论——多学科的研究》，王承绪等译，浙江教育出版社，2001。

[30] 李春玲：《断裂与碎片：当代中国社会阶层分化实证分析》，社会科学文献出版社，2005。

[31] 〔美〕罗伯特·伯恩鲍姆：《大学运行模式：大学组织与领导的控制系统》，别敦荣等译，中国海洋大学出版社，2003。

［32］〔美〕亚伯拉罕·弗莱克斯纳:《现代大学论——美英德大学研究》,徐辉等译,浙江教育出版社,2001。

［33］〔美〕莫琳·T. 哈里梅主编《教育社会学手册》,谢维和等译,华东师范大学出版社,2004。

［34］〔巴西〕保罗·弗莱雷:《被压迫者教育学:30 周年纪念版》,顾建新等译,华东师范大学出版社,2001。

［35］高水红:《共用知识空间:新课程改革行动案例研究》,南京师范大学出版社,2008。

［36］〔英〕安东尼·吉登斯:《社会学》(第 4 版),赵旭东等译,北京大学出版社,2003。

［37］〔美〕林格伦:《课堂教育心理学》,章志光等译,云南人民出版社,1983。

［38］施穆克(Schmuck·P. A.):《班级中的群体化过程》(第八版),廖珊等译,中国轻工业出版社,2006。

［39］柳海民:《教育原理》,东北师范大学出版社,2006。

［40］侯玉波:《社会心理学》,北京大学出版社,2002。

［41］高宣扬:《当代社会理论》,中国人民大学出版社,2005。

［42］〔美〕雷·马歇尔、马克·塔克:《教育与国家财富:思考生存》,顾建新、赵友华译,教育科学出版社,2003。

［43］林清江:《教育社会学新论》,台北五南图书出版公司,1981。

［44］陶孟和:《社会与教育》,福建教育出版社,2008。

［45］许荣:《中国中间阶层文化品位与地位恐慌》,中国大百科全书出版社,2007。

［46］陈琦、刘儒德主编《教育心理学》,高等教育出版社,2005。

［47］钱民辉:《范式与教育变迁研究》,《教育理论与实践》1997 年第 2 期。

［48］〔美〕M. W. 阿普尔、马和民:《国家权力和法定知识的政治学》,《华东师范大学学报》(教育科学版)1992 年第 2 期。

［49］范树成:《西方国家政治教育与政治社会化理论与实践》,《比较教育研究》2003 年第 2 期。

［50］钟启泉:《课程社会学的形成与发展》,《外国教育资料》1994 年第 4 期。

［51］吴康宁：《意义的生成与变型："课程授受"的社会学释义》，《教育发展研究》2001 年第 4 期。

［52］张人杰：《西方"学校社会学"研究》，《外国教育资料》1987 年第 4～5 期。

［53］钱民辉：《当代"学位病"现象透析》，《高等教育资料》1996 年第 1 期。

［54］戴林富：《关于高等教育与社会和谐发展的社会学思考》，《黑龙江教育》（高教研究与评估版）2006 年第 9 期。

［55］许丽英、袁桂林：《我国高等教育效率的社会学考察》，《现代教育科学》（高教研究）2007 年第 1 期。

［56］赵中建：《美国课程标准之标准研究》，《全球教育展望》2005 年第 6 期。

［57］Sarason, S. B., The Culture of the School and the Problem of Change, Boston: Allyn & Bacon, 1971.

［58］Michael, G. F., The New Meaning of Educational Change, Cassell Educational Limited, Villiers House, London, 1991.

［59］House, E., The Politics of Educational Innovation, Berkeley, CA: McCutchan Publishing Corporation, 1974.

［60］Charters, W W. Jr., & Pellegrin, R. J., Barriers to the Innovation Process: Four Cases Studies of Differentiated Staffing, Educational Administration Quarterly, 9（1）, 1973.

［61］Hargreaves, A. & Dawe, R., Coaching as Unreflective Practice: Contriued Collegiality or Collaborative Culture, Paper presented at American Educational Research Association annual meeting, 1989.

［62］Huberman, A. M. & Miles, M. B., Innovation up Close, New York Ple‐mum, 1984.

［63］Huberman, M., The Social Context of Instruction in School, Paper presented at American Educational Research Association annual meeting, 1990.

［64］Flinders, D. J., "Teacher Isolation and the New Reform", Journal of Curriculum and Supervision, 4（1）, 1988.

［65］Scardamalia, M., Bereiter, C., Mclean, R., Swallow J. & Woo – druff, E., "Computer – Supported Intentional Learning Environments". Journal of Educational Computing Research, 1989, 5 (1).

［66］See Bereiter, C., & Scardamalia, M., "An Attainable Version of High Litteracy: Approaches to Teaching Higher – Order Skills in Reading and Writing", Curriculum Inquiry, 17, 1987.

［67］Scardamalia, M., & Bereiter, C., Schools as Knowledge – Building Communities, In S. Strauss (Ed.), Human Development, Norwood, NJ: Ables, 1989.

［68］Prawat, R. S., "Promoting Access to Knowledge, Strategy and Dispo – sition in Students: A Research Synthesis", Review of Educational Re – search, 59 (1), 1 – 41, 1989.

［69］Jonson, D. W. & Jonson, R. T., Leading the Cooperative School, Edi – na, MN: Interaction Book Company, 1989.

［70］Fullan, M., Beneett, B. & Rolheiser – Beneett, C., Linking Class – room and School Improvement Educational Leadership, 47 (8), 1990.

［71］Goodlad, J. I., A Place Called School: Prospects for the Future, New- York: Mcgraw – Hill, 1984.

［72］Nias, J., Primary Teachers Talking: A Study of Teaching as Work, New York: Routledge, 1989.

［73］Hall, G. E. & Hord, S. M., Change in School: Facilitating the Process, Alhany: State University of New York Press, 1987.

［74］Trider, D. and Leithwood, K., "Influences on Principals Practices", Curriculum Inquiry, 18 (3), 1988.

［75］卜卫：《大众媒介对儿童的影响》，新华出版社，2002。

［76］蔡骐：《论媒介认知能力的建构与发展》，《国际新闻界》2001年第5期。

［77］〔英〕大卫·帕金翰、宋小卫：《英国的媒介素养教育：超越保护主义》，《新闻与传播研究》2000年第2期。

［78］赵磊、田素雷：《浙江义乌全国人大代表自费作广告征集议案》，新华社（杭州），2004年2月15日。

［79］ 柯南：《"毁灭公爵"与游戏暴力》，《南方周末》2003 年 8 月 7 日。

［80］ 中国台湾教育管理部门：《媒介素养教育政策白皮书》，2002。

［81］ 《海峡两岸小学教育学术研讨会论文集》，复文图书出版社，2001。

［82］ 《九年一贯课程之展望》，台北扬智文化事业股份有限公司，1997。

［83］ 王敏如：《阅听人与电视剧互动情形之探索：以儿童诠释连续剧性别刻板印象为例》，世新大学传播研究所硕士学位论文，2000。

［84］ 《青少年媒介素养教育亟待重视》，《文汇报》2005 年 3 月 28 日。

［85］ 张梦新、屠炯：《媒介教育：离春天还有多远——对我国媒介教育现状的思考》，《新闻实践》2004 年第 6 期。

［86］ 赵靳秋、郝晓鸣：《父母和儿童一起看电视与儿童认知能力的发展》，《中国传媒报告》（香港）2003 年第 2 期。

［87］ 共青团上海市委：《需求和取向——青年对不同媒体接触行为与观念的选择》，载共青团中央宣传部、中国青少年研究中心《共青团中央青少年和青少年工作研究课题成果集萃》（上中下卷），中国青年出版社，2000～2002。

［88］ 吴翠珍：《媒体教育不教什么？》，http：//www. mediaed. nccu. edu. Tw/new/node/27，2010 年 7 月 8 日。

［89］ 孙月沐：《警惕媒体明星化取向》，《文化市场》2004 年第 2 期。

［90］ 张立彬、张杨：《做完整的信息社会人——美国网络教育的培养目标简介》，http：//www. 360doc. Eom/content/05/1022/18/2240_22477. shtml，2010 年 7 月 8 日。

［91］ 陈启英：《媒介素养教育——E 时代之新公民教育》，《中国传媒报告》（香港）2004 年第 1 期。

［92］ 吉米：《当代中国媒体对儿童的摧残——CNN 驻中国首席记者吉米在世界家庭峰会上的演讲》，孟昊译，国际传播研究中心，2004。

［93］ 杨丹：《媒体素质教育与媒体发展》，《今传媒》2004 年第 S1 期。

［94］ 〔加〕约翰·庞杰特、于亚卓：《第二次浪潮：加拿大中学的媒介素养教育（二）》，《媒介研究》2004 年第 2 期。

［95］ 张卫华：《浅析媒介素养和媒介素养教育》，《2004 媒体与未成年人发展国际论坛》，2004。

［96］ 张毅、张志安：《加拿大未成年人媒体素质教育初探》，《新闻记者》

2005 年第 3 期。

[97] 许佳音、沈祎、祖婕、夏倩:《上海市大学生媒介接触状况调查报告》,《新闻记者》2004 年第 12 期。

[98] 刘鹏、陈红梅:《上海大学生的信息需求与日报选择——上海大学生与大众传媒调查(一)》,《新闻记者》2003 年第 2 期。

[99] 田中初:《媒介素养:一种正在兴起的教育实践》,《浙江师范大学学报》(社会科学版)2004 年第 1 期。

[100]《媒体对少年儿童的影响:中国少年儿童素质状况抽样调查情况报告(5)》,《中国妇女报》2001 年 12 月 26 日。

[101] Terry P. Helping Kids Make Sense of the Media. Toronto star, 2003 - 11 - 19.

[102] Peter G C, Donald F. R., It's Not Only Rock and Roll: Popular Music in the Lives of Adolescents. Hampton Prss Communication Series, 1998.

[103] Ontario Ministrv of Education. MEDIA LITERACY - the Ontario Ministry of Education, Toronto, Canada, 1989.

相关协会网站

[1] media awareness(媒体意义)

[2] Alliance for a Media Literate America(美国本土的媒体教育联盟)

[3] Australian centre for the Moving Image(澳洲动态影像视觉中心)

[4] BFI(英国电影研究院)

[5] Canadian Association of Media Education Organizations(CAMEO)(加拿大媒体素养团体)

[6] Center for Media Literacy(美国媒体素养中心)

[7] Centre for the Study of Children, Youth and Media(伦敦大学教育学院的儿童少年媒体研究中心)

[8] Film and Media Education Resources(澳大利亚学生和教师各项媒体素质教育网络资源)

[9] International Visual Literacy Association(国际视觉素养协会)

[10] Listen Up(帮助青年制作自己的媒体)

[11] Magic Project(魔术项目)

［12］Media education foundation（媒体教育基金会）

［13］Media Literacy. corn（在线的媒体素质教育社群）

［14］Media Literacy On – line Project（媒体素养在线项目）

［15］Media Matters（英国）

［16］Media Matters（美国）（本网站为美国公共电视 PBS 所建构）

［17］Media Watch（美国媒体观察基金会）

［18］MediaEd：The UK media education website（英国的媒体教育网站）

［19］National Institute on Media and the Family（媒体与家庭国际组织）

［20］Ontario Media Literacy Homepage（加拿大多伦多 Ontario 媒体素养网页）

［21］Project Look Sharp（由纽约州 Ithaca College 主持）

［22］The Europe Institute for the Media（欧洲媒体机构）

图书在版编目（CIP）数据

教育社会学 / 王国勇编著. -- 北京：社会科学文
献出版社，2020.8
ISBN 978 - 7 - 5201 - 6102 - 2

Ⅰ.①教…　Ⅱ.①王…　Ⅲ.①教育社会学　Ⅳ.
①G40 - 052

中国版本图书馆 CIP 数据核字（2020）第 026163 号

教育社会学

编　　著 / 王国勇

出 版 人 / 谢寿光
责任编辑 / 薛铭洁

出　　版 / 社会科学文献出版社·皮书出版分社（010）59367127
　　　　　地址：北京市北三环中路甲 29 号院华龙大厦　邮编：100029
　　　　　网址：www. ssap. com. cn
发　　行 / 市场营销中心（010）59367081　59367083
印　　装 / 三河市尚艺印装有限公司

规　　格 / 开　本：787mm × 1092mm　1/16
　　　　　印　张：19　字　数：303 千字
版　　次 / 2020 年 8 月第 1 版　2020 年 8 月第 1 次印刷
书　　号 / ISBN 978 - 7 - 5201 - 6102 - 2
定　　价 / 128.00 元